智·慧·商·业
创新型人才培养系列教材

市场调查与分析

慕课版

黎娟 石林 杨阳／主编

徐蓁 刘露露 冯晓洁／副主编

人民邮电出版社

北 京

图书在版编目（CIP）数据

市场调查与分析：慕课版 / 黎娟，石林，杨阳主编
. -- 北京：人民邮电出版社，2021.11
智慧商业创新型人才培养系列教材
ISBN 978-7-115-57345-2

Ⅰ．①市… Ⅱ．①黎… ②石… ③杨… Ⅲ．①市场调
查－教材②市场分析－教材 Ⅳ．①F713.52

中国版本图书馆CIP数据核字(2021)第184728号

内 容 提 要

本书按照市场调查与分析的程序和逻辑，系统介绍了现代市场营销背景下市场调查与分析的基本理论和方法。本书主要内容包括市场调查基础、市场调查方案设计与实施、调查问卷设计、市场调查抽样理论与实践、市场调查方法、市场调查资料处理、市场统计分析、市场发展趋势预测、市场调查报告和大数据驱动的市场调查等。

本书每章以重要概念、知识目标、能力目标和引导案例开篇，正文穿插大量实用的案例分析、拓展知识、经典理论、价值引导等栏目；实战演练和项目实训则围绕市场调查与分析的相关方法、工具和情景展开。全书理论、案例和实训紧密结合，既方便读者深入理解市场调查与分析的相关知识，又可以提升读者的实践应用能力。

本书既可以作为高等院校市场调查与分析课程的教材，也可以作为市场调查人员、营销人员及企业内部管理人员的参考书。

◆ 主　　编　黎　娟　石　林　杨　阳
　　副 主 编　徐　蓁　刘露露　冯晓洁
　　责任编辑　楼雪樵
　　责任印制　王　郁　焦志炜
◆ 人民邮电出版社出版发行　　北京市丰台区成寿寺路 11 号
　　邮编　100164　　电子邮件　315@ptpress.com.cn
　　网址　https://www.ptpress.com.cn
　　固安县铭成印刷有限公司印刷
◆ 开本：787×1092　1/16
　　印张：14.25　　　　　　　　　2021 年 11 月第 1 版
　　字数：380 千字　　　　　　　2024 年 12 月河北第 8 次印刷

定价：49.80 元

读者服务热线：(010)81055256　印装质量热线：(010)81055316
反盗版热线：(010)81055315
广告经营许可证：京东市监广登字 20170147 号

党的二十大报告指出，我们要办好人民满意的教育，全面贯彻党的教育方针，落实立德树人根本任务，培养德智体美劳全面发展的社会主义建设者和接班人，加快建设高质量教育体系，发展素质教育，促进教育公平。

随着互联网技术的深入应用，网络的普及对社会产生了巨大的影响，市场瞬息万变，市场调查愈发受到企业的重视。同时，企业对市场调查服务的需求也越来越强烈，企业若能通过市场调查率先掌握市场变化，就能抢占市场先机。因此，为了促进生产经营、管理水平的提高，企业应通过市场调查与分析，为决策提供依据。市场调查人员也有责任学习和掌握市场调查的相关理论、工具和具体方法。

谷歌全球事务高级副总裁兼首席法律官肯特·沃克（Kent Walker）在哈佛大学演讲时提到，大数据正在以惊人的速度增长，当前人类每天产生的数据达 2EB，而在 2000 年，人类仅存储大约 12EB 的数据。在大数据背景下，由大数据驱动的市场调查应运而生。与传统的市场调查以抽样理论为基础不同，大数据驱动的市场调查是对全部数据的研究分析，这就对市场调查人员提出了更高的要求。市场调查人员不仅要掌握传统的市场调查理论和方法，还要熟悉大数据驱动下的市场调查新理论和新方法，并将两者融会贯通，在不同的场景下应用，方便开展市场调查与分析工作。

为了满足新技术、新环境、新形势下市场调查的迫切需求，满足院校进一步深化教学改革的需要，本书全面介绍了在现代市场营销背景下市场调查的理论、研究方法、分析工具及大数据驱动的市场调查，以便市场调查人员能够顺利完成调查活动的组织、策划、分析和报告撰写等工作。

一、本书知识框架

本书知识框架如下图所示。

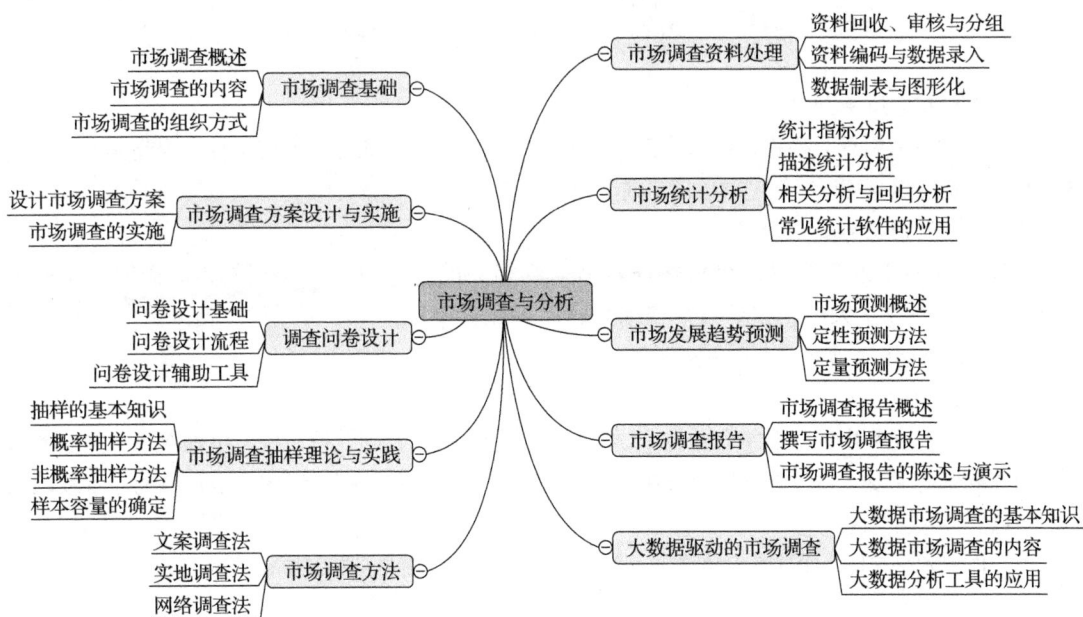

二、本书特色

（一）情景式教学

本书将市场调查的理论知识和实际应用相结合，每章均设计了"引导案例""情景导入"等板块，通过真实案例，或模拟的实际工作场景将章节知识巧妙引入，让读者能够在相应的场景中将理论与实践结合起来。

（二）栏目新颖、实用

本书设置了经典理论、实战演练、项目实训、拓展知识、案例分析、管理工具推荐等栏目。其中经典理论是对每章重要理论的提炼；实战演练是根据该章重要知识设计的实战例题；项目实训是基于整章内容设计的综合练习；拓展知识是对相关知识的拓展和延伸；案例分析是对市场调查真实案例的分析；管理工具推荐则是对每章涉及的管理工具、软件、系统、方法等的介绍和说明，下图为管理工具推荐示例。

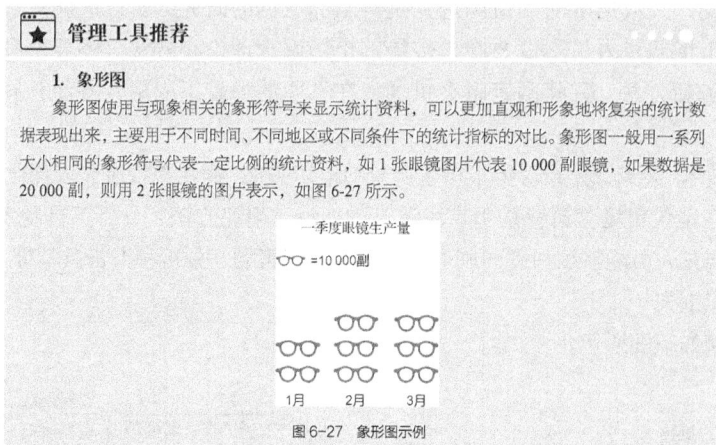

★ 管理工具推荐

1. 象形图

象形图使用与现象相关的象形符号来显示统计资料，可以更加直观和形象地将复杂的统计数据表现出来，主要用于不同时间、不同地区或不同条件下的统计指标的对比。象形图一般用一系列大小相同的象形符号代表一定比例的统计资料，如 1 张眼镜图片代表 10 000 副眼镜，如果数据是20 000 副，则用 2 张眼镜的图片表示，如图 6-27 所示。

一季度眼镜生产量

◯◯ =10 000副

1月　2月　3月

图 6-27　象形图示例

（三）注重素质培养

本书的"价值引导"栏目，注重培养读者的思维能力、动手能力和创新精神，提高读者的职业道德修养和责任担当意识，使"学思用贯通"与"知信行统一"相融合。

（四）配套资源丰富

读者扫描书中的二维码即可获得与本书内容相关的背景资料和拓展知识。同时，本书配有精美的 PPT、教学大纲、教学教案和练习题库等配套资源，读者可以通过访问人邮教育社区（www.ryjiaoyu.com）搜索书名后免费下载。

三、致谢

本书的配套视频由成都航空职业技术学院黎娟教授、王成新副教授、杨羽宇副教授、吴迪老师和陈丽英老师等录制。本书在编写过程中参考和借鉴了一些资料，在此谨向这些资料的作者致以诚挚的谢意。

由于作者水平有限，书中难免存在不足之处，敬请广大读者批评指正。

编者

2023 年 4 月

CONTENTS 目 录

目录 CONTENTS

目录 CONTENTS

第 1 章

市场调查基础

● **重要概念**

市场、市场调查、市场需求、全面调查、非全面调查

● **知识目标**

/ 了解市场的含义和市场调查的作用。
/ 掌握市场调查的程序和内容。
/ 熟悉市场调查的组织方式。

● **能力目标**

/ 具备运用市场调查为企业营销决策提供可靠依据的逻辑思维能力。
/ 具备分析企业开展市场调查时调查的重点内容的能力。
/ 具备根据调查条件和目的确定市场调查的组织方式的能力。

扫一扫

知识结构图

📋 引导案例

某企业拟开展"大型购物中心市场调查"活动

某制造业企业过去因行业政策红利经营十分顺利，收益尚佳。近年来，市场国际化、消费者消费习惯多元化致使该企业在既有产业的市场竞争中节节败退。加之现存经营包袱颇重，经营上的压力日益增大，为了提高企业市场竞争力，寻找企业发展新契机，该企业正积极地改善总体经营状况，并寻求企业经营多元化的突破口。在众多多元化计划中，该企业几经筛选，最终将"土地有效开发利用"列为优先计划。可是土地有效开发的途径很多，如土地出售、兴建大楼出售、发展游乐产业、兴建大型购物中心等，该企业需要从中选出符合企业经营发展目标的途径。

在综合多方因素后，企业最高管理层决定在该土地上兴建大型购物中心：一是配合未来消费者消费习惯的多元化；二是营业行为可产生可观的现金流量，能够提升该企业的营运周转能力；三是企业可继续保持土地所有权，以得土地增值之利。在做出最后的经营决策之前，该企业决定进行一次"大型购物中心市场调查"活动，以帮助企业高层做出最后决策。

【思考】

（1）市场调查的作用是什么？

（2）你认为该企业的市场调查应该从哪些方面进行？

（3）分析本案例中市场调查的目标和重点。

1.1 市场调查概述

🔍 情景导入

张雷大学刚毕业便进入 A 公司市场部实习，从事市场调查工作。市场调查对于张雷而言是一个新的领域，之所以选择这样一个新的领域，是因为他喜欢与人打交道，喜欢与数据打交道。

实际上，市场调查对工作人员的要求取决于需要调查什么内容，需要获取哪些数据，以及调查的深度和广度。对于张雷这样的"新手"来说，想做好市场调查过程中任意一个环节的工作，都应当经过系统地学习，全面理解和掌握市场调查的各方面知识，使自己的工作得心应手。"万丈高楼平地起"，张雷要想做好市场调查，就要从学习市场调查的基础知识开始。

1.1.1 市场与市场调查的含义

在市场竞争日益激烈的今天，许多成功的企业都有这样的认识：企业要想在市场竞争中获得优势，掌握市场的主动权，就要随时做好开展市场调查的准备，及时了解和掌握市场信息。那么，什么是市场调查呢？一方面，从字面上理解，市场调查以市场为调查对象；另一方面，市场是企业开展市场营销活动的前提和场所。因此，要理解市场调查的含义，首先要弄清什么是市场。

1. 市场的含义

目前，对市场较为普遍的理解主要有以下几种。

（1）市场是产品交换的场所。

"产品交换的场所"是人们对市场最初的认识，即市场是买卖双方聚在一起进行产品交换的地点或场所。

（2）市场是产品的需求量。

在市场营销理论中，人们主要用市场代指产品的需求量或产品的消费者。例如，人们常说的"某市场很大"，并不都是指交易场所的面积大，也有可能指某种产品的现实需求量或潜在需求量很大；"目标市场"是指目标消费者；"细分市场"是指在某种消费需求上具有共同特点的消费者群体。

现实中，人口数量、购买欲望和购买力这 3 个相互制约的要素影响着产品的需求量，因此我们可以通过图 1-1 所示的等式对市场进行描述。其中，人口数量的多少，决定着市场的规模和容量；购买欲望是消费者将潜在购买力转化为现实购买力的必要条件；购买力是指消费者支付货币以购买产品或服务的能力，一定时期内，消费者的可支配收入水平决定了其购买力水平。这样的理解市场的方式，对开展市场调查有直接的指导意义。

人口数量 ＋ 购买欲望 ＋ 购买力 ＝ 市场

图 1-1　对市场的描述

（3）市场是产品交换关系的总和。

在市场上，所有产品都要经历"产品—货币—产品"这一循环过程。这样会产生两种变化：产品转化为货币和货币转化为产品。这种相互联系、不可分割的产品买卖过程形成了社会的整体市场。

2. 市场调查的含义

市场调查是指运用科学的方法，系统、准确、及时地收集、记录、整理相关市场信息，分析市场情况，了解市场的现状及其发展趋势，为营销决策（营销决策指对市场经营和销售活动的目标、方针、策略等重大问题进行选择和决断的过程）提供客观的、正确的资料的调查研究活动。简单来讲，市场调查就是指为了解和分析市场情况而做的考察。

视　频
市场调查的含义

结合市场调查的定义，我们可以从以下 4 个方面对市场调查加以理解。

（1）市场调查的主体：企业。

（2）市场调查的目的：为企业的营销决策提供依据，获取所需资料。

（3）市场调查的对象：凡是引起市场变化的因素都可作为市场调查的对象，如消费者、竞争对手、产品、市场环境等。

（4）市场调查的手段：凡是科学的，有利于企业系统、准确、及时地收集、记录、整理相关市场信息，分析市场情况的方法都可作为市场调查的手段；其中，"科学"主要体现于企业在选择市场调查组织方式、方法等时，应根据调查内容和企业实际情况来定。

需要指出的是，市场调查一般可分为狭义的市场调查和广义的市场调查。狭义的市场调查是以消费者为对象所做的调查，包括对消费者购买产品的数量、购买动机、购买力的大小等方面的调查；广义的市场调查是指从识别市场到制定营销决策的全过程，即对一切有关市场营销活动所做的调查。广义的市场调查除了对消费者进行调查外，还包括对产品的性能、质量、定价、包装、销售环境、销售渠道、广告宣传、促销活动等方面的调查。本书所介绍的市场调查是广义的市场调查。

1.1.2　市场调查的作用

总体来讲，市场调查的作用是为企业解决特定的营销决策问题而收集、加工和分析信息。它是

企业制订营销计划的基础，是企业市场营销活动的开端，贯穿了市场营销的全过程。

拓展知识

市场调查贯穿企业的市场营销活动。了解企业开展市场营销活动的步骤，对市场调查大有裨益。那么，市场营销活动是什么意思？企业如何开展市场营销活动？扫描右侧的二维码即可查看具体内容。

扫一扫

企业开展市场营销活动的一般步骤

竞争对手正在做什么？消费者需要什么？……市场信息一直是企业关注的重点。麦当劳在进入我国市场前，连续做了 5 年的跟踪调查，以了解我国消费者的经济情况和消费习惯；提前 4 年在我国东北等地试种马铃薯；同时根据我国消费者的形体特征确定并制作好尺寸更佳的柜台、桌椅样品……这些足以说明市场调查的重要性。

一定程度上，能否做好市场调查关乎企业的存亡。市场调查的具体作用体现在如下 5 个方面。

（1）企业通过市场调查，可以对市场的变化趋势进行预测，判断未来的市场状况，进而识别和确定市场机会，选择目标市场，制定营销策略，并对营销策略的执行情况进行监控和信息反馈。在这一过程中，企业的每一步都离不开市场调查，它可以为企业的营销策略提供决策依据。

视　频

市场调查的作用

（2）企业依据市场调查获得的资料，可检验企业的决策是否可行、有无遗漏、是否需要修正，并提供相应的修改方案。

（3）企业通过市场调查，可以及时了解广大消费者的需求，实现生产目标，以便满足消费者的物质生活和文化生活需要；同时可以掌握科学技术的发展动态，为企业改进生产技术提供依据。

（4）企业通过市场调查，可以了解市场营销环境的变化，及时调整自己的产品、价格、渠道、促销和服务策略；同时可以收集竞争对手的信息，了解竞争对手的优劣势，然后扬长避短，与竞争对手开展差异化竞争，从而提升企业的竞争能力。

（5）企业的经营管理水平直接影响其决策、生产、销售和服务等方面的状况和水平。企业通过市场调查，可以发现自身管理工作的不足，了解同行的经营管理状况，借鉴和学习先进的方法和经验，帮助企业提升整体的经营管理水平。

案例分析——市场调查促进吉利公司产品的营销

男性长胡子，因而要刮胡子；女性不长胡子，自然也就不必刮胡子。然而，美国的吉利公司却把刮胡刀推销给女性。虽然"把刮胡刀推销给女性"看似荒谬，但是这一决策是建立在可靠的市场调查基础之上的。

吉利公司先用一年的时间进行了周密的市场调查，发现在美国，30 岁以上的女性中，有 65% 的人为保持美好形象，要定期刮除腿毛和腋毛。这些女性除使用电动刮胡刀和脱毛剂之外，主要靠购买各种男用刮胡刀来满足此项需求，她们一年在这方面的花费高达 7500 万美元。相比之下，美国 30 岁以上的女性一年花在眉笔和眼影上的费用仅有 6300 万美元，染发剂的花费为 5500 万美元。毫无疑问，这是一个极有潜力的市场。

根据调查结果，吉利公司精心设计了新产品。新产品的刀头部分和男用刮胡刀并无两样，采用一次性的双层刀片，但是刀架选用了色彩鲜艳的塑料材质，并将握柄改为弧形以利于女性使用，握柄上还印压了一朵雏菊图案。这样一来，新产品立即具备了女性特点。

为了使雏菊刮毛刀迅速占领市场，吉利公司还拟定了几种不同的"定位观念"，并向消费者征求意见。这些定位观念包括：突出刮毛刀的"双刀刮毛"特点；突出其创造性的"完全满足女性需求"的特点；强调价格"不到 50 美分"；以及表示产品使用安全的"不伤玉腿"等。

最后，公司根据多数女性消费者的意见，选择了"不伤玉腿"作为推销时突出的重点，刊登广告进行宣传。结果，雏菊刮毛刀一炮打响，迅速畅销全球。

分析：上诉案例说明，市场调查是经营决策的前提，只有充分认识市场，了解市场需求，对市场做出科学的分析判断，决策才具有针对性，企业才可以更好地拓展市场，兴旺发达。

1.1.3 市场调查的类型

市场调查活动是随着市场经济的产生和发展出现的。市场经济体制下，市场调查的范围非常广泛，加上调查人员的出发点不同，市场调查的类型呈现出多样化的局面。

视 频

市场调查的分类

1. 按调查目的分类

通常，市场调查可根据调查目的的不同划分为不同的类型，包括探索性调查、描述性调查、因果性调查和预测性调查。

（1）探索性调查。探索性调查是当调查的问题或范围不明时采用的一种调查，主要用来发现问题，解决"可以做什么"的问题，并识别出需要进一步调查的信息。例如，某企业发现产品在近段时间销量下降，当具体原因不明时，该企业可采用探索性调查，在小范围内找一些专家、业务人员、用户等，以座谈会的形式进行初步询问调查，或参考以往类似的调查资料，发现问题所在，为进一步的调查做准备。

（2）描述性调查。描述性调查是进行事实资料的收集、整理，对市场的客观情况如实地进行描述的一种调查，主要用于解决诸如"是谁""什么时候""什么地点"等问题。企业一般基于对调查问题的预先了解，通过描述性的问题来收集相关资料。例如，某企业发现产品销量在近段时间有所下降，可通过"产品的目标客户是谁？""他们是因价格问题放弃购买吗？""他们认可产品的质量吗？"等描述性的问题，在对现实情况的假设与被调查者的回答中获得事实资料。

（3）因果性调查。因果性调查是为了了解市场各个因素之间的相互关系所使用的一种调查。因果性调查的目的是分析市场各个因素之间的因果关系，弄清何为自变量，何为因变量，用来解决"为什么"的问题。例如，某产品的销量增长与广告费、技术服务费和消费者收入等的增长有关，企业可开展因果性调查来找出这些关联因素中何为自变量、何为因变量，不同因素间的主次关系，以及各个因素对彼此的影响程度等。

拓展知识

自变量和因变量有何关系？在因果性调查中，哪些因素是自变量，哪些因素是因变量？扫描右侧二维码即可了解相关内容。

扫一扫

自变量与因变量

（4）预测性调查。预测性调查是对未来市场的需求变化做出估计的一种调查，用于掌握未来市场的前景和发展趋势，为企业营销决策和经营管理决策的确定提供依据。例如，一家企业需要进入

一个新的行业，就需要了解这个行业未来发展变化的趋势。

2. 按调查空间的范围分类

按调查空间范围的不同，市场调查可分为国际市场调查、全国性市场调查、区域性市场调查、城市市场调查和农村市场调查5类。

（1）国际市场调查。国际市场调查是面向国际市场的调查。按照所涉及的空间范围，国际市场可以细分为外国市场、国际区域市场和全球市场3个不同的层级。国际市场调查的内容不仅广泛，而且极其复杂，如一个企业要想进入某一新的国际市场，往往要求国际市场调查人员提供与之相关的一切信息——该国家（地区）的政治局势、法律制度、文化属性、地理环境、市场特征、经济水平等。

（2）全国性市场调查。全国性市场调查是在全国范围内展开的市场调查，主要用于了解不同地区的市场信息及不同地区的市场差异情况。

（3）区域性市场调查。区域性市场调查是在某一区域展开的市场调查，主要用于了解某一区域的市场信息。

（4）城市市场调查。城市市场调查是针对城市市场展开的市场调查，主要用于了解城市消费者的需求及特点。

（5）农村市场调查。农村市场调查是针对农村市场展开的市场调查，主要用于了解农村消费者的需求及特点。

3. 按调查时间分类

按调查时间的不同，市场调查可分为连续性调查和一次性调查。

（1）连续性调查。连续性调查是指针对确定的调查对象和内容，组织长时间的、不间断的调查，以掌握其动态发展的状况，如企业对某销售网点产品销售量的长期调查。按照具体的调查时间，连续性调查可分为月度调查、季度调查、年度调查等，这些都是定期取得统计资料的重要方式。

（2）一次性调查。一次性调查是根据调查目的，针对企业当前面临的问题开展的一次性调查，用于尽快找到解决问题的办法。需要指出的是，多数情况下，企业进行的市场调查都是一次性调查，如竞争对手调查、产品上市调查、广告效果调查和顾客满意度调查等。

1.1.4　市场调查的程序

遵循市场调查的程序，有助于市场调查的顺利进行，确保市场调查的质量达到预期目标。不同的市场调查，由于调查的目的、范围、内容和要求不同，程序也不尽相同。但一般来说，市场调查的程序可分为图1-2所示的5个阶段。

确定调查问题　　设计调查方案　　实施调查　　整理分析资料　　得出调查结论

图1-2　市场调查的程序

1. 确定调查问题

确定调查问题是整个市场调查工作的起点和前提，主要指提出企业经营过程中要解决的问题。只有对市场调查的问题有明确的界定，才能明确市场调查需要获取哪些信息，从而确定大致的调查范围，保证市场调查工作有效开展，并提高市场调查的效率。

例如，某企业在决定是否立即开发某款新型婴儿推车时，可以提出下列问题："这款新型婴儿推车在市场上的需求状况如何？""市场上有哪些潜在的竞争对手？""与其他竞争对手相比，我们有哪些优势和劣势？"等；又如某企业在经营过程中，出现产品销售额持续下降的现象，可以提出下列问题："是否是产品售价偏高导致销售额下降？""是否是企业服务质量不好导致销售额下降？""是否是企业促销效果不佳导致销售额下降？""是否是消费者购买力发生转移导致销售额下降？"等。总之，调查的侧重点可以多种多样。之后企业可以在该阶段进行探索性调查，以分清问题的主次。

需要注意的是，企业提出的调查问题，一要切实可行，即能在企业现有的资源条件下，通过具体的调查方法获得调查结果；二要在短期内完成调查，如果调查的时间过长，调查的结果可能失去意义。

2. 设计调查方案

确定调查问题后，接下来的任务就是针对调查问题设计具体的调查方案。调查方案是实施市场调查的基础。调查方案应当包含调查过程的详细信息，如确定资料来源、抽样设计、调查方法、设计问卷等。

3. 实施调查

调查方案设计好后，接下来需要按照设计好的调查方案实施调查。它是企业组织调查人员将调查方案付诸实践，向调查对象收集市场信息、采集市场数据的工作过程。调查结果的准确与否，很大程度上取决于这一阶段的工作质量。

4. 整理分析资料

在整理分析资料阶段，调查人员要对分散、零星的市场调查资料进行整理分析，如审核收集到的资料，剔除不实、错误的信息，将资料分类归档，并将有关数据制成统计图表等。该阶段要求调查人员具有较高的专业技能水平，能够使用科学的方法对所收集到的资料进行分析归纳，去伪存真，从众多表象中找到问题的本质。

5. 得出调查结论

得出调查结论是市场调查的最后一个阶段，即调查人员根据整理分析的调查结果，撰写市场调查报告，提出最终的措施和意见。

市场调查报告是市场调查结果的最终体现，是一个企业确定营销决策的重要依据。所以市场调查报告要能够较准确地说明问题，坚持用事实说话，切忌主观臆断。市场调查报告的一

视 频	视 频
市场调查的工作过程	选择市场调查机构

般要求为结构严谨、条理清晰，语言精练通俗、有说服力，还要有明确的结论和建议，并能够让读者了解调查过程的全貌。

1.2 市场调查的内容

情景导入

张雷一走进办公室就听见同事们议论纷纷，原来是某知名公司拟研制开发一种新口味的中高端咖啡产品，并希望尽快打开市场。为进一步了解消费者的实际需求，保证新产品产销对路，该公司计划实施一次市场调查，而这项工作落到了张雷所在的部门……

1.2.1 市场需求调查

市场调查是企业开展营销活动的开端。企业在开展正式的营销活动之前，首先要分析市场，识别市场机会，接着是选择目标市场。俗话说"没有需求，就没有市场"。因此，企业在调查市场前，需做好市场需求调查。市场需求调查也称市场产品需求调查，它是市场调查的核心内容，主要包括市场需求总量调查、市场需求结构调查及市场需求影响因素调查。

📋 **拓展知识**

市场调查人员在市场调查中，经常提到"需求"和"需求量"，这两者究竟有何区别？了解需求和需求量的区别，有利于我们解决市场调查的相关问题。扫描右侧二维码，即可得到答案。

扫一扫

需求与需求量的区别

1. 市场需求总量调查

市场需求总量调查是指对一定地理范围、一定时期、一定市场营销环境、一定市场营销计划的情况下，一定的消费者群体可能购买的某一产品总量的调查。市场需求总量由居民购买力决定。市场需求总量调查一般由国家统计局、各地统计局以及经济管理部门组织开展。市场需求总量是企业生产与营销的间接市场资料。企业可以通过文案调查法获得这一方面的市场资料。

2. 市场需求结构调查

市场需求结构由居民购买力投向（也称产品需求构成，指居民购买力在各类产品之间的分配比例）决定。市场需求结构调查包括两方面的内容：一是从宏观上对居民在吃、穿、用、住、行等方面的需求及比例进行调查，即居民在吃、穿、用、住、行上各花多少钱，占其消费总支出的比例各是多少；二是从微观上了解居民对每类产品的数量、质量、价格、品种、规格、包装等需求的具体结构。前者一般由政府有关部门进行调查，后者一般由企业开展调查。通过开展市场需求结构调查，企业可以详细了解市场需要何种产品及需要的数量等，从而为企业的生产与营销决策提供重要依据。

📑 **案例分析——通过市场需求结构调查找到问题的症结所在**

某啤酒品牌的啤酒销量在2年内下降了5%。该品牌每年的啤酒销量为800万吨，下降5%就意味着两年少卖了80万吨，这是一个庞大的数字。为了找到啤酒销量下降的原因，该品牌进行了一次市场调查。他们发现如今人口红利没有了，年轻人口的数量在减少，因此喝啤酒的人也在减少。虽然找到了问题的根源，但人口数量的多少是他们无法左右的，他们只能制定相应的策略来应对当前的人口情况。于是该品牌进行了第二次市场调查。他们在研究啤酒行业时发现，几乎整个啤酒行业的销量都在下降，唯独高端啤酒的销量上升了5.6%。由此，该品牌决定调整产品策略，增加高端啤酒的产品线数量。

分析： 该品牌发现啤酒销量下降后，首先需要了解啤酒销量下降的原因。通过调查发现，啤酒销量下降不是品牌自身产品或服务的问题，是因为啤酒原有目标群体的减少。但人口数量是宏观因素，该品牌无法左右人口数量。由于人口数量影响市场需求，该品牌顺着这样的思路，从对市场需求的调查入手，发现市场需求结构发生了改变，即消费者对高端啤酒的需求增加了，这就为该品牌解决问题、制定相应策略提供了依据。

3. 市场需求影响因素调查

市场需求影响因素调查的内容主要包括人口数量及构成、家庭数量及构成、消费者收入水平等。

（1）人口数量及构成。

人口是构成市场的基本要素，人口数量、购买欲望和购买力这 3 个要素影响着市场需求量。因此，人口数量是评估市场需求时必须考虑的因素。人口数量多，产品的需求量自然就大，尤其是油、盐、酱、醋、纸等日用品，当人口数量增长时，其需求量必然增长。另外，市场需求不仅与人口数量有关，还与人口构成有关。人口构成主要包括人口的年龄、性别、职业、文化程度、地区等，对人口构成的分析研究有助于调查人员得出关于市场需求情况的规律，从而为企业做出营销决策提供支持。例如，就消费者的年龄而言，儿童的需求主要是在食品、玩具等方面；就消费者的性别而言，女性在美容、服装、零食等方面的支出较多。

（2）家庭数量及构成。

家庭是由消费者组成的消费品的基本购买单位。家庭人数及其构成是影响产品需求的重要因素。在消费品中，有些产品的需求量与每个家庭的人数成正比，如粮、油、副食品等；有些产品的需求量则与每个家庭的人数成反比，如电视机、冰箱等家电用品，这是因为假设某地区的总人口数量不变，每个家庭的人数多，家庭户数就越少。以每户家庭需要一台电视机、一台冰箱计算，那么该地区对电视机、冰箱等的需求自然会减少。此外，家庭成员的构成不同，也会使产品需求结构有所差异。例如，一户家庭的儿童较多，在食品、玩具等方面的需求势必更大；一户家庭的老年较居多，在营养品、保健品等方面的需求就会更大。

（3）消费者收入水平。

消费者的收入水平直接决定其购买力，从而决定了市场需求的大小。通常消费者会在自己的收入水平范围之内挑选和购买自己所需的产品。需要注意的是，不同职业、阶层的消费者的收入水平存在明显差别，且不同职业、阶层的消费者会根据自己的收入水平选择适合自身身份及收入的产品。

4. 市场需求趋势调查

市场需求调查的另一重要内容是市场需求趋势调查。例如，了解市场对某种产品或服务项目的长期需求态势，了解该产品和服务项目是会逐渐被人们认同和接受、需求前景广阔，还是会逐渐被人们淘汰、需求萎缩等。

案例分析——住房需求上涨，高档小区却"无人问津"

某县城在 2018 年开始加快经济建设，吸引了众多房地产开发商入驻，"新城"开发区的楼盘销售业绩蒸蒸日上。某房地产开发商眼见该地当前的房地产市场异常火爆，遂决定开辟高端市场，修建高档小区，其楼盘均价高于其他普通楼盘 3 000 元每平方米。等到 2020 年开盘时，虽然该房地产开发商信心满满，但其楼盘"无人问津"。该房地产开发商无奈之余，也不得不为其"冒险"决策买单。

原来，在该县城单套面积在 80 平方米以下的普通商品住房已成为楼市销售的主力户型。2020 年一季度，该县城面积在 80 平方米以下的普通商品住房的销量占市场总销量的 56.5%；面积为 80～90 平方米的普通商品住房的销量占市场总销量的 31.5%，其他户型仅占 12%。目前，该县城本地居民仍是住房的主要消费力，有超过 70% 的住房是本地居民购置的。购房者多数为经济能力有限、家庭人数较少的普通家庭。

分析： 该县城房地产市场越来越趋于成熟、理性，刚性需求在楼市需求中占据主导地位。因此，房地产开发商只有在进行充分、有效的市场调查的前提下，有针对性地开发小户型住房，才能真正满足市场主体的需求，而不是贸然地修建高档小区。

1.2.2　市场环境调查

企业营销活动是在复杂的社会环境中进行的。环境的变化既可以给企业带来市场机会，也可能对企业营销活动形成某种威胁。具体来讲，市场环境主要包括政治环境、法律环境、经济环境、科学技术环境、社会文化环境和自然地理环境等。这些市场环境不受企业控制，它们从不同方面影响和制约着企业的营销活动。企业只有通过对市场环境进行调查，才可以分析市场环境对企业营销活动的影响，企业只有把握市场环境的变化趋势，才能更好地发展。

（1）政治环境调查。

政治环境调查指了解国家管理市场的方针和政策的具体内容，它规定了国民经济的发展方向，会对企业营销活动产生直接影响。政治环境包括税收政策、对外贸易政策和价格管制等。

（2）法律环境调查。

法律环境调查指了解国家或地方政府颁布的各项法律法规，尤其是经济法规，包括《商标法》《专利法》《广告法》《环境保护法》等。法律法规对企业营销活动的影响在于其规定了企业能做什么，不能做什么，从而影响其战略选择。例如，2019年1月1日我国正式实行的《电子商务法》，对电商经营者乃至仓储、物流、支付结算等多个电商环节给予了法律层面的界定。如规定电子商务平台经营者应当根据产品或服务的价格、销量、信用等以多种方式向消费者显示产品或服务的搜索结果；对于使用了竞价排名的产品或服务，应当显著标明"广告"字样；规定电子商务经营者应当全面、真实、准确、及时地披露产品或服务信息，保障消费者的知情权和选择权。

✎ 价值引导

企业在开展营销活动时必须遵守我国的各项法律法规。同时，随着经济全球化和经济的快速增长，我国很多企业正在"走出去"，在国际上的影响力日益增大。因此，企业面向国际市场时，必须了解并遵循出口国（地区）政府颁布的有关经营、贸易、投资等方面的法律法规，如进口限制、税收管制及外汇管理等制度，树立正面的企业形象。

（3）经济环境调查。

经济环境是指企业面临的社会经济条件及其运行状况。经济环境是制约企业生存和发展的重要因素。经济环境调查的内容包括市场的经济发展水平及速度、能源和资源开发和供应、消费者收支、消费者储蓄和信贷、物价水平等情况。如某地经济发展水平增长快，居民收入上涨快，必然引起消费需求的增加和消费结构的改变。根据恩格尔定律，家庭收入越少，家庭收入中用于购买食品的支出占比越大，而用于交通、娱乐、旅游等方面的支出占比越小。

🎖 拓展知识

恩格尔定律是19世纪德国统计学家和经济学家恩斯特·恩格尔根据统计资料，得出的消费结构的变化规律。扫描右侧的二维码可查看恩格尔定律的具体内容。

扫一扫

恩格尔定律

（4）科学技术环境调查。

科学技术的发展使产品的市场生命周期迅速缩短，新工艺、新材料、新能源、新方法的出现，可能给某些企业带来新的市场机会，也可能给某些企业造成威胁。科学技术环境调查主要是对行业技术发展趋势和新产品开发动向的调查，这就要求企业密切关注技术突破对企业的影响，确定企业自身有无必要参与研发和引进新技术，有无必要开发新产品等。

（5）社会文化环境调查。

社会文化环境在很大程度上决定着消费者的购买行为，影响着消费者购买产品的动机、方式和地点，会对企业的运营活动产生一定影响。因此，企业需要对所处市场的社会文化环境进行调查，具体内容包括消费者的文化素养、受教育程度、民族与宗教状况、风俗习惯以及价值观念等。通常，不同文化程度的消费者，往往具有不同的消费观念和消费结构。

（6）自然地理环境调查。

一个国家和地区的自然地理条件也是影响市场环境的重要因素，与企业营销活动密切相关。自然地理环境主要包括自然资源、地理位置、气候条件、交通条件等，这些因素从多方面对企业的营销活动产生影响。因此，企业必须熟悉不同自然地理环境的差异，这样才能做好市场营销。例如，我国东北和南方大部分地区一般以米饭为主食；而河南、山东、山西、陕西、甘肃等地以面食为主食；又如，我国南方气候潮湿，北方相对干燥，在冬天，北方对加湿器的需求远大于南方。

1.2.3 消费者购买行为调查

消费者是市场营销的目标对象，企业的产品、营销方式都是在迎合消费者需求和喜好的前提下产生的。因此，企业在确定了目标市场后，还需要对目标市场进行深入分析，了解消费者的购买行为。

消费者购买行为是消费者受消费心理支配而产生的产品购买活动。消费者购买行为由消费者购买产品的种类、规格、型号及购买的数量、时间、地点等内容组成。关于消费者购买行为的调查，可以采用"5W2H分析法"确定调查的具体内容，如表1-1所示。

表 1-1　消费者购买行为调查内容

调查范围	具体内容
What （对购买对象的调查）	消费者的需求是什么？对消费者来说，最有价值的产品是什么？满足消费者购买愿望的效用是什么？消费者追求的核心利益（价格、质量、规格、价值）是什么？
Why （对购买动机的调查）	为何喜欢某产品？为何讨厌某产品？为何不购买或不愿意购买某产品？为何选择本企业产品，而不选择竞争企业产品？为何选择竞争企业产品，而不选择本企业产品？
Who （对购买行为主体的调查）	谁是购买发起者？谁负责购买？谁参与购买？谁影响购买？谁决定购买？谁使用所购产品？
When （对购买时机的调查）	什么季节购买？何时需要？何时使用？何时购买过？何时重复购买？何时产生需求？何时需求发生变化？
Where （对购买渠道的调查）	在城市购买还是在农村购买？在超市购买还是在农贸市场购买？在大商场购买还是在小商店购买？在网店购买还是在实体店购买？
How （对购买方式的调查）	以什么方式（现场选购、邮购、网上购买、电视购物等）购买？按什么程序购买？
How much （对购买数量和频率的调查）	一定时期的购买次数是多少？一定时期的购买频率是多少？人均购买量是多少？总购买量是多少？

经典理论

1932年，美国政治学家拉斯维尔提出"5W分析法"，随后经过人们的不断运用和总结，逐步形成了"5W1H分析法"。5W即What（做什么）、Why（为什么要做）、Who（由谁去做）、When（什么时候做）、Where（在哪里做）；1H即How（怎么做）。之后，美国陆军兵器修理部创造了"5W2H分析法"，即在"5W1H"的基础上增加了"How much"，进一步考虑了成本。无论是5W、5W1H还是5W2H，这些分析方法在企业管理、日常工作生活和学习中都得到了广泛的应用。人们运用这些分析方法分析问题时，都是先将问题列出，然后逐一回答，最终产生高效或创新的决策。

通过"5W2H分析法"设计调查内容，对消费者购物行为进行调查，企业可以解决下列问题。

（1）消费者购买什么（What）。

分析消费者购买什么产品，为什么购买这种产品而不是其他产品，这样企业既可以了解不同品牌产品的销售情况，也可以了解消费者的偏好，以生产适销对路（适销对路指产品特性能够满足广大目标消费者的物质与精神需求）的产品。例如，有的消费者喜欢购买动漫产品，有的消费者热衷于购买摄影产品；有的消费者的大部分开支用于饮食，有的消费者的大部分开支用于旅游等。

（2）消费者为何购买（Why）。

不同消费者购买产品时有不同的购买动机，购买动机是消费者为了满足一定的需要而产生的购买产品的欲望。企业了解消费者的购买动机后，可以分析消费者产生各种购买动机的原因，以便为自身的营销决策提供依据。如有的消费者追求新奇，不在乎产品是否经济实惠，重要的是产品能够满足自己的好奇心；有的消费者追求物美价廉，看重产品的功能和实用性，对产品的外观、样式不太注重。

（3）购买者是谁（Who）。

企业应分析产品的购买者是谁及其特征，包括分析购买者的年龄、性别、职业、收入水平和兴趣爱好等。同时，购买者可能不是产品的使用者，区分购买者是否是产品的使用者等也事关企业市场调查的结果。因此，企业需要弄清楚消费者购买的产品供谁使用，谁是购买的决策者、执行者、影响者。例如，化妆品的决策者、购买者主要是女性，企业应注意产品的颜色和包装，营造一种能够吸引她们前来购买的氛围；儿童玩具的使用者是儿童，通常由他们提出购买要求，但最终是否购买往往由其父母决定，站在儿童的角度来看，他们喜欢新奇的玩具，但企业面对的决策者和购买者是儿童的父母，应当更加注重玩具的益智性和安全性。

（4）消费者何时购买（When）。

企业应分析购买者对特定产品的购买时间的要求，以便适时将产品推向市场，如分析各类电商购物节和传统节假日对市场的影响程度等。

（5）消费者在何地购买（Where）。消费者购买产品的地点往往受消费人群及产品性质等因素的影响。例如，粮食、蔬菜、调味品等日常生活用品会被频繁购买，为了节省时间，消费者通常会到住所附近的商店购买；对于家庭装饰类消费品，消费者则往往选择在品种较多的大中型商场购买。分析消费者对不同产品的购买地点的要求及其选择不同地点的原因，有利于企业寻找适销渠道，并针对不同渠道制定不同的推广策略。

（6）消费者如何购买（How）。不同消费者对不同产品会选择不同的购买方式。例如，很多20～30岁的年轻消费者喜欢在电商平台购买潮流服饰，而多数40～50岁的中年消费者喜欢在品牌服装店购买服饰。分析消费者的不同购买方式，企业可以有针对性地为其提供不同的产品和服务。

（7）消费者购买多少（How much）。消费者每次购买产品的数量越多，购买产品的次数越多，企业获得的收益就越大。消费者的购买量主要取决于其购物欲望。当消费者的需求被充分满足，感觉自己受到重视，且对产品和服务的质量充满信任时，其购买欲望就会得到增强。企业可通过一些促销手段来刺激消费者购物，如抽奖、买即赠等。

案例分析——某蛋糕店对消费者购买行为的调查

以下为某蛋糕店对消费者购买行为进行的调查。

Q1：您一般会在什么时间段到蛋糕店购买糕点？

☐ 6:00—8:00　　　☐ 8:00—10:00　　　☐ 10:00—14:00　　　☐ 14:00—16:00

☐ 16:00—19:00　　☐ 19:00—22:00　　　☐ 22:00—24:00

Q2：您经常为_____购买糕点？

☐ 自己　　　　　　☐ 小孩　　　　　　☐ 父母　　　　　　☐ 同事或朋友

☐ 其他人

Q3：您喜欢购买哪种类别的糕点？

☐ 蒸包类　　　　　☐ 烘烤类　　　　　☐ 吐司类　　　　　☐ 切件类

Q4：您喜欢购买哪种口味的糕点？

☐ 咸味　　　　　　☐ 甜味　　　　　　☐ 原味　　　　　　☐ 其他：_____

Q5：您希望糕点的包装是？

☐ 单独包装

☐ 盒装或袋装

☐ 整体盒装或袋装，内有多个独立包装袋

☐ 其他：_____

Q6：您能够接受的糕点的价格范围是？

☐ 10 元以下　　　☐ 10 ～ 50 元　　　☐ 50 ～ 200 元　　　☐ 200 ～ 500 元

☐ 500 ～ 1000 元　☐ 1000 元及以上

分析： 上述内容主要是对产品的口味、包装、价格等进行调查，用于了解消费者需要什么样的产品或服务，消费者最看重产品或服务的哪些方面。

1.2.4　竞争对手调查

企业在开展营销活动时，总是一边"盯着"目标消费者，一边"盯着"竞争对手。那么企业如何看待自己的竞争对手呢？竞争对手不仅仅是企业的"敌人"，更是企业学习的对象。竞争对手不仅能给企业带来压力，也能给企业带来动力。

古语云："知己知彼，百战不殆。"在市场竞争中，企业只有在了解竞争对手的优势与劣势后，才能有针对性地制定正确的市场竞争战略，以避其锋芒、攻其弱点、出其不意，利用竞争对手的劣势来争取市场竞争的优势，更好地满足市场需求、服务于消费者，使企业立于不败之地。

1. 识别竞争对手

在了解竞争对手之前，企业需要明确谁是自己的竞争对手。通常，竞争对手可以分为直接竞争对手和间接竞争对手两种。

（1）直接竞争对手。

直接竞争对手是指生产经营同品类、同品种产品或服务，与本企业角逐共同目标市场，构成直接竞争关系的企业。直接竞争对手主要为同行企业，其强弱不仅直接影响市场需求状况，而且会影响本企业的市场占有率。

（2）间接竞争对手。间接竞争对手是指同企业基础条件存在一定差异的同类企业或生产本企业产品的替代品的企业。间接竞争对手主要表现为其产品或服务与本企业相比具有一定的差异或替代性。间接竞争对手的替代性一般表现新产品对老产品的替代等。例如，全自动洗衣机对半自动洗衣机构成的威胁，法式西餐厅和日式料理店之间的间接竞争，主营比萨的必胜客和主营汉堡的麦当劳之间的间接竞争等。

拓展知识

从表面上看，识别竞争对手是一项非常简单的工作。但是，需求的复杂性、层次性、易变性，以及产业的发展变化等，使企业在市场竞争中面临着复杂的竞争形势。企业从不同的角度可以划分出不同的竞争对手。扫描右侧二维码可查看具体内容。

扫一扫

从不同角度划分竞争对手

一般情况下，企业在识别竞争对手时既要考虑其与本企业所提供的产品或服务的相似性和替代性，又要考虑其与本企业所欲满足需求的消费者的一致性。如果这两方面的相似程度都很高，便可以认定该企业为本企业的竞争对手。

2. 竞争对手的调查内容

通常，竞争对手调查包含两个层面的内容。

一是对竞争对手的一般性调查，即调查在全国或某个地区本企业的主要竞争对手有哪些，这些企业满足市场需求的能力（如生产能力、技术能力和销售能力）如何，是否有实力与本企业竞争，这些企业的市场占有率有多大，它对本企业的产品销售有何影响。所谓市场占有率是指企业的某种产品在市场同类产品的销量中所占的比重，它反映了一个企业的竞争能力和经营成果。

二是对视为主要竞争对手的某一具体企业的调查，包括该企业的业务范围、资金状况、经营规模、人员构成、组织结构、产品品牌、产品性能、产品价格、产品经销渠道等。例如，该企业的经营状况是好是坏，为什么好，为什么坏？产品的质量怎么样，产品的价格如何？员工的质量和服务怎么样，他们是怎样推销产品的？该企业是如何进行广告宣传的？等等。

价值引导

任何个人或组织不得在市场调查中侵犯被调查对象的商业秘密（或称商业机密）。侵犯商业秘密涉嫌侵犯他人的知识产权，因此保护商业秘密是国际社会的普遍需求。在我国，随着市场经济的不断深入发展，对商业秘密的保护是保证我国社会主义市场经济健康有序发展的重要内容之一。我国《反不正当竞争法》第九条规定："本法所称的商业秘密，是指不为公众所知悉、具有商业价值并经权利人采取保密措施的技术信息和经营信息。"例如，专利权、计划书、出版物、程序、密码、设计资料、产品配方、制作工艺、制作方法等都属于商业秘密。作为商业秘密的两个重要前提：一是必须证明信息所有人已经向有关部门提交保密申请并且该信息具有商业价值或潜在的商业价值；二是申请者已经采取适当的防护措施来防止信息的泄露。

1.2.5 企业营销影响因素调查

企业营销影响因素是指企业用以实现其营销目标的可控要素。要想实现企业的营销目标，企业就需要将这些因素转变为可操作的营销策略。对企业营销因素影响情况的调查，主要是指在 4P 营销理论的基础上进行产品调查、产品价格调查、销售渠道调查和促销调查。

经典理论

4P 营销理论是 4 个基本策略的组合，即产品（Product）、价格（Price）、渠道（Place）、促销（Promotion）。4P 营销理论由密西根大学教授杰罗姆·麦卡锡（E.Jerome Mccarthy）于 1960 年在其著作中首次提出，4P 营销理论作为一个营销的基础工具，一直在各个行业中被广泛应用。

1. 产品调查

产品调查主要涉及产品实体调查、产品包装调查和产品生命周期调查等方面的内容。

（1）产品实体调查。

产品实体调查涉及产品的性能、质量、规格、式样、颜色、口味等方面的调查。通常，产品的性能、质量是消费者最为关注的问题，它直接关系到产品的实用性、安全性和维修方便性等。而消费者对产品的规格、式样、颜色、口味等方面的需求是多种多样的，不同的消费者有不同的爱好和需求。企业通过产品实体调查，能够生产出受消费者欢迎，满足其不同需求的各式各样的产品。

（2）产品包装调查。

包装是产品的重要属性之一。产品的包装除了具有保护产品、携带便利等功能外，还具有提升产品形象和发布广告信息等营销辅助作用。通过产品的包装，企业可以向消费者传递品牌信息，引起消费者的注意，激发消费者的购买欲望。企业开展产品包装调查主要是为了了解产品包装对消费者的吸引程度，了解什么样的产品包装能受到消费者的喜爱，现有的产品包装功能是否完善等。例如，某企业在对乳品包装的调查中了解到，多数消费者倾向于选择纸盒和塑料瓶的包装形式，同时纯牛奶用白色的包装，配合少量的图案，可使产品看起来卫生、安全，消费者的接受度更高；而酸奶用各种色彩的包装，配合丰富的图案，使产品包装就能体现出酸奶的口感、口味这样消费者的接受度更高。

（3）产品生命周期调查。

产品生命周期是指产品从进入市场到最终退出市场的过程，包括导入期、成长期、成熟期和衰退期 4 个阶段，图 1-3 所示为产品生命周期销量的变化趋势。企业首先要明确自己生产和经营的产品处于生命周期的哪一个阶段，然后以此为依据确定调查的重点内容。

在导入期，产品刚投入市场，消费者对产品还不太了解，企业会面临一定的风险。此时，企业应重点调查消费者对此种产品的真实需求程度、消费者购买产品的动机、消费者对产品价格的承受力等，以便制定相应的运营策略，让消费者尽快了解并接受产品，缩短导入期的时间。

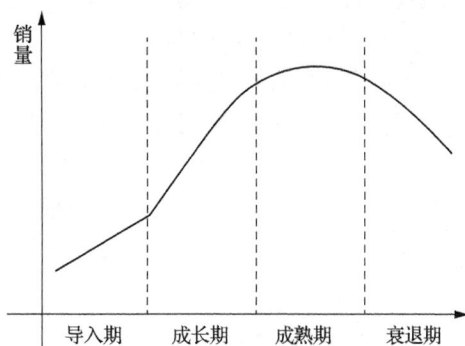

图 1-3　产品生命周期销量的变化趋势

在成长期，消费者对新产品有了足够的了解，也形成了固定的消费习惯，产品的销量开始迅速增加。此时，企业应重点调查产品受欢迎的原因、产品的不足和需要改进的地方，以及是否出现了竞争产品等，以便找到解决问题的方法，如改进产品品质、加强产品形象的塑造、寻找新的细分市场等，以保持产品销量的增长，延长产品获利的时间。

在成熟期，产品销量增长缓慢，逐渐达到顶峰，然后缓慢下降，同时同类竞争者众多，市场竞争非常激烈。在该阶段，企业需要开拓新的市场、调整营销组合，从而减缓衰退期的到来。因此，企业应重点调查消费者减少购买的原因、竞争产品的优势等。

在衰退期，产品销量急剧下降，获利较少，此时企业需要及时采取相应的措施，如对产品进行改良、开发新产品等，使产品的生命周期得以延长。在此阶段，企业调查的重点是用什么新产品来替代老产品。

拓展知识

企业如何有效确定产品所处的生命周期阶段呢？一般，判断产品所处的生命周期阶段，可根据销售增长率指标进行。扫描右侧二维码，可查看详情。

扫一扫
判断产品所处的生命周期阶段

2. 产品价格调查

价格通常是决定产品交易成败的重要因素。调查产品价格有利于企业制定促进产品销售的价格策略，调查内容包括市场中各竞争对手的产品价格、影响产品价格的因素和产品价格变动对消费者的影响等。

（1）市场中各竞争对手的产品价格。

了解市场中各竞争对手的产品价格可以帮助企业确定本企业产品的价格。此时，企业应在质量、品种、规格、包装等方面对本企业产品与竞争对手的产品进行充分比较，根据比较结果来确定本企业产品价格应高于竞争产品的价格，还是应低于竞争产品的价格。

如果产品同质化程度较高，产品成本差异不明显，且市场对产品的认知趋于一致，已经形成了一个相对平衡的价格，企业可以根据行业的现行平均价格进行定价。但如果市场中出现了垄断竞争的情况，竞争对手比较强势，企业则可以追随比较有话语权的企业进行定价。

（2）影响产品价格的因素。

影响产品价格的因素主要包括两方面的内容，一是消费者的购买力，产品的最终目的是被消费者使用，所以产品的价格主要取决于消费者的购买力。企业在拟定产品价格时必须考虑消费者的购买力，因为其决定了消费者对产品价格的可接受程度。当然，如果企业的营销策略、营销手段比较有效，消费者对产品的认知度、认可度都比较高，则产品的定价空间相对较大。二是市场供求关系，当市场处于"买方市场"，即市场中的供给大于需求时，买方在交易上处于有利地位，产品价格有下降的趋势；当市场处于"卖方市场"，即市场中的供给小于需求时，卖方在交易上处于有利地位，产品价格有上涨趋势。

（3）产品价格变动对消费者的影响。

产品价格变动对消费者的影响也是产品价格调查的重点内容。一般而言，当产品的价格上升时，消费者会减少对它的购买；而当其价格下降时，消费者会增加对它的购买。但并非所有的产品都具有这种趋势，关键在于消费者所购产品是不是生活必需品。例如，即使车价下降，很多人还是会持币待购，希望它再降一些，用更少的钱买车。从消费者耐心等降价的行为可看出，车对他们而言并非必需的。然而，即便大米、猪肉、蔬菜等都在不断涨价，消费者的购买行为也几乎不会受到影响，仍会坚持购买。

另外，产品价格的变动对不同的人群有不同的影响，对经济条件好的消费者来说，产品价格的变动对他们的影响一般不大，但是对经济条件不好的消费者来说，即使是生活必需品的价格发生微小变动，都会对他们产生较大的影响。

3. 销售渠道调查

销售渠道是指产品从生产者手中转移到消费者手中所经过的通道或路径，主要包括直接销售给消费者，通过产品经销商（如批发商、零售商）销售给消费者，通过委托代理商销售给消费者 3 种销售渠道。调查销售渠道有助于企业判断哪一种销售渠道能更有效地促进产品的销售，有利于企业开辟更合理、效益更好的销售渠道。销售渠道调查的主要内容包括同类产品的销售渠道有哪些，现有的销售渠道能否满足企业销售产品的需要，现有销售网点的布局是否妥当，销售渠道中各环节的产品运输、库存是否合理经济，各类经销商对销售此种产品有何要求，各类经销商的销售实力如何等。

4. 促销调查

促销的主要目的是向消费者传递产品和服务信息，引起消费者的注意，激发消费者的兴趣和购买欲望，进而扩大销售。促销的方式主要包括以下 4 种：人员推销、营业推广、广告宣传和公关活动，如图 1-4 所示。在促销调查中，企业需要调查消费者对各种促销方式的偏好，不同促销方式的效果（即产品和服务信息是否能够有效传达给消费者，能否引起消费者的注意），以及各种促销方式的收益和支出的比例等，以便制定最优的促销方案。

人员推销
人员推销是指推销员通过口头宣传来说服消费者，实现产品销售，包括上门推销、柜台促销、会议推销等形式。

营业推广
营业推广是一种通过利益刺激消费者需求的、辅助性的、临时性的促销方式，常见的利益形式有赠送优惠券、有奖销售、赠送礼品等。

广告宣传
广告宣传是指企业通过各种媒体向消费者传递信息，以促进产品销售的一种促销方式。常用的媒体有电视、报纸、路牌、宣传单、网络等。

公关活动
公关活动是指企业通过策划活动传递企业信息，树立良好的企业形象，与公众建立友好关系，从而促进产品销售的一种促销方式。

图 1-4　企业主要的促销方式

不同促销方式的调查重点不同。具体而言，企业在人员推销调查中应重点调查推销员的素质和推销效果，从而了解不同产品应选用哪种推销员、采用何种形式进行推销；在营业推广调查中，应重点调查不同利益形式的推销效果；在广告宣传调查中，应重点调查不同广告媒体产生的促销效果以及不同形式的广告的成本投入和利益的比例；在公关活动调查中，应重点调查不同公关活动对企业形象和产品促销的影响。

案例分析——可口可乐公司推出新口味惨遭失败

20 世纪 80 年代初，尽管可口可乐在美国软饮料市场上处于领先地位，但是其市场份额的增长速度下降较快，从每年递增 13% 左右下降为只增长 2%，而百事可乐正不断侵吞可口可乐的市场，其市场份额由原来的 6% 上升至 14%。为此，可口可乐公司决定改变可口可乐的配方，推出一款名为"新可口可乐"的产品来应对百事可乐的竞争和挑战。

可口可乐公司花费了两年多的时间、400 万美元用于"新可口可乐"的研发，同时进行了近 20 万人的口味试验，仅最终配方就进行了 3 万人的口味试验。在无商标试验中，60% 的人认为"新可口可乐"的口味比原来的可口可乐的口味好；52% 的人认为"新可口可乐"比百事可乐好。从试验结果看，"新可口可乐"应该是一个成功的产品。

1985 年 5 月，可口可乐公司放弃了使用原配方生产的可乐，将口味较甜的"新可口可乐"投向市场。在"新可口可乐"上市初期，由于铺天盖地的广告和促销活动，"新可口可乐"的市场销量不错。但不久后，"新可口可乐"的销量迅速下降，并且可口可乐公司每天都能接到 1500 多个消费者打来的电话和很多的信件，这些电话和信件都在表达消费者对"新可口可乐"的不满。甚至，一个自称"原口味可乐饮用者"的组织发起了各种抗议活动，宣称除非可口可乐公司恢复原口味的可乐，否则将提出集体诉讼。

迫于原口味可乐消费者的压力，可口可乐公司仅销售了不到 3 个月的"新可口可乐"，就不得不重新开始销售原口味的可乐，并将其称为"经典可乐"，与"新可口可乐"一起在市场上销售，但"经典可乐"的销量远大于"新可口可乐"的销量。

分析：可口可乐公司推出新口味可乐失败主要的原因是调查内容太局限，仅仅停留在对产品口味的调查上，并没有考虑到可口可乐的历史、产品形象及使用新口味取代原口味时消费者对原口味可乐的情感对新口味可乐销量的影响。对于许多美国人来说，可口可乐已经成为一种精神产品。可以说，可口可乐所具有的象征性意义比它的口味更重要，如果可口可乐公司调查的内容更广泛一些，在对产品口味进行调查之外，还对市场环境和消费者进行调查，就很有可能发现并避免上述问题。

实战演练——确定新产品上市的调查对象和内容

根据本节"情景导入"的内容，分析张雷所在部门在进行市场调查时的调查对象和调查内容。

调查对象：

_____

_____

_____

_____

调查内容：

_____

_____

_____

_____

_____

_____

1.3　市场调查的组织方式

情景导入

　　2020 年 11 月 1 日，全国第 7 次人口普查正式开启。人口结构（性别、年龄、学历、职业）、人口分布、人口质量、人口出生率……一系列重要的人口指标，将成为我国制定人口政策、经济政策，以及科学教育、文化体育、卫生健康等多方面政策的重要参考依据，将为我国落实"十四五"规划以及实现 2035 年远景目标提供准确的统计信息支持。

　　张雷所在办公室的同事们在谈论起"全国第 7 次人口普查"时，都露出了惊叹和骄傲的神情。大家不由地感叹，国家有能力组织这样大规模的全面调查，体现出了我国综合国力的强大。而我们在进行市场调查时，由于调查经费、人力、物力和时间的限制，只得采用非全面调查的组织方式获取相关的信息。

1.3.1　全面调查

　　全面调查即普查，是对调查对象中所包含的全部单位逐一进行调查的方式。其主要目的在于取得相对总体现象而言比较全面系统的总量指标。例如，要掌握全国人口总数及构成情况，就需要对全国每一户居民进行调查，对所有数据进行汇总分析。

　　虽然全面调查的调查对象范围广、单位多、获得的调查结果全面可靠，但需要耗费大量的人力、物力、财力和时间，并且组织起来很困难，工作量也很大，所以一般企业在进行市场调查时不会采用这种组织方式。

　　通常，全面调查只适用于产品销售范围很窄或用户很少的情况，对于品种多、销售范围广的产品就不适用，此时企业需要采用非全面调查的组织方式实施调查。

1.3.2　非全面调查

　　与全面调查相对的是非全面调查，非全面调查仅对调查对象中的一部分进行调查，主要包括重点调查、典型调查和抽样调查 3 种组织方式。

1. 重点调查

　　重点调查是指调查人员在全部调查对象（即总体）中选择一部分重点对象进行调查，以取得调查结果的一种非全面调查方式。虽然重点对象是总体的一部分，但它们在总体中往往占有较大的比重，因而对它们进行调查就能反映总体的基本情况和特征。

　　（1）重点调查的应用。

　　一般来讲，在调查任务只要求掌握总体的基本情况，而部分对象又能比较集中反映调查结果的全貌时，就可以采用重点调查。例如，只要对全国几家大型钢铁企业的生产情况进行调查，就可以掌握全国钢铁生产的基本情况；要了解某市商品零售的基本情况，对其中几家大型零售企业进行重点调查即可。重点调查可以是一次性调查，也可以是连续性调查，能达到掌握总体的基本情况的目的即可。

　　（2）重点对象的选取。

　　选取重点对象时，一般要求重点对象的数量尽可能少，而重点对象在总体中所占的比重应尽可能大。

（3）重点调查的优缺点。

重点调查的优点是企业所投入的人力、物力少，调查速度快，能够比较准确地反映总体的主要情况或基本趋势。缺点是由于所选择的调查对象只是总体的一部分，调查结果难免会产生误差；同时如果将非重点对象作为调查对象，而将真正的重点对象排除在外，就不能如实地反映总体的基本情况，也就达不到调查的目的。

2. 典型调查

典型调查是指根据调查的目的和要求，调查人员有意识地选取少数具有代表性的典型对象进行深入、细致的调查研究，借以认识同类事物的一般属性和发展变化规律的一种非全面调查方式。

（1）典型调查的应用。

典型调查适用于总体中各对象差别不明显的情形，同时它要求调查人员对总体比较了解，从而能准确地选择出典型对象。例如，某企业在全省有9家工厂，为了解采用新设备和新工艺后产品生产的变化情况，该企业将新设备占比达60%的工厂作为调查对象，进行典型调查。

（2）典型对象的选取。

典型对象的选取应从以下3个方面考虑：一是选取的对象要具有代表性和典型性；二是要根据调查目的选取对象，例如，调查目的是总结先进经验，就应选取先进的对象，调查目的是分析异常情况，那就应选取那些显示异常的对象；三是要根据调查对象的数量多少、差异大小来选取，如果调查对象少，差异也很小，那么选取一两个典型对象即可，反之则需多选取几个典型对象。

（3）典型调查的优缺点。

典型调查的优点在于调查对象少，可方便企业做深入细致的调查分析，并且省时、省力。其缺点在于典型对象的选取依赖于调查人员的主观判断，因此难以避免主观臆断等问题的发生，如果典型对象的代表性不强，用样本数据推断总体的特征时会产生较大的误差。

3. 抽样调查

抽样调查是指从全部调查对象中抽选一部分对象作为样本进行调查，根据样本数据估计和推断总体的一种非全面调查方式。抽样调查虽然是非全面调查，但它的目的在于取得反映总体情况的信息资料，因而也可以起到全面调查的作用。

与重点调查和典型调查不同的是，抽样调查抽取的对象一般不由调查人员决定，而是随机抽取，因此调查结果的精确度、可靠性较高。并且，抽样调查可以根据样本数据从数量上对总体的某些特征做出估计推断，而重点调查和典型调查侧重于定性研究，多用于了解总体的大致情况。与全面调查相比，一方面，抽样调查可以节省大量人力、物力、财力及时间；另一方面，由于全面调查受调查规模的影响，调查范围更广，调查持续时间更长，调查管理工作更为复杂，相比之下，抽样调查可以做更为深入和细致的调查。

但是，抽样调查对抽样方案的设计要求高，一般人员难以胜任。且如果抽样方案设计存在严重缺陷，往往会导致抽样调查失败。

综上所述，不同的调查组织方式具有不同的特点和适用范围，调查人员要根据调查的目的和要求选择合适的调查组织方式。总体来说，大部分企业在进行市场调查时，都采用抽样调查这种调查组织方式。抽样调查能够帮助企业经济、有效地收集市场资料，它也是本书重点介绍的市场调查的组织方式。

1.4 项目实训——成立模拟市场调查工作组

1.4.1 实训背景

为方便在以后的各个学习环节中，以小组为单位共同完成任务。本次实训要求同学们成立模拟市场调查工作组。

1.4.2 实训思路

企业要开展市场调查，仅靠一个人是不行的，需要组建一个团队来完成。因此，团队协作是企业开展市场调查非常重要的一个前提条件。在学习中，同学们如果只注重提升学习成绩，不懂对团队协作等方面能力的培养和锻炼，明显就不满足企业的要求。通过成立模拟市场调查工作组，同学们能对市场调查有初步的、大体的认识，并能主动地、有意识地培养自己的团队协作意识和能力，有利于在以后的学习或工作中充分发挥个人的团队精神。

1.4.3 实训实施

（1）以对某一领域感兴趣（如有的同学对电子产品感兴趣或有所了解，有的同学对汽车市场感兴趣或有所了解）为标准，相同领域的同学自由组合为一组。

（2）老师根据同学的具体情况引导分组，使各组人数和实际操作的能力均衡。

（3）各小组确定调查工作组的名称，确定负责管理小组的组长。

1.5 课后习题

1. 通过对本章的学习，谈谈你对市场的理解。

2. 简述市场调查的程序。

3. 非抽样调查有哪些常用的组织方式？各有何特点？

4. 若某企业拟定在某地开一家童装店，该企业应如何确定周边的竞争对手？如何展开竞争对手调查？

5. 如果要了解某大学在校大学生的每月生活费支出情况，该如何入手？

6. 为了解某地商品住房的消费情况，企业准备针对该地尚未购房者开展购房意向调查，你认为该企业应重点调查哪些内容？

7. 阅读以下材料并回答问题。

时至今日，市场调查已经不知不觉地深入人们的生活。例如某大学新生想要购买一台笔记本电脑，也许在购买之前，其会上网浏览太平洋电脑网、中关村在线等专业 IT 网站，了解一些笔记本电脑的最新信息和报价；会向同学、学长、朋友或家人咨询，以确定哪一款笔记本电脑更适合自己；会通过电商平台反复比较分析后做出购买决定；会到电脑城，经过现场比较、试用，跟商家谈定价格后，再做出购买决定。而该学生购买笔记本电脑所进行的这一个个环节就构成了一项简单的市场调查活动。

在"大众创业万众创新"政策的推动下，如今，越来越多的大学生对创业有意向或者正在筹备创业，有的大学生则通过创业已经小有成就。而大学生要想创业，就离不开市场调查。市场调查能够帮助创业者发现商机，制定企业的营销策略，使创业的过程更加顺利。

　　年仅 28 岁的赵杰就是众多创业大学生中的一员，如今他已是一家装饰品公司的领导，这家公司是他在大学毕业后创建的。凭着自身扎实的专业功底和对艺术的满腔热爱，赵杰在大学时期就专注于装饰品的学习和研究，并取得了很好的成绩。

　　大学毕业前，赵杰仔细分析了自己学习的专业，发现目前的就业环境并不乐观，他也不想在自己感兴趣的领域止步不前，此时他想到了创业。为了看看自己的创业梦想是否可行，赵杰马上进行了简单的市场调查。他发现，在自己所在的城市，装饰品大多是一些比较大型的装饰公司的附属产品，或者是没有什么特色的批发小玩意，装饰品在本地市场上的发展空间还很大。

　　有了这样的市场前提，他决心毕业后就开始创业。他对公司的规划是主要从事装饰品和工艺品的创作和生产，招聘专业的设计师设计符合顾客需求的产品，并融入时尚潮流元素，最终他打造出了一批具有个性化和特色的产品。

　　当然，在创业之初，由于初期的产品定位和技术不成熟，他也遇到了很多困难，但通过正确的市场调查分析，他重新找准了发展的方向，使企业走得更远。

　　思考：试结合上述材料，分析市场调查在日常生活和企业营销活动中的作用；同时思考企业在开展营销活动时，应重点调查哪些内容。

★ 管理工具推荐

1. 商圈研究模型

　　店铺的销售活动范围通常都有一定的地理限制，即有相对稳定的商圈。从行业的角度来讲，不同行业的零售商在一个相对集中的区域从事经营活动，这个区域就叫商圈。从零售商的角度来讲，商圈是指店铺能够有效吸引顾客进店的地理区域。在许多项目（如房地产项目）的可行性论证或店铺选址中，商圈研究是一个必不可少的重要环节。特别是对商圈的规模和构成情况、商圈内的竞争状况、消费者特征以及经济地理状况等进行深入了解，是企业进一步制订和调整经营方针和策略的重要依据。

　　商圈一般可以分为主要商圈、次要商圈和边缘商圈 3 个层次，如图 1-5 所示。

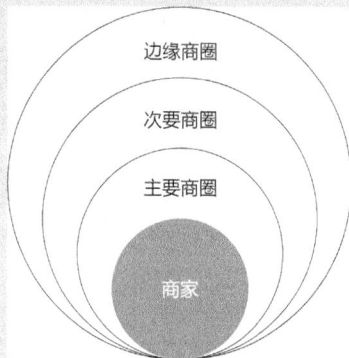

　　主要商圈：该商圈消费者的集中度较高，消费者占消费者总数的比例最高，每个消费者的平均购买率与购买额也最高。

　　次要商圈：该商圈位于主要商圈以外，消费者较为分散，消费者占消费者总数的比例较低。

　　边缘商圈：该商圈位于次要商圈以外，消费者占消费者总数的比例相当低，且非常分散。

图 1-5　商圈研究模型

2. 波士顿矩阵

　　波士顿矩阵又称"市场增长率—相对市场份额"矩阵、波士顿咨询集团法、四象限分析法等。利用波士顿矩阵可以分析各行业的情况，以便有针对性地采取对应的措施。波士顿矩阵实际上是针对企业产品进行分析的工具，4 个象限具有不同的定义和相应的战略对策，如图 1-6 所示。

　　（1）"明星"产品（stars），指处于高增长率、高市场占有率象限内的产品群。这类产品可能成为企业的现金牛产品，需要加大投资以支持其迅速发展。对应采用的发展战略是积极扩大经济规模和市场机会，以长远利益为目标，提高市场占有率，加强竞争地位。

（2）现金牛产品（cash cow），又称厚利产品，指处于低增长率、高市场占有率象限内的产品群，已进入成熟期。其产品特点是销量大，利润率高、负债率低，可以为企业提供资金；而且由于增长率低，也无须增大投资。因而这类产品往往会成为企业回收资金，支持其他产品（尤其"明星"产品）投资的后盾。

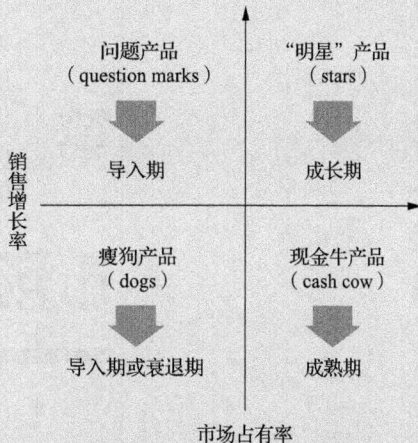

图1-6　波士顿矩阵的4个象限

（3）问题产品（question marks），指处于高增长率、低市场占有率象限内的产品群。前者说明市场机会大、前景好，而后者则说明在市场营销上存在问题。其特点是利润率较低，所需资金不足，负债率高。对问题产品的改进与扶持方案，一般均会被列入企业长期计划中。

（4）瘦狗产品（dogs），也称衰退类产品，是处在低增长率、低市场占有率象限内的产品群。其特点是利润率低，处于保本或亏损状态；负债比例高，无法为企业带来收益。对这类产品一般应采用撤退战略：首先一般应减少批量，逐渐撤退；对那些销售增长率和市场占有率均极低的产品，一般应立即淘汰。

3. SWOT 分析法

SWOT 分析法是一种基于内外部竞争环境和竞争条件的态势分析方法。该方法通过列举并依照矩阵式排列的方式，对所评估对象进行全面、系统的分析，从而得到准确率较高的结果。

SWOT 由 4 个英文单词的首字母组成，分别为优势（Strengths）、劣势（Weaknesses）、机会（Opportunities）和威胁（Threats），这种分析方法是通过对各项内容、资源的有机结合与概括来分析企业或产品的优劣势以及面临的机会和威胁，如表 1-2 所示。

表 1-2　3WOT 分析表

		内部环境	
		优势 （S）	劣势 （W）
外部环境	机会 （O）	SO 战略 依靠内部优势，利用外部机会	WO 战略 利用外部机会，改进内部劣势
	威胁 （T）	ST 战略 依靠内部优势，回避外部威胁	WT 战略 克服内部劣势，回避外部威胁

第2章

市场调查方案设计与实施

重要概念

市场调查方案、调查期限、逻辑分析法、经验判断法、试点调查法

知识目标

/ 掌握市场调查方案的设计原则和内容。
/ 掌握市场调查方案的可行性研究的方法。
/ 掌握培训调查人员的内容和方法。
/ 掌握调查实施过程控制和评估调查质量的内容和方法。

能力目标

/ 具备设计和评估市场调查方案的能力。
/ 具备市场调查人员应有的素质及协助管理市场调查人员的能力。

扫一扫

知识结构图

引导案例

黄浦区全国第六次卫生服务调查工作方案

　　全国卫生服务调查是全面了解群众健康状况、卫生服务需求及利用水平特征、医疗保障制度覆盖人群和保障水平、群众就医费用、经济负担及就医感受等方面情况的综合性调查，也是国家卫生健康统计调查的重要组成部分，目的是为深化医药卫生体制改革提供数据支持。根据《关于印发全国第六次卫生服务统计调查制度的通知》（国卫办规划函〔2018〕576号）《关于本市开展全国第六次卫生服务统计调查的通知》（沪卫计信息〔2018〕6号）文精神，黄浦区入选为国家样本点，为做好此次调查工作，特拟定调查工作方案，具体内容如下。

　　一、调查对象及时间

　　（一）调查对象

　　1. 家庭健康调查。本次调查是全国性的抽样调查，抽样方法是多阶段分层整群随机抽样。黄浦区调查样本覆盖5个街道中的10个居委会。家庭健康调查的抽样单位是户，在每个样本居委会中随机抽取60户，全区共抽取600户。调查对象是被抽中样本住户中的常住人口。常住人口是指近半年内在本户居住的所有户籍人口和非户籍人口，也包括出生未满半年的婴儿、新结婚的配偶、轮流供养的老人和中小学生等，但不包括保姆等非家庭成员。

　　2. 机构调查。调查本区规模最大的一家区级综合性医院和一家中医院（名单由市卫生计生委抽取）。

　　3. 医务人员调查。调查本区三级医疗机构（瑞金医院、仁济医院、第九人民医院、曙光医院）和部分二级医院（黄浦区中心医院）及样本点街道社区卫生服务中心，从每家三级医疗机构和二级医院中抽取临床医生20名、护理人员10名；从每家样本点街道社区卫生服务中心抽取临床医生5名、护理人员3名、防保人员2名。

　　（二）时间安排

　　2018年7—8月：调查准备及培训。

　　2018年9月：入户调查、数据上报、督导质控。

　　2018年10月：机构调查、医务人员调查。

　　2018年11—12月：数据整理、统计分析、撰写调查报告。

　　二、调查内容

　　本次调查以家庭健康调查为主，以医务人员和医疗卫生机构调查为辅。调查内容主要包括：

　　（一）城乡居民人口与社会经济学特征；

　　（二）城乡居民卫生服务需要，主要包括健康状况的自我评价、居民2周内患病、慢性病患病情况；

　　（三）城乡居民卫生服务需求与利用，主要包括疾病治疗、需求未满足程度及原因，居民利用基本公共卫生服务情况，门诊和住院服务利用类型、水平及费用，居民的就医满意度；

　　（四）城乡居民医疗保障，主要包括不同医疗保险制度的覆盖程度、补偿水平、居民对医疗保障制度的利用；

　　（五）妇女、儿童、老年人等重点人群卫生健康服务利用情况等；

　　（六）医务人员工作特征、工作感受、执业环境等。

　　三、调查方式

　　本次调查利用平板电脑开展面对面调查。调查人员按照电子调查表项目，对调查户的所有成员逐一进行询问，离线填报电子调查表，调查指导员对每一户调查数据进行审核后，在线上报。

四、组织和实施

本次调查按照"统一领导、分级负责、共同参与"的原则。区卫计委负责制定整体工作方案、落实配套经费、统筹协调、监督评估、审核调查报告；区卫生事务管理中心作为具体调查工作牵头单位负责实施调查工作推进、业务培训、区级质控、汇总数据、完成调查初步报告；各样本街道社区卫生服务中心负责完成样本调查、数据核查和上报。

五、调查质控要求

调查数据质量控制要贯穿调查工作的全过程，在调查设计、调查数据采集、数据整理分析等各个环节均要落实相应的质量控制措施。全体调查人员要树立数据质量第一的意识，每个工作环节都要有专人负责，杜绝人为干扰调查数据真实性的现象。

【思考】

（1）市场调查方案设计有何作用？

（2）市场调查方案包含哪些内容？

2.1 设计市场调查方案

情景导入

张雷翻阅了很多与市场调查相关的资料和案例，他发现很多机构在实施市场调查时，都会设计市场调查方案，以对市场调查的工作程序进行详细说明。为了了解更多关于市场调查方案的内容，张雷走到指导自己工作的"师父"身旁，向"师父"请教设计市场调查方案的相关问题。

2.1.1 设计市场调查方案的原则

设计市场调查方案是指在进行实际调查之前，对调查工作总任务的各个方面和各个阶段进行通盘考虑和安排，提出相应的调查实施方案，制定出合理的工作程序。简单地讲，市场调查方案就是对市场调查的内容和实施方法的详细说明。

设计市场调查方案十分重要，它在实际调查工作中起着统筹兼顾、统一协调的作用。在实施调查之前设计出市场调查方案，能使调查工作有计划、有组织地进行，保证市场调查工作高效、顺利地完成。因此，调查人员在设计市场调查方案时，须遵循以下几点原则。

视　频

市场调查方案的
初步认识

（1）科学性原则。

为了保证调查的质量，调查人员在设计市场调查方案时首先应遵循科学性原则。例如，有各种调查方法可供选择，但不同调查方法的适用性不同，调查人员设计市场调查方案时应根据调查要求选择一种或少数几种调查方法。例如，如果希望用样本数据对总体参数进行估计，调查人员就要采用概率抽样方法，并且设计出合理的抽样方案；如果运用实验法调查，调查人员就要选择合理的对比方法。此外，调查人员在进行问卷设计和统计分析时也要根据调查目的和调查内容选择合适的方法。

（2）可操作性原则。

只有可操作性强的市场调查方案才能为整个调查工作提供全方位的可行性指导，使所有调查人员目的明确、有章可循，能够按统一的方法和步骤开展调查工作，顺利地完成调查任务。例如，若要进行概率抽样，就需要抽样框，否则就只能进行非概率抽样；确定调查对象时应考虑对方的可接触性，同时对于涉及敏感信息的调查，被调查者的拒访率通常较高，如果这些信息不是特别必要，就可不涉及，如果十分必要，就要想办法降低信息的敏感程度。

（3）有效性原则。

市场调查具有很强的针对性和目的性，每一次市场调查都是为了解决特定的市场问题。因此市场调查方案一定要围绕市场调查目的设计，而不能主观臆断、闭门造车。这里的有效性原则即指，在一定的经费条件下，调查结果的精确度可以满足调查目的的需要，力求花费较少的调查费用取得较好的调查效果。

科学性原则、可操作性原则和有效性原则虽然侧重于设计市场调查方案的不同方面，但它们之间相互联系、相互影响，能够很好地遵循这些原则的调查方案就是较好的调查方案。

2.1.2　市场调查方案的内容

作为调查人员执行调查工作的纲领和依据，市场调查方案的内容应力求全面、完整，以为调查人员提供全方位的工作指导。一般来讲，一个完整的市场调查方案需要包含以下多个方面的内容。

1. 前言

前言或序言是市场调查方案的开头部分，主要是简明扼要地介绍市场调查产生的背景和来龙去脉。例如，分析企业产品的营销现状和不利因素，从而引出开展市场调查的必要性。

2. 调查的目的

确定调查的目的是设计市场调查方案首先要解决的问题。只有明确了调查目的，才能确定调查的内容、范围和方法，否则就会在市场调查方案中列入一些无关紧要的调查项目，漏掉一些重要的调查项目，导致方案无法满足调查的实际需求。具体来讲，确定调查的目的就是说明为什么要进行此次调查，通过调查能够获得哪些资料，这些资料能为企业提供哪些决策信息。例如，某数码商场准备开展一次顾客调查，调查的目的是要制定有效的营销策略，提升销售业绩，为此需要了解的信息包括顾客的基本情况、购物行为以及其对商场的评价和建议等。调查结果的可供该商场找到不足之处，研究提升销售业绩的有效措施。

3. 调查的对象和调查单位

明确了调查目的之后，就要确定调查对象和调查单位，这主要是为了明确调查谁和由谁来提供资料的问题。调查对象是根据调查目的确定的一定时空范围内的所要调查的总体，它是由许多某些特征相同的调查单位所组成的整体。而调查单位是调查总体中的个体，它是调查项目的承担者或信息源。例如，调查某市职工家庭的基本情况，该市所有的职工家庭就是调查对象，而每一户职工家庭就是调查单位。

视　频

市场调查方案的
框架内容

视　频

市场调查方案——
前言、目的、内容

视　频

确定调研目的之
企业调查意图分析

视　频

制定调研目的之
营销问题背景分析

视　频

调查目的的
最终确定

视　频

市场调查方案——
调查对象

4. 调查的内容

确定调查内容就是要明确想要向被调查者了解哪些资料，这也是设计调查问卷的准备工作之一。例如，在人口普查中，调查人员需要了解被调查者的姓名、性别、年龄、文化程度、职业等；调查消费者购买行为时，调查人员可从消费者购买情况、使用情况、使用评价 3 个方面列出调查的具体内容。

在实践中，一项市场调查可能包含多方面的调查内容，但调查内容过多会增加调查人员的工作量和统计量。因此，调查人员除了根据调查目的拟定调查内容之外，还要综合考虑调查经费和人力资源等情况的影响。

5. 调查的组织方式与方法

市场调查方案需要详细说明采用什么组织方式和方法取得调查资料。不同的调查组织方式会产生不同的调查单位。如采用全面调查的组织方式，调查总体内所包括的全部单位都是调查单位；如采用重点调查的组织方式，只有选定的少数重点单位是调查单位；如果采用典型调查的组织方式，只有选出的有代表性的单位是调查单位；如果采取抽样调查的组织方式，则用各种抽样方法抽出的样本单位才是调查单位，此外还要说明抽样的步骤，所选样本的大小和所要达到的精度指标等。

视　频

市场调查方案——
调查方法、进度安
排、费用预算

市场调查方法有文案调查法、实地调查法和网络调查法，其中实地调查法包括访问法、观察法和实验法。如果选择访问法或网络调查法，可将问卷作为收集信息的工具，并在市场调查方案中说明问卷中的问题类型、问卷的篇幅等；如果选择观察法和实验法，则应该准备好观察卡片（表）和实验表等工具。

例如，在某数码商场的顾客调查中，调查对象可根据年龄分为老、中、青年顾客；调查时间可选择客流高峰期；调查方法可采用在商场门口拦截访问的形式，每小时发放若干份问卷，由顾客填写后收回。

👆 实战演练——设计某市浴霸市场调查方案

假如某浴霸品牌欲进入某市市场，为此需要详细了解该市浴霸市场的状况，以制定正确的进入策略。请你为该企业设计一份某市浴霸市场调查方案（列出调查目的、调查内容、调查对象和调查方法即可）。

调查目的：_____

调查内容：_____

调查对象：_____

调查方法：_____

6. 资料整理分析的方法

资料整理是对调查资料进行分类、加工的过程，以便为企业提供条理化、系统化的综合资料。为此，调查人员应在市场调查方案中对资料的审核、修正、编码、分类、汇总等做出具体安排。

　　随着计算机技术的发展及统计分析软件的广泛应用，资料分析的方法越来越多，分析速度快，数据精度高。常用的资料分析方法有统计描述分析法、判断统计分析法、相关分析法、回归分析法等。每种分析方法都有其自身的特点和适用性，因此，调查人员应根据调查的要求，选择合适的分析方法并在方案中加以确定。

7. 提交调查报告的方式

　　市场调查方案中应包含调查报告的撰写原则和基本内容、调查报告的编写形式和份数，以及调查报告的汇报形式，还应对是否进行阶段性的成果报告等进行说明。

8. 调查的时间、期限和进度表

　　为了保证市场调查活动的调查进度，在设计市场调查方案时，调查人员还应明确调查的时间与期限，制作相应的进度表。

　　（1）调查的时间与期限。

　　调查时间是指调查资料所需的时间。如果所要调查的是时期现象，就要明确规定资料所反映的是从何时起到何时止的资料。如果所要调查的是时点现象，就要明确规定统一的标准调查时点。调查期限是指进行调查工作的时限，包括从调查方案设计到提交调查报告的整个工作时间，其目的是确保调查工作及时开展、按时完成。例如，提交生产经营月报时规定基层单位的填报时间为次月 3 日，则调查时间为一个月，调查期限为 3 天；一项市场调查规定 6 月 1 日零时为标准时点，要求调查工作在 6 月 10 日完成，则调查时间为 6 月 1 日零时，调查期限为 10 天。

　　（2）进度表。

　　进度表是调查活动进行的时间依据，也是提高工作效率、控制调查成本的手段。拟定调查活动的进度表时主要考虑两个方面的问题：一是调查的范围大小和调查的难易程度；二是调查的时间要求和信息的时效性。通常情况下，调查范围越大，调查难度越大，所花费的时间也就越长。而对于时效性要求高的调查项目，则应缩短调查期限。

　　通常，从调查方案设计到提交调查报告的工作大致包含以下几个方面：调查方案与问卷设计、调查人员选拔与培训、预调查、问卷修正与印刷、调查实施、资料整理与分析、撰写调查报告等。当然，进度表不是一成不变的，一方面它与调查的复杂程度相关，另一方面它需要根据调查过程中出现的某些问题进行修改，以保证调查活动顺利进行。在拟定市场调查进度时，调查人员需要具体列出市场调查相应环节需要的时间。表 2-1 所示为某产品在国庆"黄金周"的营销情况调查进度表，其调查期限相对较短。

表 2-1　某产品在国庆"黄金周"的营销情况调查进度表

工作内容	时间	小组成员	负责人员	备注
调查方案与问卷设计	10 月 1 日—10 月 7 日			
调查人员选拔与培训	10 月 8 日—10 月 11 日			
预调查	10 月 12 日—10 月 15 日			
问卷修正与印刷	10 月 16 日—10 月 18 日			
调查实施	10 月 19 日—11 月 4 日			
资料整理与分析	10 月 5 日—11 月 12 日			
撰写调查报告	10 月 13 日—11 月 16 日			

案例分析——因调查时间考虑不周"错失"推出产品的良机

　　为了测试新的冰激凌蛋糕是否符合顾客的口味，"味美乐"蛋糕坊进行了一次详细的市场调查。

　　调查的方法是，在桌子上摆满没有标签的蛋糕，测试者逐一品尝这些蛋糕，并将口感写在卡片上。经过 5 轮的反复测试，结果表明，测试者对口感温和的蛋糕表现出了更多的认同，而几乎所有的测试者都拒绝了这款新的冰激凌口味的蛋糕，于是该产品的推出被否定了。

　　而一年后，这款蛋糕突然在其他糕点铺热销，原来，"味美乐"蛋糕坊进行调查的时间是冬天，被访者从寒冷的室外进入糕点铺，没等暖和起来就吃清爽的冰激凌口味的蛋糕，影响了调查结果。

　　分析： 调查时间的选择对调查的结果有着直接的影响。上述案例中，在冬天让被调查者品尝冰激凌口味的蛋糕，口感一般都是不好的，这款冰激凌口味的蛋糕遭到众多被调查者的排斥也在情理之中。但企业在推出新产品时，推出的时间越早，越能在市场上取得先机，这种情况下，"味美乐"蛋糕坊在寒冷的冬天对冰激凌口味的蛋糕进行市场调查时，应该提供必要的取暖服务，等被调查者暖和起来再让他们品尝，得到的结果才是比较准确的。

9. 调查的经费预算

　　市场调查活动是一项庞大的系统工程，调查的经费预算是调查方案设计中一项非常重要的内容。在进行调查的经费预算时，调查人员要将可能的费用全部考虑到，以免在调查过程中出现经费短缺的情况而影响调查进度。市场调查的经费依据调查内容的不同而不同，一般来说，市场调查所需的费用包括调查方案设计费、问卷设计费、问卷印刷装订费、调查实施费（包括调查人员培训费、调查人员劳务费、礼品购买费等）、数据统计处理费、调查报告撰稿费、资料打印装订费、组织管理费等。

　　当然，调查的经费预算一定要合理，没有必要的费用不应罗列，必要的花费应该认真核算，切不可随意多报、乱报。不合实际的预算将不利于调查方案的审批或竞标。表 2-2 所示是某企业的市场调查经费预算表。

表 2-2　某企业的市场调查经费预算表

经费项目	单价	数量	金额 / 元	备注
问卷设计费	—	—	1000	
问卷印刷装订费	0.5 份 / 元	1 500 份	750	
调查人员劳务费	300 人 / 元	6 人	1800	
礼品购买费	3 份 / 元	1500 份	4500	纸巾、牙膏等日用品
数据统计处理费			2000	
调查报告撰稿费			500	
资料打印装订费	2 份 / 元	10 份	20	
总计			10 570	

10. 调查的组织计划

　　调查的组织计划是指为确保调查工作顺利开展的具体工作计划，主要内容包括调查机构的设置、调查人员的选择与培训、调查人员的监督管理办法、调查的质量控制等。

11. 附录

　　市场调查方案的最后可附上与调查项目有关的各种有价值的附录。例如，调查项目负责人及团队成员的基本情况、抽样方案及技术说明、问卷及有关技术说明、数据处理的方法和使用的软件等。

　　市场调查方案以书面方式呈现时，并没有关于格式的强制规定，上述调查方案的内容，除开头的前言部分和结尾的附录部分，其他部分的内容可适当合并或进一步细分，总体上应根据具体情况灵活处理。例如，上述市场调查方案的内容可概括为以下 6 个部分，并可按照相应的顺序排列：前言，调查的目的，调查的内容和调查对象的界定，调查实施采用的方法（包括调查的组织方式和方法、采用抽样调查时样本量的大小、问卷设计、资料整理和分析、调查机构的设置等），调查进度安排和经费预算，附录。

2.1.3　评价市场调查方案

若要将市场调查方案用于最终的调查实施工作，则要先评价方案是否可行，并对存在的问题进行讨论和修改，以提高方案的可执行性。评估市场调查方案主要包括可行性研究和总体评价。

视　频

评价市场调查方案

1. 市场调查方案的可行性研究

所谓可行性研究是指从成本、技术、实施环境、实施效果和管理上对市场调查方案进行综合评价，分析有利因素和不利因素，估计调查成功率的大小，从而评价调查是否可行。具体的评价方法有很多，现主要介绍逻辑分析法、经验判断法和试点调查法。

（1）逻辑分析法。

逻辑分析法是指从逻辑层面对市场调查方案进行评价，检查市场调查方案的内容是否符合逻辑和情理的方法。例如，对老年人市场进行调查时采用网络问卷的方式收集相关资料，就有悖于常理和逻辑；在了解宠物狗对狗粮口味的偏好时，将宠物狗的主人作为访问对象是不符合逻辑的，此时，可采用实验法将宠物狗作为调查对象，调查它们对不同口味的狗粮的反映。

（2）经验判断法。

经验判断法是指组织一些具有丰富市场调查经验的从业者或有关领域的专家，对市场调查方案进行初步的研究和判断，以判断市场调查方案的可行性的方法。这种方法的优点是能够节省人力、物力资源，并可在较短的时间内做出判断；缺点是因为人的认识是有限的，而事物在不断发生变化，所以采用这种方法时，专家判断的准确性可能会受到各种主客观因素的影响。

（3）试点调查法。

试点调查法是指通过在小范围内选择部分调查单位进行试点调查，对市场调查方案进行实地检验，以说明市场调查方案的可行性的方法，这一方法通常由市场调查项目策划者、有经验的调查人员实施。

通常，试点调查的主要任务有以下两个：一是通过试点调查检验市场调查的目标是否合理，调查的组织方式和方法的选择是否恰当，样本是否具有代表性，抽样误差是否控制在最小范围内，调查内容是否全面，需要补充哪些项目，需要删减哪些项目，是否需要增加或减少调查人员，调查时间是否需要延长，调查中需要注意哪些问题等。试点调查结束后，要对不合理的内容进行修改和调整，从而更好地适应实际情况。

试点调查法是在调查期限要求不那么紧迫的前提下，或者对市场调查方案把握不大时所做的一种小范围测试。调查人员在运用这种方法进行市场调查方案的可行性研究时，还应注意以下几个常见问题：应尽量选择规模小、具有代表性的调查单位；调查方法应保持适当的灵活性，可准备几种调查方法，经过对比后，从中选择更适当的方法；调查工作结束后，应及时做好总结工作，认真分析试点调查的结果，找出影响调查的各种主客观因素并进行分析。

2. 市场调查方案的总体评价

市场调查方案的总体评价可从不同角度进行，一般涉及以下 4 个方面的内容。

（1）市场调查方案是否体现了市场调查的目的和要求。

（2）市场调查方案是否科学、完整。

（3）市场调查方案是否具有较高的可操作性。

（4）市场调查方案是否可以提高调查质量、增强调查效果。

调查人员使用上述标准评价市场调查方案后，如果发现不足，就可以对市场调查方案进行讨论和修改，使市场调查方案最终通过调查工作的实践检验。

2.2 市场调查的实施

情景导入

周一，张雷所在部门召开会议，其中一项会议内容是总结如何提高市场调查的质量。会上，大家都积极发言，最后总结出一点，即在实际的市场调查工作中，在明确了科学、行之有效的市场调查方案的前提下，市场调查的质量与调查人员的综合素质和实际操作密切相关。这是很多具有丰富的市场调查经验的同事达成的共识。

2.2.1 选拔调查人员

调查实施是具体执行正式的市场调查方案的过程。调查项目所花费的大部分时间和费用都将用于调查实施阶段。调查结果的准确与否，很大程度上取决于这一阶段的工作质量。

在市场调查的实施过程中，调查人员是一个必不可少的重要因素。调查人员可以从企业内部挑选，当调查规模大、范围广，需要大量调查人员时，也可以通过招聘的方式挑选社会上的人士担任临时的调查人员，以满足实际需要。企业挑选调查人员时应注意考察以下几个方面的内容。

（1）思想道德素质。

调查人员应该具备良好的思想道德素质，这是影响市场调查效果的一个重要因素，例如，调查人员在调查时存在作弊行为，可能影响调查结果的客观性和准确性，并增加调查成本。一个优秀的调查人员应该具备这些思想道德素质：遵纪守法，具有较高的职业道德修养；工作认真细致，具有较强的责任感；平易近人、诚实守信。

拓展知识

调查机构的规模不同，调查的范围和内容也不同，因此可以采用多种管理体制对调查的实施进行管理。扫描右侧二维码，可查看一般情况下的调查团队组织。

扫一扫

一般情况下的调查团队组织

（2）业务素质。

调查人员既要认识到自身的工作对整个市场调查工作的重要性，也要熟悉市场调查的基本理论知识，如在调查中保持中立，遵守调查的保密规定，熟悉市场调查的步骤、调查的技巧等。此外，调查人员还应具备以下几种能力：①良好的适应能力，以便快速适应调查环境；②良好的语言和文字表达能力，能够与被调查者进行有效的沟通、解释；③速记能力和良好的书写能力，以便快速、准确、清楚地记录访问结果；④敏锐的观察能力，能够判断被调查者回答内容的真实性；⑤良好的应变能力，以便解决可能遇到的突发问题。

（3）身体素质和心理素质。

调查人员应身体健康、性格开朗、仪表端庄，良好的外在能够给人亲切感，使被调查者愉快地接受访问。同时，在调查过程中遭到被调查者的拒绝甚至被调查者的态度不友善时，调查人员也不要气馁，更不能与被调查者发生冲突，一定要保持和善的态度和充满自信的精神状态来完成调查工作。

2.2.2　培训调查人员

市场调查对调查人员的客观要求使培训调查人员成为实施调查的重要一环。很多优秀的调查人员也是在不断的培训、实践的过程中成长起来的。

1. 培训的内容

培训的内容应根据调查目的和受训人员的具体情况决定，通常包括基础培训和业务培训两方面的内容。

（1）基础培训。

基础培训主要是对调查人员应遵守的职业道德和行为规范进行培训。

职业道德培训的主要内容包括告知调查人员必须遵守国家政策、法规，通过合法的手段和途径获取调查信息；遵守企业的相关规章制度，如不能故意修改收集到的市场信息；不能泄露被调查者的个人信息，也不能将调查报告和数据泄露给第三方等。

行为规范培训的内容包括告知调查人员要严格按照抽样规则选择被调查者；在调查过程中应保持中立的态度，客观记录被调查者的回答内容，而不能加入自己的观点和意见；调查人员在实施调查前应准备好调查工具，如问卷、身份证、工作证、纸、笔、赠品等。

（2）业务培训。

业务培训主要包括调查项目和调查技巧两方面的内容。

调查项目培训主要是对调查项目进行详细讲解，其目的在于让调查人员了解调查项目的要求和执行标准。具体的培训内容是对调查的背景、调查的目的、调查内容及问卷内容、调查期限、调查部门及负责人、每位调查人员需要调查的数量、调查人员具体的工作安排等进行介绍，使每个调查人员对整个调查项目有总体的印象，从而使其在调查过程中有目的地去收集信息。

调查技巧培训的内容包括接触被调查者的技巧、提问的技巧、追问的技巧、结束访问的技巧、记录答案的技巧及应对意外事件的技巧等。

2. 培训的方法

培训调查人员的方法主要有集中讲授法、模拟调查训练法、以老带新实践法等，企业可根据培训目的和受训人员的情况选用。

（1）集中讲授法。

集中讲授法是目前常用的一种培训调查人员的方法，就是将接受培训的人员集中起来，请市场调查领域的相关专家或调查方案的设计者，对调查项目的背景、目的、内容、方法及调查工作的具体安排等进行讲解。在必要的情况下，还可讲授一些市场调查的经验和方法，如选择恰当时机、地点和访问对象的方法，使访问对象配合访问的有关技巧等。企业采用集中讲授法时应讲求实效、有较强的针对性，为完成本调查项目服务。

（2）模拟调查训练法。

模拟调查训练是由受训人员和培训人员分别担任调查人员和被调查者的角色进行模拟调查。在模拟调查中，培训人员要将实际调查过程中可能出现的各种问题体现出来，让受训人员做出判断和处理，从而提升受训人员解决实际问题的能力，掌握访问技巧等。为此，受训人员在模拟调查中，要善于把握访问时机，提问简单明了，真实完整地记录被调查者的本意。

（3）以老带新实践法。

以老带新实践法是很多培训工作中经常使用的一种培训新员工的方法。在培训调查人员时，由有一定理论和实践经验的调查人员陪同新接触调查工作的人员一起到现场进行试访，并对新员工进行指导和经验传授，能使其尽快熟悉调查业务，得到锻炼和提升能力。

案例分析——调查人员的失误导致调查结论失去参考价值

某净水器生产厂商为了解消费者对其产品的喜好程度，准备进行一次市场调查。在制定好明确的调查方案后，调查人员被分为 A、B 两组，并使用同样的问卷进行实地调查。

问卷中有这样一个问题：列举您会选择的净水器品牌。

在问卷回收量相同的情况下，A 组的结论是，有 17% 的消费者将本企业的净水器作为首选品牌；而 B 组的结论却是有 59% 的消费者会选择本企业的产品。

巨大的差异使本次调查得出的结论没有了参考价值，相同的调查方案、同样的抽样方法，为什么会得出差异如此大的结果呢？公司决定邀请调研专家组进行诊断，找出问题的真相。

调研专家组与 A、B 两组调查人员进行了交流，并很快提交了简短的诊断结论：B 组在进行调查过程中存在误导行为。调查期间，由于 B 组的调查人员佩戴了公司统一发放的徽章，因此使被调查者猜测出了市场调查的主办方，从而影响了被调查者的客观选择。

分析：上述案例说明，调查人员作为信息的直接收集者，将对调查质量产生较大的影响。如果调查人员收集到的资料不真实可靠，那么，调查结论将没有参考价值，因此，选拔和培训调查人员是调查过程管理的一个重要环节。

2.2.3　其他准备工作

调查实施前的重要工作是选拔和培训调查人员，除此之外，企业还需做好其他的准备工作，如宣传与联系工作、调查工具准备工作、物品准备工作等。

（1）宣传与联系工作。

在实施调查前，企业可通过各种渠道进行宣传，以扩大调查活动的影响，为顺利展开调查工作提供便利。在某些调查中，如入户访问、电话访问、网上调查等，企业可事先与被调查者取得联系。

（2）调查工具准备工作。

在实施调查前，企业应准备好各种调查所需的工具，如调查问卷、样本单位名单、调查中需要的其他表格（如进度表、观察表）、工作证，以及记录笔、访问夹、手表（用于记录访问时间和选择合适的访问时间等）、手提袋（用于放置问卷和礼品）等。

（3）物品准备工作。

调查实施前企业需要准备的物品包括两类，一类是调查结束后赠送给被调查者的礼品，一般根据调查的复杂程度和所用时间长短准备不同价值的礼品，同时，可针对不同的被调查者赠送不同的礼品。另一类是测试用品，如试用产品、用于包装测试的各类包装袋（盒）等。

完成前期的准备工作后，企业即可安排调查人员按照市场调查方案中确定的调查方法、抽样方法、调查对象及调查的进度安排等内容开始实施市场调查。

2.2.4　调查实施过程控制

调查实施过程控制主要是对调查的成本、进度和人员等方面进行控制和监督。

1. 调查成本控制

调查成本控制是在保证调查质量和进度的前提下，通过对市场调查进行有效的计划、组织、控制和协调，以尽可能地降低调查成本。

在实际调查中，有关管理人员可以通过以下措施控制调查成本：一是制定岗位责任制和奖罚措施，提高调查人员的自觉性，使其严格按照市场调查方案执行调查工作，以避免重复性调查和资源浪费；二是尽量减少问卷等资料的打印、运输、收发、保管等环节的损耗，明确各环节的责任人。

2. 调查进度控制

在规定的期限内完成调查工作是非常重要的，因此，调查项目的有关管理人员要对调查实施的进度做出合理安排，明确调查人员每天的调查量。如在调查初期，调查人员需要熟悉问卷内容、掌握调查技巧等，所以调查的进度可以慢一些。当调查实施了一段时间，调查人员熟悉了问卷内容，掌握了一定的调查技巧后，便可以适当加快调查进度，增加调查人员每天的调查量。需要注意的是，调查项目的有关管理人员需要根据目前的实际调查进度判断调查项目是否能如期完成。如果照此进度继续实施调查，调查项目可能会延期完成，调查项目的负责人就要分析问题产生的原因，并采取相应措施加快调查的进度，如增加调查人员，对存在问题的调查人员进行额外培训等。

3. 监督调查人员

调查项目的有关管理人员对调查人员进行监督，是为了保证调查人员严格按照市场调查方案实施调查。监督内容包括质量控制、抽样控制和作弊行为控制。

（1）质量控制。

质量控制可分为两部分的内容，即调查执行中的质量控制和调查执行后的质量控制。调查执行中的质量控制是指严格要求调查人员按计划执行。调查执行后的质量控制的内容包括：①检查回收的问卷，查看是否存在不合格或不完整的答案，字迹是否清晰等；②抽取部分调查对象进行回访，核实其是否确实接受过调查人员的调查。

如果在质量控制中发现问题，调查项目的有关管理人员应该及时与调查人员沟通，详细了解调查人员在调查实施中的困难，必要时可对调查人员进行额外的培训。此外，调查人员应及时汇报自身的调查进度和遇到的各种问题，积极寻求有关管理人员的帮助。

（2）抽样控制。

在抽样调查中，为了保证调查人员严格按照抽样方案进行调查，调查项目的有关管理人员应进行抽样控制，以避免以下情形：①调查人员自作主张，排除那些他们认为不合适或难以接触的抽样单位；②调查人员擅自更改抽样的范围，如将 20 岁的调查对象划入 25 ～ 35 岁年龄组，以完成抽样配额的要求。

可采用的监督措施包括：①记录调查员每天应调查量、实际调查量及未找到的调查对象的数量等；②抽取部分抽样单位进行回访，确认调查的真实性。

（3）作弊行为控制。

调查人员的作弊行为包括：①将不合格的抽样单位伪造为合格的抽样单位；②修改或杜撰部分甚至整个问卷中的答案；③未赠送礼品。为减少调查人员的作弊行为，调查项目的有关管理人员可通过现场监督和现场工作核查、强化对调查人员的职业道德和行为规范的培训等方法对其进行控制。

2.2.5 评估调查质量

高质量的市场调查是由一系列优质调查活动产生的结果汇总而成。总体来说，调查质量的评估就是调查实施过程的评估和数据质量的评估。

1. 评估调查实施过程

毋庸置疑，高质量的市场调查实施过程是与工作人员的工作质量息息相关的，包括调查人员的工作质量和管理人员的工作质量。

（1）调查人员的工作质量。

调查人员是顺利开展市场调查和获得高质量数据的关键因素，对调查人员的工作质量进行评估的内容包括调查过程的规范性、问卷填写情况、工作记录情况，以及是否按照调查进度安排完成调查工作等。

（2）管理人员的工作质量。

管理人员的工作质量可以从培训材料和管理记录文件的详细程度、完整程度、规范程度等方面进行评估。管理人员的工作质量也可以从侧面反映调查人员的工作质量。

2. 评估数据质量

衡量市场调查质量的一个重要标准是调查活动是否获得了高质量的数据资料，在整理分析数据之前，评估数据质量是十分必要的。评估数据质量可以从访问质量和问卷回答率两方面进行。

（1）访问质量。

访问质量的评估工作可以通过有关管理人员直接观测访问过程或观测现场访问过程的录像来完成。访问质量的评估内容包括调查人员的自我介绍是否恰当、提问是否恰当和准确、表达和沟通能力如何、结束调查时是否对被调查者表示感谢、工作记录是否完整以及被调查者的受访配合程度如何等。

（2）问卷回答率。

问卷回答率是评估数据质量的一个重要的量化指标，问卷回答率较低，数据质量肯定会受影响。有关管理人员对数据质量进行评估时首先需要查看问卷的内容是否清晰易读，其次查看重要问题的回答率，重要问题在设计市场调查方案时即可确定。通常，重要问题的回答率达到 50% 以上的问卷才被视为有效问卷，而低于 50% 的问卷为无效问卷，应舍弃。当然，问卷回答率要综合考虑各种影响因素，如面对面访问的问卷回答率一般高于电话访问和邮寄访问；问卷内容多，难度大，含有敏感性问题时，问卷回答率一般较低。

需要注意的是，调查项目的有关管理人员应该监控问卷回答率一段时间，并且在回答率过低的时候及时采取相应措施。当调查工作结束后，有关管理人员可以通过比较不同调查人员的拒答率来判断其工作质量。

2.3 项目实训——市场调查模拟训练

2.3.1 实训背景

本次实训，同学们以调查工作小组为单位模拟街头拦截访问调查，调查目的是了解大学生的手机使用、购买情况，假设调查地点是在学校门口，调查时间选择在周末。本次模拟训练可以帮助同学们掌握市场调查的相关知识，培养同学们的语言表达能力、沟通能力和团队合作能力，并提升自己在实地调查中处理问题的能力。

2.3.2　实训思路

同学们在调查工作小组内开展市场调查模拟训练，首先以调查工作小组中的 3 人作为一个模拟调查组，3 人分别扮演被调查者、调查人员和管理人员，调查工作小组中配对的同学与其他小组未配对的同学自由组合成模拟调查组。接下来模拟调查组根据"了解大学生手机使用、购买情况"的调查目的制作一份访问提纲，访问问题在 15 个以内，并在访问中以代填的方式记录被调查者的答案。在模拟调查实施中，每位同学都应认真扮演好各自的角色。

2.3.3　实训实施

（1）调查人员和管理人员的扮演者仔细阅读访问提纲。

（2）准备好访问提纲、工作证、纸、笔、手表等相关工具。

（3）调查人员在访问被调查者时需先主动向对方问好，进行自我介绍，并说明调查目的和主题。然后调查人员按问题顺序正式提问，并记录答案。

（4）管理人员进行现场监督，必要时给予指导，并做好调查人员的调查工作记录，如是否按问题顺序提问、访问时间、提问技巧的掌握程度等。

（5）访问结束后，小组讨论，总结模拟街头拦截访问中可能出现的问题及应对策略，访问中的提问技巧、注意事项，降低拒访率的技巧等。被调查者的扮演者也可以站在被调查者的角度对调查实施过程做出评价。

（6）小组根据讨论的结果撰写一份街头拦截访问指南。

2.4　课后习题

1. 一份完整的市场调查方案主要应包含哪些内容？

2. 市场调查方案的可行性研究有哪些方法？

3. 简述选拔和培训调查人员的基本要求。

4. 控制调查实施过程包含哪些内容？

5. 某商场的销售额连续两年下降，初步判断出销售额下降是市场细分不当，目标市场不明确引起的。为了获取多方面的信息，该商场准备进行一次市场调查，确定其商圈半径、目标顾客，以为确定商场定位提供依据。请根据上述调查背景，设计调查方案，列出调查目的和调查内容即可。

6. 某公司拟开展一次市场调查，已确定了项目主管和 5 名有丰富市场调查经验的管理人员，并在某大学的市场营销专业学生中初步选聘了 14 名调查人员。现在该公司准备通过培训和考核，筛选出 10 名调查人员予以聘用，另外 4 名人员作为替补调查人员。请你为此设计培训方案，要求说明培训人员和培训方法。

7. 阅读以下材料并回答问题。

某市一家大型企业决定拓展新型电器厨具的业务线，他们首先购买了 60 台微波炉，然后在一个展销会上进行试销，结果所有微波炉在两天内全部销售完了。考虑到展销会的顾客缺乏代表性，于是他们又购买了 150 台各种款式的微波炉，决定在本市繁华路段的两家商店进行试销，并且提前一周通过各种媒体渠道进行宣传，结果试销的第一天，两家商店都排满了等待购买微波炉的顾客，150台微波炉很快就销售出去了。

该企业的领导很高兴，但是仍不放心，他让企业内部的有关部门进行了一次市场调查。据该部门的负责人说，他们走访了近万户居民，数据统计结果显示有80%的家庭有意愿购买微波炉。本市有近500万户常驻居民，加上在各种不方便使用明火的地方、不方便做饭的单位和边远地区的人员，微波炉的市场需求量是巨大的，于是，该企业决定引进新的生产线，立即生产微波炉。

可是，当该企业的第二个生产线投产的时候，产品滞销严重，给企业造成了严重的亏损。领导很不解，亲自联系已经访问过的居民核对调查情况，结果是，被回访的居民都承认有人询问过他们关于是否会购买微波炉的事，而且他们当时都认为自己想买，但是他们后来都没有买，问其原因，居民的回答各种各样。不管领导现在如何生气、懊恼，该企业的微波炉生产线只好停产。

思考：你认为这家企业的市场调查哪里出了问题；如果由你来进行这个市场调查，你会怎么做。

★ 管理工具推荐

1. 美国调查研究组织理事会发布的访谈指南

调查人员在进行时可以通过以下步骤，获得更好的访谈效果。

（1）如果调查对象询问，则告诉他们你的名字以及公司的电话。

（2）按照问卷清楚地提出问题，及时向管理人员反映问卷存在的不足。

（3）按照问卷中的顺序提问，遵守跳越规则。

（4）站在中立的立场上向调查对象解释调查问题。

（5）不要在调查时间的长度上误导调查对象。

（6）未经允许不要泄露客户（调查的委托人）的身份。

（7）记录每次终止的调查以及终止的原因。

（8）在访谈中保持中立，不对调查对象的观点表示赞同或不赞同。

（9）吐字清楚，语速稍慢，便于调查对象完全理解问题。

（10）逐字记录每个回答，不要随便修改调查对象的措辞。

（11）避免与调查对象进行不必要的交谈。

（12）对于开放式问题进行追问和澄清，并在追问和澄清时保持中立。

（13）字迹清楚易读。

（14）问卷上交前进行全面检查。

（15）当中途终止调查时，采用中性的话语结束，比如"谢谢"。

（16）对所有的调查数据、结果和发现保密。

（17）不要修改任何问题的任何答案。

（18）在调查结束时，对调查对象的参与表示感谢。

2. 问卷发放明细表

问卷发放明细表用于详细记录问卷的发放情况，如表2-3所示。问卷收发的记录内容视调查项目和具体情况而定。

表 2-3　问卷发放明细表

序号	调查对象姓名	职业	调查地点	礼品赠送	领取人签字
1					
2					
3					
4					
5					
6					
7					
8					
9					
……					

第3章

调查问卷设计

重要概念

问卷、开放式问题、封闭式问题、过滤问题、多项选择法、量表

知识目标

/ 了解问卷的类型、结构及设计原则。
/ 掌握问卷设计流程及问卷设计的方法与技巧。
/ 掌握问卷设计辅助工具。

能力目标

/ 能够根据调查目的确定问卷的结构和内容。
/ 具备设计量表与问卷的能力。
/ 具备编排问卷的能力。

扫一扫

知识结构图

引导案例

问卷设计的艺术

我们都有过这样的经历：在学校、小区、商场、美食街、电器城，或者随意地走在街头，会遇到调查人员向自己发放调查问卷。问卷的内容丰富多样，有询问购车、购房意向的，也有询问购物经历、产品使用情况的。我们购买的书籍、杂志后面常附有"读者反馈卡"，一些电器说明书中也会附有"产品信息反馈卡"……问卷被广泛应用于入户访问、街头拦截访问、电话访问、邮寄访问、网络调查等市场调查中，如果不考虑市场调查的内容，使用问卷的方法非常相似。问卷看似简单，但问卷设计需要有艺术性，它凝结着设计人员的智慧和汗水。事实上，调查人员只有掌握一定的问卷设计的技巧与方法，才能收获真正有用的信息。

有一家肉类经销商拟对肉类销售市场进行调查，在设计好问卷后，该经销商派营销调查人员进行街头拦截访问。一位调查人员将调查地点选在了一个商业闹市区，正巧迎面走来了4个人，分别是意大利人、南非人、韩国人和墨西哥人。调查人员马上上前问道："对不起，打扰一下，您能谈谈对目前肉类供应短缺的看法吗？"结果4人的回答让人啼笑皆非。意大利人说："短缺是什么？"南非人说："肉指的是什么？"韩国人说："什么是看法？"墨西哥人说："什么是打扰了？" 这个故事在一定程度上反映了问卷调查工作的重点，即通过问卷实施调查时，问卷设计与提问技巧十分重要。

视 频
初识问卷

【思考】

（1）问卷有何作用？

（2）如何设计一份好的问卷？

3.1 问卷设计基础

情景导入

张雷手里拿着一份问卷走进办公室，迎面遇到了主管。主管得知张雷手里拿的是一份调查问卷时，便向他问道："你是如何理解'问卷'的？"经过短暂思考后，张雷回答道："我认为问卷是承载市场信息的载体，是市场调查中调查人员收集市场信息的工具。"在得到张雷的答复后，主管满意地点了点头……

3.1.1 问卷的类型

问卷是人们在生活中频繁接触到的事物，那么，到底什么是问卷呢？问卷是指调查人员根据调查的目的和要求设计的，由一系列问题组成的调查项目的表格，所以问卷又称调查表。企业在实施市场调查时，很多情况下都要借助问卷来获取所需资料，它是市场调查人员、营销人员获取和分析市场信息的重要工具。因此，问卷在市场调查中占有举足轻重的地位。

视 频
问卷的分类

问卷可以从不同角度划分为多种不同的类型。如按答案方式划分，问卷可以分为自填式问卷与代填式问卷；按问题答案划分，问卷可以分为结构式问卷、开放式问卷和半结构式问卷；按传播方式划分，问卷可以分为传统问卷与网络问卷。

（1）自填式问卷与代填式问卷。

自填式问卷是指由被调查者自己填写答案的问卷，它适合在入户访问、街头拦截访问、邮寄访问及网络调查时使用。

代填式问卷是指由调查人员根据被调查者的回答代为填写答案的问卷，它适合在入户访问、街头拦截访问、焦点访谈和电话访问时采用。

（2）结构式问卷、开放式问卷与半结构式问卷。

结构式问卷也称封闭式问卷，指问卷中不仅设计了各种问题，还给出了各种可能的答案，被调查者根据实际情况从中选择合适的答案即可，如"您会在网上购物吗？□会　□不会"。

开放式问卷又称无结构式问卷，是指问卷中只设计了询问的问题，不设置固定的答案，被调查者可以依据本人的意愿自由回答，如"您为什么喜欢使用某产品？"。无结构式问卷一般较少作为单独的问卷使用，往往是在需要对某些问题做进一步深入的调查时，和结构式问卷结合使用。

半结构式问卷介于结构式问卷和开放式问卷之间，半结构式问卷上的问题答案既有固定的、标准的，也有让被调查者自由发挥填写的。半结构式问卷吸取了结构式问卷和开放式问卷两者的长处，在实际调查中运用得很广泛。

（3）传统问卷与网络问卷。

传统问卷是指目前在一些传统调查方法（如街头拦截访问、邮寄访问、电话访问、媒体刊载问卷及书籍后附问卷）中仍在大量使用的纸质问卷。

网络问卷是指随着计算机技术和互联网技术的发展而出现的，针对网络调查所采用的无纸化问卷，其的发送与提交均通过网络实现。

3.1.2　问卷的结构

一份完整的问卷通常包括标题、问卷说明、调查内容、编码、被调查者的基本情况、作业证明的记载 6 个部分。

1. 标题

问卷的标题用于概括说明调查主题，使被调查者对所要回答的问题有大致的了解。因此，问卷标题要简明扼要，使人一目了然，同时要能提高被调查者的兴趣，增强其责任感。例如，"中国互联网发展状况及趋势调查""大学生生活费用调查""××平台购物体验满意度调查"等，都是把调查对象和调查中心内容和盘托出，而不是简单地采用"问卷调查"这样的标题。

2. 问卷说明

问卷说明一般用于说明调查的目的、意义及调查结果的用途。有些问卷还有问候语、填表须知、交表时间和地点、调查组织单位介绍及其他注意事项。问卷说明一般放在问卷的开头，文字应该简洁明确，语气应该谦虚诚恳，以消除被调查者的顾虑，激发他们参与调查的积极性。下文所示为"《经济日报》2020 年读者问卷调查"的部分"问卷说明"内容。

亲爱的读者朋友们，2020 年《经济日报》全新改版。我们诚挚邀请您的参与，为我们进一步办好《经济日报》建言献策。

视　频

问卷的结构

参与方式

1. 将报纸问卷裁剪下寄回。

地址：北京市西城区白纸坊东街 2 号经济日报社新闻发展中心发行处

邮编：100054　　电话：010-5839****

2. 扫描下方二维码参与答卷。欢迎下载经济日报新闻客户端或关注经济日报微信公众号。

3. 登录中国经济网（www.**.cn）参与答卷，并提交。

奖项设置及奖励办法：

为感谢广大读者积极参与此项活动，我们将从报纸和新媒体平台所有有效问卷中分开抽出一、二、三等奖。抽奖结果将在《经济日报》、中国经济网和经济日报微博、微信、新闻客户端上公布。

3. 调查内容

问卷说明之后是调查内容，即问卷的主体。调查内容是问卷的核心部分，用于调查人员收集所需信息，以实现调查目标。调查内容的篇幅占整个问卷的立体，主要以提问的方式提供给被调查者，让被调查者进行选择和回答。调查内容需要围绕调查的目标和问题来设计，调查内容设计的好坏将直接影响调查结果的准确性。

4. 编码

编码是指问卷中确定一个数字作为每一个问题及答案的代码。一般情况下，传统问卷都应该编码，将问卷信息转换为计算机可以识别的代码，以便后期利用计算机对问卷信息进行数据处理和统计分析。编码工作一般在问卷设计时完成，在调查结束后直接将编码输入计算机。

5. 被调查者的基本情况

该部分内容主要用于了解被调查者的背景资料，例如，被调查者的姓名、性别、年龄、文化程度、职业、单位、收入等。通过这些项目，调查人员能够对调查资料进行统计分析，或回访追踪调查，有时也可作为抽奖、领奖的依据。但对于一些涉及被调查者隐私的问卷，上述内容则不宜列入。下文所示为"《经济日报》2020 年读者问卷调查"的"被调查者的基本情况"部分。

五、您的基本信息（请真实填写，避免抽奖结果无效）

1. 性别：☐男　　　　☐女

2. 年龄：☐17 岁及以下　　　☐18 岁～30 岁　　　☐31 岁～50 岁　　　☐51 岁及以上

3. 学历：☐本科以下　　　☐大学本科　　　☐硕士　　　☐博士

4. 职业：

☐在校学生　　☐公务员或事业单位人员

☐企业员工　　☐个体从业者

☐农民　　　　☐军人或武警

☐离退休人员　☐自由职业者

☐金融、证券或银行从业者

5. 家庭居住区域：（单选）

☐直辖市或省会城市　　　☐地（市）级城市　　　☐县级城市　　　☐乡镇　　☐村

姓名：

通信地址：

工作单位：

手机：

电子邮箱：

6. 作业证明的记载

作业证明的记载放在问卷的最后，主要用于满足调查资料的管理需要，包括调查人员姓名、问卷审核日期、调查日期、调查开始时间、调查结束时间等内容，如图 3-1 所示。

```
┌─────────────────────────────────────┐
│ 调查人员姓名：_____ │
│ 问卷审核日期：_____ │
│ 调查日期：_____ │
│ 调查开始时间：_____ │
│ 调查结束时间：_____ │
└─────────────────────────────────────┘
```

图 3-1　作业证明的记载

3.1.3　问卷设计的原则

一份好的调查问卷至少应具备两个功能，即能将问题清楚地传达给被调查者和使被调查者乐于回答。问卷要具备这两个功能，问卷设计应当遵循一定的原则。

（1）一般性原则。一般性原则是指问题的设置应具有普遍意义，这是问卷设计的一个基本要求。例如，"您认为哪种交通工具最安全？ 1. 火车　2. 飞机　3. 宝马轿车　4. 电动车"。该问题的第 3 个答案就不具有一般性，犯了常识性错误。这一错误不仅不利于调查结果的整理分析，而且会使被调查者质疑调查人员的水平。

（2）合理性原则。合理性原则是指问卷内容必须与调查主题紧密相关。问卷设计若违背合理性原则，则再精美的问卷也是无益的。问卷要想体现调查主题，其实质是在问卷设计环节找出与调查主题相关的要素，例如，调查某产品的用户满意度这一主题涉及用户的人口特征，产品的价格、包装、外观，用户的使用效果、心理满足等要素。

（3）准确性原则。准确性原则是指问卷的内容应简洁明了，避免重复；问题应清晰明确、便于回答。例如，"您认为肯德基是否提供了快速、礼貌的服务？ 1．是　2．否"。这个问题就不明确，它包含了两个方面的内容：肯德基的服务速度和服务态度。如果被调查者对肯德基的服务速度满意，对肯德基的服务态度不满意，他就无法做出准确的回答。

（4）易接受性原则。易接受性原则是指问卷设计要以容易让被调查者接受为原则。例如，问卷说明应该将调查的目的和重要性明确地告诉被调查者，措辞要亲切、温和。提问要自然、礼貌，尽量通俗化、口语化，并且要避免一系列可能令被调查者难堪或反感的问题。有些时候，可以采用一些物质奖励。

（5）逻辑性原则。逻辑性原则是指调查人员在设计问卷时，要讲究问题与问题之间的内在逻辑，使问卷条理清晰，以提高被调查者回答问题的效率。例如，下面几个问题就设置得紧密相关，问卷的逻辑性就较好。

1. 如果您现在还没有买计算机，原因是

○价格过高　　　　　　　　　　　　　○主要用手机和平板

○暂时不需要，学校有计算机可以上网　○其他

2. 您心中购买计算机的价格区间为

○ 1000 ～ 3000 元　　　○ 3001 ～ 4000 元　　　○ 4001 ～ 5000 元

○ 5001 ～ 6000 元　　　○ 6000 元以上

3. 请问您购买计算机的初衷是

○学习需要　　　○工作需要　　　　　○娱乐需要　　　　　○从众心理

（6）非诱导性原则。非诱导性原则是指设计问卷时应避免加入调查人员的主观臆断。如果问卷具有诱导性和提示性，例如，"某品牌咖啡，深度烘焙，纯正浓厚，您是否喜欢？"这样的问题就带有诱导性，会在不自觉中掩盖被调查者的真实意愿，从而影响调查结果的客观性与真实性。

（7）匹配性原则。匹配性原则是指设计问卷时要使被调查者的回答便于检索，以便对数据进行处理和分析。因此，问卷设计要考虑后期的可操作性，所提问题应事先考虑是否能对问题结果做适当分类和解释，是否能够通过数据清楚明了地说明所要调查的问题。如果通过调查得到了很多数据，却找不到合适的分析方法，那么数据就几乎没有用。

3.2 问卷设计流程

情景导入

由于从事市场调查相关工作，张雷自然会经常接触到问卷。现在，张雷已经具备判断任意一份问卷质量的能力，但是，对于通过问卷应该收集哪些资料，如何设计问题的内容和答案，设计问卷有何技巧，他还是存有疑问。

3.2.1 明确问卷所需收集的资料

明确问卷所需收集的资料是问卷设计的第一步。这一步需要在调查主题的基础上，明确通过问卷需要收集哪些方面的资料，并将所需资料一一列出。可以说，明确问卷所需收集的资料是问卷设计的前提和基础，为此，调查人员在列出问卷所需收集的资料清单时必须有清晰的思路。

视 频

调研问卷设计的程序

（1）明确收集资料的方向。根据调查主题，调查人员在进行市场调查的过程中，往往会先着手收集容易获取到的二手资料。因此，问卷设计是在已掌握二手资料的基础上，明确通过问卷需要进一步收集的资料。对于已掌握的二手资料，除非需要进行证实，否则将不再出现在问卷中，以保证问卷的严谨和篇幅的紧凑。例如，针对"新品上市"进行市场调查，竞争对手的市场份额、潜在用户对产品的评价等是必须要获得的信息，其中竞争对手的市场份额可以通过二手资料获取，问卷则可用于收集潜在用户对产品的评价等方面的信息。

（2）划分所需资料的类别。调查人员需要对问卷所需获取的资料进行分类，例如，对"消费者对某企业的满意度"进行调查时，所需获取的资料就可以划分为消费者对企业形象的评价、消费者对企业产品的评价、消费者对企业服务的评价等类别。

（3）分清所需资料的主次。调查人员对所需资料进行分类后，可在资料分类的基础上，分清哪些资料是主要的，哪些资料是次要的。例如，主要获取消费者对企业产品的评价还是消费者对企业服务的评价等。所需资料的主次不同，与此相关的调查问题的篇幅、深入程度等就不同。这既是市场调查科学性的要求，也是控制调查成本的必然选择。

（4）分析调查对象的特征。在明确问卷所需收集的资料这一阶段，调查人员还需要区分和了解被调查者的各种特征，如被调查者的收入水平、行为习惯等社会经济特征，文化程度、理解能力等文化特征，消费意向、购买心理等心理特征。因为不同的被调查者具有不同的特征，问卷只有针对

被调查者的具体特征进行设计，才能保证问卷设计的合理性，例如，大学生和中学生的理解能力不同，提问的方式和问题的深浅程度应有所不同。

3.2.2　明确问卷的使用场合

明确了问卷所需收集的资料之后，调查人员还要明确问卷的使用场合，这是因为不同的使用场合，对问卷的设计要求有所区别。例如，在街头拦截访问中，由于是面对面访问，问卷的问题可以设置得稍复杂，但行人一般较匆忙，访问时间有限，因此问卷篇幅应小；在电话访问中，受到访问时间的限制，问卷的问题要容易理解且询问内容要少；在邮寄访问中，问卷的问题可以设置得多一些和复杂一些，但调查人员要详细书写调查说明，避免因缺乏面对面的解释使被调查者对问题有所误解；网络调查收集资料的速度快，且多是匿名访问，因此可以询问一些私密性问题，如年龄、婚姻情况等的问题。

3.2.3　明确问题内容和形式

调查人员在明确了所需收集的资料和问卷的使用场合后，问卷设计的准备工作就基本就绪。调查人员可以根据所需收集的资料，遵循问卷的设计原则设计问卷的初稿，对问题和答案进行设计。

🎖**拓展知识**

　　如果按照问题的内容对问卷问题进行划分，问卷问题一般可分为直接性问题和间接性问题、动机性问题和意见性问题等。扫描右侧二维码，可了解相关内容。

扫一扫

按问题内容划分的
问卷类型

1. 问题的设计

调查人员应该考虑问卷中提出的每个问题是否都是必需的，问卷中的每个问题的设置都应该达到一定的目的，比如过渡性的问题、过滤调查对象的问题、引起调查对象答题兴趣的问题等。更多的问题则直接与调查目的有关，能够帮助调查人员获得所需数据。如果某个问题不能达成上述目的中的任何一个，就应当删除。

视　频

调研问卷问题类型 1

一般来说，问卷的问题往往按照是否给出问题的答案来进行划分，主要可分为两种类型：开放式问题和封闭式问题。

（1）开放式问题。

开放式问题是不列出具体的答案，由被调查者自由作答的问题。通常，开放式问题只能在一份问卷中占小部分篇幅，有的问卷则不会设置开放性问题。一旦调查人员在问卷中设置了开放式问题，那么其目的是获取被调查者对某一事物的描述、理解和反应。例如，"您对可口可乐的电视广告有什么看法？""您为什么选择在网上购物？"

开放式问题的优点主要体现在以下两个方面。

① 可以调动被调查者的积极性，使其充分表达自己的想法和理由。

② 可获得调查人员原来没有想到或者容易忽视的资料。

当然，开放式问题也有一些缺点，具体如下。

① 被调查者的答案可能各不相同，标准化程度较低，增加了整理和加工资料的难度。

视　频

调研问卷问题类型 2

② 被调查者在自由作答的过程中，可能不会对每个开放式问题都做详尽的回答。

③ 被调查者受其表达能力的影响，对答案的表述可能不够准确，且每个被调查者的回答偏差程度可能较大，从而会使调查结果产生较大的偏差。

案例分析——开放式问题应用案例

以下是一个开放式问题的例子：

请问您近期购买的沐浴露的品牌有哪些？

分析： 被调查者在做出回答后，调查人员可以将获得的答案与预先列出的常用品牌进行核对。同时，调查人员还可以了解到未列出的消费者购买的沐浴露的品牌。

（2）封闭式问题。

封闭式问题是指事先将问题的各种可能答案列出，由被调查者根据自己的意愿进行选择，例如，"您是否在网上购买过手机？ 1. 是　2. 否" "您在一个工作日内，喝了多少杯咖啡？ 1.1 杯 2.2 杯　3.3 杯　4.4 杯　5.4 杯以上"。封闭性问题的答案标准化，因此被调查者回答起来较方便，同时可减少回答问题时的分歧，使调查结果易于处理和分析。但被调查者只能在规定的答案范围内回答，所以有时候被调查者的答案可能无法准确反映其真实情况或看法。

2. 问题答案的设计

为了减少调查时可能出现的分歧，调查人员预先设计的答案应尽量包含被调查者一切可能的、相关的回答。调查人员在设计问题答案时，可根据具体情况采用不同的设计形式。

（1）二项选择法。

二项选择法是指提出的问题仅有两种对立的答案，被调查者的回答非此即彼，一般用"是"或"否"、"有"或"无"来作答。例如，"您打算在下半年更换手机吗？（在您认为合适的答案前的□内画√）□是 □否" "您已经购买了人身保险吗？□是 □否" "您家里现在有吸尘器吗？□有 □无"。

二项选择法的答案态度明朗，利于选择，调查人员能够在较短的时间内得到被调查者明确的答案，方便统计分析。其缺点是不能反映意见的差别程度，调查不够深入，并且由于缺乏中立意见，结果有时不够准确。

（2）多项选择法。

多项选择法是指提出的问题有两个以上的答案，被调查者可以选择其中一项或几项。例如，"您购买洗衣机时，主要考虑的因素有哪些？□安全性 □省电 □价格 □品牌 □售后服务 □使用方便"。

多项选择法的优点是能较好地反映被调查者的多种意见及其程度上的差异，由于限定了答案范围，统计分析比较方便；缺点是回答的问题没有顺序，且答案太多，不便于归类，对问卷设计的要求较高。调查人员采用多项选择法设计答案时，应考虑以下几种情形：第一，应考虑到所有可能的答案，避免出现重复和遗漏；第二，注意答案的排列顺序，特别是时间、程度方面的答案，要按时间顺序和程度的递进来排列，以免对被调查者的阅读和理解造成障碍；第三，注意答案的数量，如果答案较多，被调查者可能会感到厌烦，因而答案的数量一般应控制在 8 个以内。

（3）量表法。

量表法是运用量表测定被调查者对问题的态度的询问方法。所谓量表，就是通过一套事先拟订的用语、记号和数目，来测定人们心理感受的测量工具，其主要作用是将定性数据转化为定量数据。例如，消费者对某种电器的喜欢程度，居民对食用油价格上涨的态度和评价等。

📜 **拓展知识**

> 　量表是一种重要的测定人们心理感受的测量工具。量表设计完成后，调查人员可以通过信度和效度来评价量表的设计质量。扫描右侧二维码，即可查看量表测量的信度和效度的相关内容。

扫一扫

量表测量的信度
和效度

市场调查中，常用的量表有顺序量表、配对比较量表、固定总数量表、语意差别量表和李克特量表等。

① 顺序量表。

顺序量表又称"等级量表"，是将许多研究对象同时展示给被调查者，并要求他们根据某个标准为这些对象排序或划分等级。顺序量表适用于对答案有先后顺序要求的问题。例如，"请按照您的喜欢程度对产品包装颜色进行编号，最喜欢者为 1 号，以此类推。□红 □黄 □青 □紫 □橙 □绿 □蓝 □灰"。

顺序量表的优点是题目容易设计、易于使用，被调查者比较容易掌握回答方法，被评价的事物最终按一定的顺序排列。顺序量表的缺点是如果没有包含被调查者心目中的答案，那么结果就会产生偏差；顺序量表虽然给调查人员提供了顺序信息，但调查人员无法了解被调查者按此顺序排列的原因。

② 配对比较量表。

配对比较量表是一种使用得很普遍的态度测量工具。在配对比较量表中，被调查者被要求对一系列对象进行两两比较，根据某个标准在两个被比较的对象中做出选择。配对比较量表适用于对质量和效用等问题做出评价。

请比较下列雨伞的不同颜色，指出您更喜欢其中哪一个？（在喜欢的品牌旁边的□中画√）

□红	□黄
□蓝	□绿
□青	□紫
□灰	□黑

配对比较量表克服了顺序量表的缺点。首先，对被调查者来说，二选一式的选择更容易完成；其次，配对比较量表也可以避免顺序量表的顺序误差。但是，如果要对所有的配对进行比较，对于有 n 个对象的情况，就要进行 $n(n-1)/2$ 次的配对比较。因此，使用配对比较量表时，被测量的对象的个数不宜太多，以免使被调查者产生厌烦心理而影响其回答的质量。

③ 固定总数量表。

固定总数量表要求调查人员规定总数值（一般为 100 分或 10 分），由被调查者将数值按照他们认为事物在某个特性上的强弱进行分配，通过分配数值的不同来表明被调查者的不同态度。固定总数量表常用于评价产品、企业印象及某影响因素的作用大小。需要注意的是，调查人员规定的总数值是数值分配量表的基础标准；被调查者在填写量表时，必须使被分配的各数值之和等于总数值，而不能大于或小于总数值。

例如，请被调查者根据喜爱程度对 A、B、C、D 这 4 种品牌的可乐进行打分，4 种品牌的总分为 100 分。被调查者的打分结果如表 3-1 所示。

表 3-1　被调查者对 4 种品牌的可乐的评分表

被调查者	品牌				总数值
	A	B	C	D	
甲	45	30	10	15	100
乙	50	30	10	10	100
丙	50	20	20	10	100
丁	45	15	30	10	100
总计	190	95	70	45	

从各种品牌的总得分可以看出，A 品牌可乐的得分最高，说明 A 品牌是被调查者最喜爱的品牌。

固定总数量表的优点是简单明了，操作方便；可以根据测量对象在各个项目上的分数高低进行排序和比较，避免进行次数繁多的配对比较。固定总数量表的缺点是如要增减或调整测量项目，则要重新测量，修改后的测量结果与修改前的测量结果很难进行对比；当测量项目的数量增加时，可能使被调查者感到混乱，因而，使用这种量表测量的项目一般不超过 10 个。

④ 语意差别量表。

语意差别量表是把一系列语意相反的形容词或短语组成一对，并划分为若干个等值的评定等级（一般为 7 个），以测量被调查者对测评事物的感觉或评价意见的一种测量工具。语意差别量表是比较不同品牌产品、品牌形象、企业形象的常用方法。

语意差别量表的使用方法如下：首先确定要进行测评的事物，然后挑选一些能够用来形容测评事物的一系列语意相反的形容词或短语，并将其列于量表的两端；在两个反义词之间划分 7 个等级，每一等级的分数分别为 1，2，3，4，5，6，7 或 +3，+2，+1，0，-1，-2，-3；最后，被调查者在每一等级上选择相应答案，由调查人员将答案汇总，从而判断被调查者对测评事物的意见或态度。

例如，调查人员要求被调查者评价其对 A、B 两家商店的整体印象，要求被调查者根据自己的真实意见，在量表的每一个指标上填写其认为合适的商店。表 3-2 所示为某被调查者的填写结果。

表 3-2　被调查者对商店 A、B 的态度

	+3	+2	+1	0	-1	-2	-3	
环境优雅		A, B						环境差
高档		A		B				低档
服务态度友好	A		B					服务态度不好
产品种类多		B		A				产品种类少
质量可靠		A, B						质量不可靠
价格便宜					B		A	价格高昂
购物便利		B		A				购物不便
售后有保障			A, B					售后保障差

语意差别量表的优点是调查人员可以迅速、高效地检查产品、品牌或企业形象与竞争对手相比所具有的长处或短处，缺点是如果评分点数目太少，整个量表会显得过于粗糙；如果评分点数目太多，又可能超出大多数人的分辨能力。研究表明，"7 点评分"量表的测量效果较令人满意。

实战演练——设计产品包装印象评定表

　　若你需要为某企业调查消费者对某品牌产品的包装印象，为此，请你根据语意差别量表的设计原理，设计产品包装印象评定表。

　　⑤ 李克特量表。

　　李克特量表是由一组与测量问题有关的陈述语和有等级分数的答案组成的，以总分作为评价依据的，主要用于测量态度等主观指标的强弱程度的测量工具。

经典理论

　　李克特量表由美国社会心理学家伦西斯·李克特（Rensis R.Likert）于 20 世纪 30 年代提出，由一系列能够表达对所研究的概念的肯定或否定的态度陈述构成，态度总分说明被调查者的态度强弱程度。李克特量表是问卷设计中运用得十分广泛的一种量表。

　　李克特量表的制作和使用步骤如下。

　　第一步，根据测量问题的要求，初步提出一定数量的表达正反态度的陈述语句（表达正反态度的语句数目一般相同，语句一般为 10 ～ 30 个）作为初步量表。

　　第二步，划分被调查者回答的等级，一般分为"非常同意、同意、中立、不同意、非常不同意"5 个等级，由被调查者在给出的 5 个等级中做出选择，并分别按 1，2，3，4，5 计分。计分规则为，对表达正面态度的题目（陈述语句）非常同意的计 5 分，依次类推，非常不同意的计 1 分；对表达反面态度的题目非常同意的计 1 分，依次类推，非常不同意的计 5 分。

　　第三步，选择部分调查对象（一般不少于 20 人，且是 4 的倍数）对初步量表进行预先测试，以便发现量表中存在的问题，如是否会引起被调查者的误解，并检测每道题目的分辨力。分辨力是指题目是否能区分出被调查者的不同态度或相同态度的不同程度。

　　第四步，删除分辨力不高，即无法区分被调查者态度的题目，保留分辨力较高的题目（一般为 5 ～ 20 个）组成正式的量表。分辨力的检查方法如下：对于某道题目，用被调查者中得分最高的 25% 的人的平均得分，减去得分最低的 25% 的人的平均得分，所得结果被称为分辨力系数；分辨力系数越小，说明该道题目的分辨力越低，应当删除。

　　表 3-3 所示是用于测量消费者对某品牌广告的整体印象的李克特量表。

表 3-3　用于测量消费者对某品牌广告的整体印象的李克特量表

	非常同意	同意	中立	不同意	非常不同意
1. 广告没有创意					
2. 这个广告很受喜欢					
3. 记住这个广告的人很少					
4. 广告清楚地介绍了产品优点					
5. 广告没有吸引力					
6. 很多人对这个广告的评价高					
7. 广告语意模糊					
8. 这是一则诚挚感人的广告					
9. 广告太长					
10. 这个广告很实用					

假如现在利用表 3-3 对 20 名被调查者进行预先测试，各题目的计分和分辨力系数如表 3-4 所示。删除分辨力系数低的题目，就构成了最终的李克特量表。最终的评价结果由保留的 5 ～ 20 道题目的总分决定。

表 3-4　20 名被调查者测试各题目计分及其分辨力系数

被调查者编号	题目										总分
	1	2	3	4	5	6	7	8	9	10	
1	5	3	4	5	5	1	2	5	4	2	36
2	5	4	2	4	4	3	5	4	3	2	36
3	3	5	3	5	5	4	2	4	2	2	36
4	1	1	3	4	4	4	4	3	5	2	31
5	1	2	4	5	3	3	4	4	4	1	30
6	1	4	5	5	5	2	2	4	5	2	34
7	2	3	3	2	5	1	5	4	3	2	30
8	3	4	2	5	4	2	1	4	1	2	28
9	4	5	3	3	5	5	3	4	2	2	36
10	5	2	3	4	5	2	5	5	4	2	37
11	1	4	5	4	4	2	2	4	5	3	34
12	5	2	3	4	5	3	2	4	5	3	36
13	2	3	3	5	5	1	5	4	3	2	33
14	1	2	3	4	5	1	3	5	2	2	28
15	2	3	4	5	4	2	2	4	4	2	32
16	3	4	1	4	5	4	1	4	2	3	31
17	1	5	5	3	4	3	2	4	4	2	33
18	3	2	3	5	4	4	5	4	5	2	37
19	4	1	4	4	5	5	2	4	2	2	33
20	2	1	2	5	3	2	2	4	3	2	26
分辨力系数	3.80	3.20	2.6	1.8	1.4	3.4	3.4	0.8	3	0.6	

李克特量表的优点是容易执行，5 种答案形式便于被调查者选出更符合自己意愿的答案；应用范围广，适用于邮寄访问、电话访问、街头拦截访问等；可用于测量多维度的复杂概念，通常比同等篇幅的量表具有更高的可信度。李克特量表的缺点是对于具有不同态度的被调查者，可能得到相同的态度得分，无法进一步描述他们态度结构的差异；制作起来比较麻烦，所有题目都要被设计为陈述语句。

3.2.4　明确问题顺序

问卷的问题和答案设计好之后，就要对问题的顺序进行合理编排，通常是按照问题的类型、逻辑性、难易程度等进行排列，具体规则如下。

（1）过滤问题放在前面。

过滤问题也称甄别问题，主要是在对被调查者进行正式、完整的问卷调查之前，

视　频

问卷设计常见错误及纠正

对被调查者进行过滤、筛选，排除不合格的被调查者。例如，在一份某品牌热水器使用情况的调查问卷中，设计这么一个问题，"您是否使用过本品牌的热水器？"若被调查者回答"是"，就可以让其继续填写问卷，否则便结束调查。

一般而言，不合适的被调查者有两种：一种是与调查项目有直接利益关系的人群，为达到避嫌的目的，应排除此类人群；另一种是不符合调查要求的人群，这类人群可能在年龄、性别或其他方面不能满足调查的要求。

实战演练——设计甄别内容

请你为某品牌化妆品的市场调查问卷设计过滤问题，要求如下。

（1）排除在广告公司、市场调查机构 / 咨询公司、电视台 / 电台 / 报纸 / 杂志等媒体机构或化妆品生产 / 销售部门工作的调查对象。

（2）排除年龄在 20 岁以下、50 岁以上的调查对象。

（3）排除最近 3 个月接受过与化妆品相关的市场调查的调查对象。

（2）问题应先易后难。

容易回答的问题应放在前面，较难回答的问题应放在靠后的位置。这是因为，问卷的前几道题容易作答能够提高被调查者的积极性，使其与调查问卷建立起一种融洽关系。如果一开始的问题较难，会让被调查者产生抵触情绪，从而使他们对完成问卷的填写失去兴趣。

具体来讲，对公开的事实或状态进行描述比较简单，因此这类问题放在问卷靠前的位置，而需要深度思考的意见性问题，可放在问卷靠后的位置。从时间的角度考虑，最近发生的事情容易回想起来，便于作答，因此这类问题应放在问卷靠前的位置；很久以前发生的事情不容易回想，因此这类问题应放在问卷靠后的位置。例如，在问卷靠前的位置的问题是"您现在使用的是什么品牌的化妆品？"，而在靠后的位置的问题是"在使用这种品牌化妆品之前您使用过什么品牌的化妆品？"

（3）封闭式问题放在前面，开放式问题放在后面。

一般来说，封闭式问题回答起来较简单，因而应放在问卷靠前的位置；而回答开放式问题则需要花费较长时间去思考和填写，如果将其放在靠前的位置，会使被调查者产生抵触情绪，从而影响其填写问卷的积极性。

（4）问题的编排应注重逻辑性。

问题的编排应尽量符合人们的思维习惯，这样才可能使调查有一个良好的开端。如果问题编排杂乱无章，让人的思维跳跃过快，被调查者很可能就会因反感而放弃继续填写问卷。所以，问题应该以一种符合逻辑的顺序提出：①同类别的问题按深浅层次提出，即先提一般性问题，然后逐步提比较具体的问题；②同类别的所有问题提完后，再开始提其他类别的问题；③先提事实性、行为性问题，然后提态度、意见、看法等方面的问题。例如，有关洗发水的问卷可以这样开始提问："在过去 3 个月里，您曾购买过洗发水吗？"以促使人们开始考虑洗发水的问题。然后，依次询问被调查者过去 3 个月购买洗发水的品牌、购买的频率、对所购品牌的满意程度、再次购买的意向以及被调查者的发质特点等。逻辑性强的提问顺序能让被调查者很快进入答题的状态，并使被调查者能轻松地连续作答，建立起双方间的信任。

3.2.5　问卷测试

通常，问卷初稿完成后，调查人员可以在小范围内进行调查测试，以便了解问卷初稿中存在哪些问题，例如，问题是否存在多余或遗漏的情况，问卷中的文字描述是否容易让人产生误解，问题的答案选项是否完全覆盖内容，完成填写问卷花费的时间是否过长，开放式问题是否留有足够的答题空间，问卷的外观设计（如纸张质量、字体大小、页面设置等）是否对被调查者有吸引力等。

需要注意的是，问卷测试最好采用街头拦截访问等面对面的访问方式，这样调查人员能够观察被调查者填写问卷时的态度，以判断被调查者所给答案的真实性。通过测试发现问题后，调查人员应该立即对问卷进行修改。如果测试导致问卷内容发生了较大的变动，调查人员还可以进行第二轮测试，以使最后的定稿更加规范和完善。问卷修订完成以后，就可以定稿并大量印刷，最终投入使用了。

3.3　问卷设计辅助工具

🔍 情景导入

主管向张雷问道："你知道有哪些问卷设计辅助工具能够辅助我们快速地进行问卷设计，从而顺利实施市场调查工作吗？"

张雷答道："如何确定市场调查问卷的内容，我已经有了大致的思路。而应借助什么辅助工具制作问卷，将问卷输出到纸张上，或如何设计网络问卷，我正一筹莫展呢！"

主管说："不了解问卷设计辅助工具可不行。这就好比上了战场知道要对付敌人，却不知道用什么武器对付敌人。不过，对此你也不用太担心，现在有很多问卷在线设计工具，使用这些工具设计问卷的操作相似，你只需掌握其中两三个工具的使用方法即可。"

3.3.1　问卷星

问卷星是一个专业的在线进行问卷调查、测评、投票平台，其为用户提供了在线设计问卷、采集数据、自定义报表、调查结果分析等服务。问卷星包括"免费版"和"付费版"，"免费版"适合学生或个人用户使用，可用于设计问卷，浏览、下载调查报告，进行答卷统计与分析，进行各类公开的在线调查、投票、评选、测试等，但"免费版"的部分功能使用受限。"付费版"包括企业版、尊享版和旗舰版，适合企业、咨询公司、政府机关、高校及科研机构使用，可用于市场调查、企业内训、人才测评、民意调查、科研课题等。

扫一扫

"食堂满意度调查
问卷"设计

调查人员使用问卷星设计问卷，首先需要打开问卷星官方网站注册账号，然后使用注册的账号登录，进入管理后台后，才可开始设计问卷。例如，下面针对本校大学生制作一份"食堂满意度调查问卷"，具体操作如下。

（1）在问卷量管理后台首页的左上角单击"创建问卷"按钮，如图 3-2 所示。

（2）将鼠标指针移到打开页面的"调查"选项上，单击下方弹出的"创建"按钮，如图 3-3 所示。

图 3-2　单击"创建问卷"按钮

图 3-3　单击"创建"按钮

（3）打开"创建调查问卷"页面，在"请输入标题"文本框中输入问卷标题，此处输入"食堂满意度调查问卷"，单击"立即创建"按钮，如图 3-4 所示。在"创建调查问卷"页面下方还提供了"从模板创建问卷""文本导入""人工录入服务"3 种问卷创建方式，"从模板创建问卷"和"文本导入"功能所有用户均可使用，而"人工录入服务"功能仅"付费版"用户可以使用。

（4）进入问卷设计页面，左侧为题型设置面板，右侧为问卷内容编辑界面。这里单击"添加问卷说明"超链接，如图 3-5 所示。

图 3-4　输入问卷标题并单击"立即创建"按钮

图 3-5　单击"添加问卷说明"超链接

（5）在页面的"说明"文本框中输入问卷说明内容，输入完成后单击"确定"按钮，如图 3-6 所示。

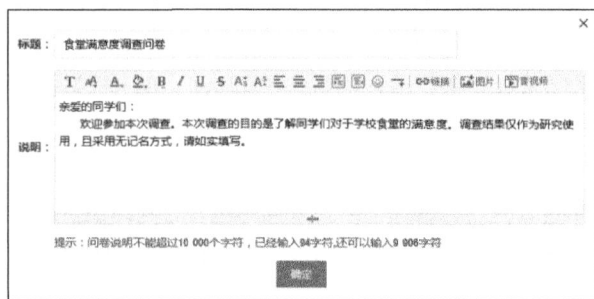

图 3-6　输入问卷说明内容并单击"确定"按钮

（6）在左侧题型设置面板中单击"单选"选项添加第一道题，在"标题"文本框中输入题目，在"选项文字"栏下方的文本框中输入答案选项的文本内容，如图 3-7 所示。

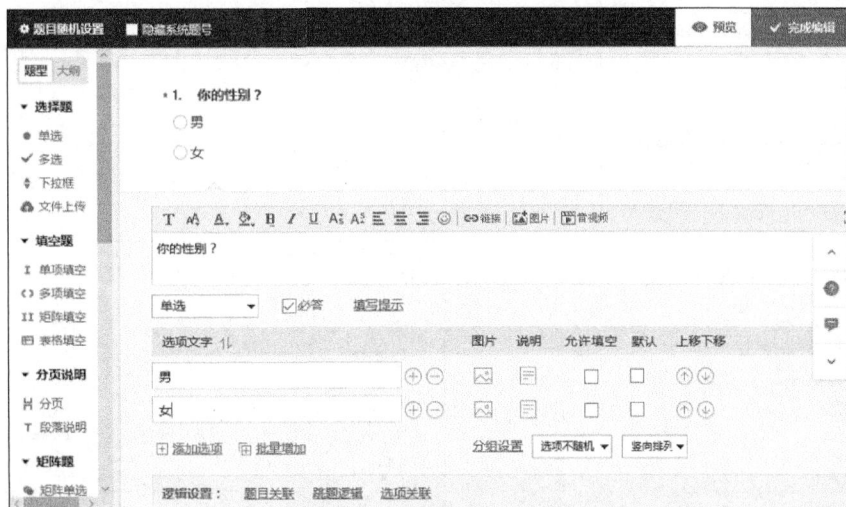

图 3-7　添加第一道题

（7）在左侧题型设置面板中单击"单选"选项添加第二道题，输入题目后，因为默认只能输入两个答案选项，这里需要单击"添加选项"超链接，用于添加答案选项输入文本框。添加答案选项输入文本框后，输入所需内容，如图 3-8 所示。

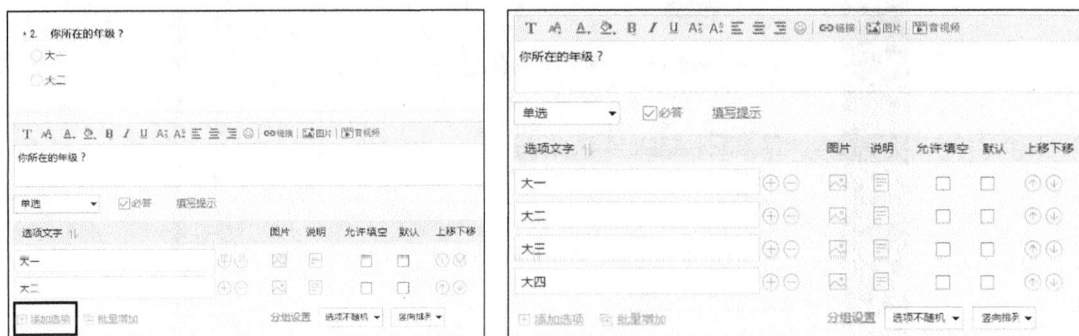

图 3-8　添加第二道题

（8）使用相同的方法添加第 3 ～ 7 道题，效果如图 3-9 所示。

（9）在左侧题型设置面板中单击"量表题"选项添加量表题，在"标题"文本框中输入题目，在"选项文字"栏中设置答案选项的内容、量表等级和分数，如图 3-10 所示。

（10）完成题目的添加后，单击问卷设计页面右上角的"完成编辑"按钮，完成问卷设计工作。若单击"完成编辑"按钮左侧的"预览"按钮，可在计算机端或手机端预览问卷显示效果。

（11）单击"完成编辑"按钮后，将打开"设计问卷"的"设计向导"页面，在该页面中单击"导出问卷到 Word"超链接，如图 3-11 所示。

（12）打开"打印问卷"页面，单击"打印"按钮可打印问卷。单击"保存为 Word 文档"或通过复制问卷内容的方式，可将问卷保存为 Word 文档，如图 3-12 所示。

（13）关闭"打印问卷"页面。在"设计向导"页面中单击"发布此问卷"按钮，将打开"发送问卷"的"链接与二维码"页面，如图 3-13 所示。用户可通过发送问卷链接和二维码的方式邀请调查对象参与问卷填写，还可以将问卷网页分享到微信朋友圈或 QQ 空间及新浪微博等。

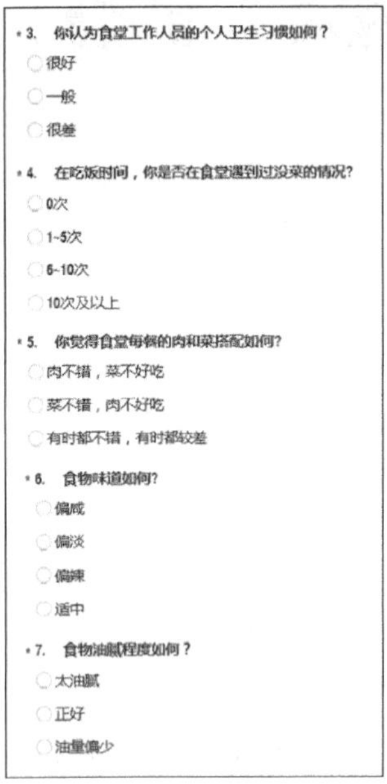

图 3-9　第 3～7 道题的效果

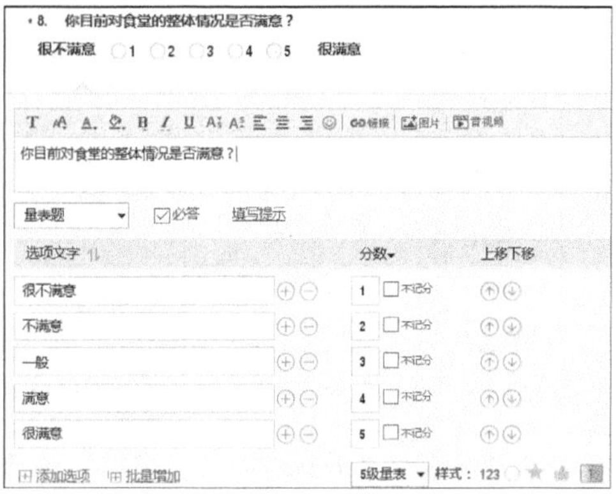

图 3-10　添加量表题

图 3-11　单击"导出问卷到 Word"超链接

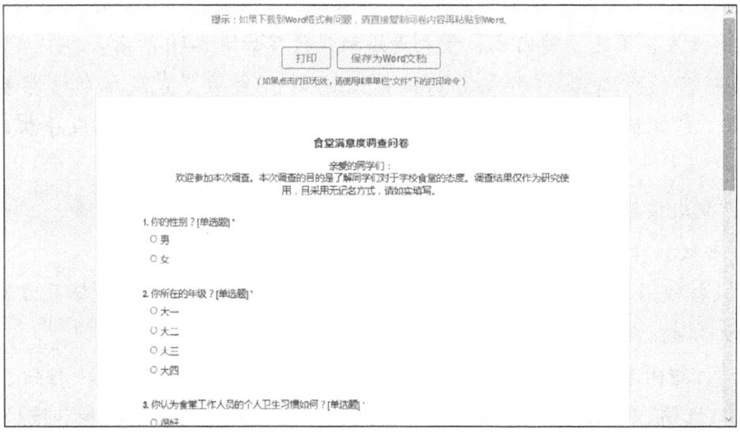

图 3-12　"打印问卷"页面

图 3-13　"链接与二维码"页面

价值引导

　　根据我国相关法规，问卷星不允许调查人员发布与政治、军事、信仰、民族、人权、民主、国家主权、国家统一、外交事件等相关的敏感话题的问卷。同时，需要注意的是，在问卷设计中，禁止调查人员使用歧视性、侮辱性的语言描述。遵守有关规定是每个市场调查人员的基本素养和应尽的义务与责任。

　　（14）完成网络调查后，登录问卷星，在管理后台的问卷列表中，单击已发布问卷的"分析与下载"超链接，在打开的列表中选择对应的选项，如图 3-14 所示，可查看和下载回收问卷的统计分析资料。

图 3-14　单击"分析 & 下载"超链接

3.3.2　金数据

　　金数据是一款表单设计和数据收集工具，其提供了丰富的表单模板，可用于设计调查问卷、活动报名表、意见反馈表、信息登记表、在线订单、考试测评表等表单。

打开金数据官方网站注册账号并登录后，即可开始设计问卷。具体方法如下：在金数据网站首页左上方单击"表单"按钮，在打开的页面中单击"创建"按钮，如图 3-15 所示。打开"选择你想要创建的场景"页面，选择"问卷调查"选项，如图 3-16 所示。

图 3-15　单击"创建"按钮

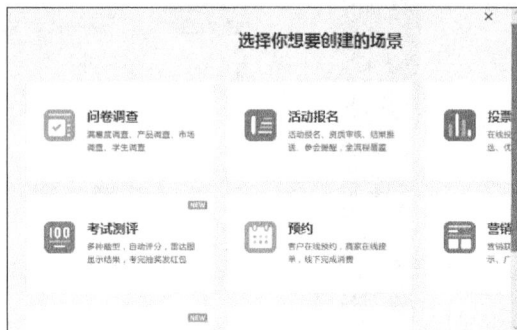

图 3-16　选择"问卷调查"选项

在打开的页面中，调查人员可以根据需要创建单页问卷和分页式问卷（分页式问卷是把所有问题安排在多个页面中展示甚至一题一页的问卷格式，与单页问卷采用滚屏浏览填写的方式不同，被调查者通常需要单击"下一页"按钮来完成分页式问卷的填写），如图 3-17 所示。对于单页问卷，金数据提供了"从空白创建问卷""从文本创建""Excel 导入""人工录入（收费）""从模板中心创建"5 种具体的创建方式。这里单击"从空白创建问卷"按钮，打开"编辑问卷"页面，如图 3-18所示，即可开始问卷的编辑工作。在金数据中编辑问卷的具体操作方法与在问卷星中编辑问卷的操作方法基本相同，这里不再赘述。

图 3-17　问卷创建页面

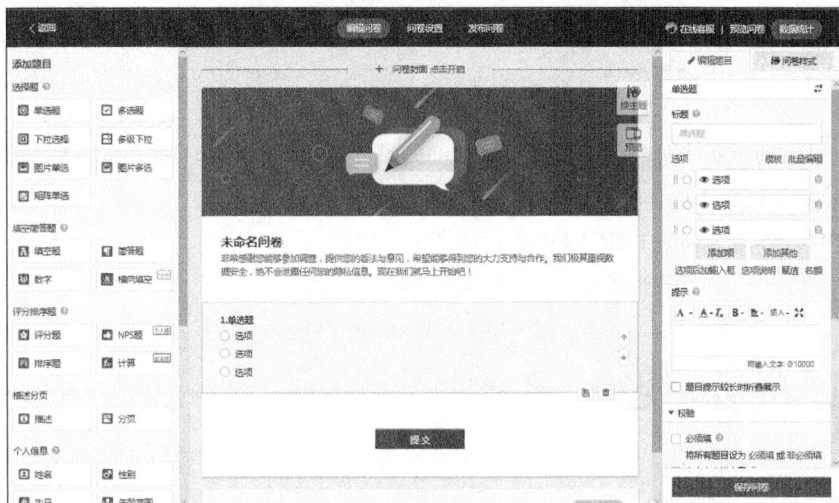

图 3-18 "编辑问卷"页面

同样，与问卷星类似。在金数据的"编辑问卷"页面完成问卷的编辑后，调查人员在右侧面板底部单击"保存问卷"按钮，再在页面上方单击"发布问卷"按钮，在打开的"发布问卷"页面中可将生成的问卷链接和二维码嵌入网站，或分享到微信、微博、QQ 等，还可以把问卷打印出来。

3.4 项目实训——大学生手机市场调查问卷设计

3.4.1 实训背景

手机是现代生活中人们重要的交流工具。一直以来，手机市场的竞争都很激烈。随着手机在校园里的普及，大学生手机市场成为了各手机生产商和经销商非常重视的细分市场。为了了解手机在大学生中的使用、购买情况，为手机生产商和经销商对未来手机的生产、销售等提供参考信息。请同学们以调查工作小组为单位，运用焦点访谈法，对大学生手机市场做一次市场调查。

扫一扫

问卷示例

3.4.2 实训思路

此次调查围绕"了解大学生的手机使用、购买情况"的调查目的，针对以下几个方面的内容，设计大学生手机市场调查问卷。

（1）大学生的手机拥有和需求状况。

（2）大学生获取手机相关信息和购买手机的渠道。

（3）大学生购买手机的品牌及对各手机品牌的评价。

（4）大学生购买手机的价格选择。

（5）大学生对促销方式的选择。

（6）大学生对手机质量、性能、款式和售后服务的要求。

另外，从调查成本和便利性，收集资料的速度等方面考虑，本次实训可通过问卷星、金数据或其他问卷在线设计工具设计网络问卷，以便后期实施网络调查。

3.4.3　实训实施

（1）调查工作小组的每位成员都参与问卷内容的构思，并将问卷问题罗列在草稿纸上或 Word 文档中。

（2）汇总所有小组成员的问卷问题，首先剔除没有必要和重复的问题，并补充遗漏的问题，然后筛选出与调查主题紧密相关的问题，并进一步对问题进行排序。

（3）借助问卷设计辅助工具完成问卷设计。

（4）对问卷进行小范围的调查测试，检验问卷的可行性。

3.5　课后习题

1. 简述问卷设计的原则。

2. 问卷设计中，明确所需收集的资料时应考虑哪些因素？

3. 分别说明开放式问题和封闭式问题的优缺点。

4. 设计问卷问题的顺序有哪些注意事项？

5. 设计语意差别量表，用于测定同学们对学校食堂的整体评价。

6. 选择学校附近的一家超市作为测量对象，设计李克特量表，用于测量同学们对该超市的整体评价。

7. 针对"甜蜜蜜"蜂蜜店销量提升较慢、客单价不高、客流量提升困难等情况，"甜蜜蜜"蜂蜜店计划组织一次较为全面的门店顾客调查，请为此设计一份调查问卷。

8. 阅读以下材料并回答问题。

在一份关于某购物网站的调查问卷中列出了以下几个问题。

1. 一个月内，您在某购物网站的购物频率如何？

○极少　　　　　　　　○偶尔　　　　　　　　○经常

2. 您对某购物网站的物流服务和售后服务是否满意？

○非常满意　　　　　　○满意　　　　　　　　○一般

○不满意　　　　　　　○非常不满意

3. 很多消费者认为某购物网站产品质量较差，您的印象如何？

○较好　　　　　　　　○一般　　　　　　　　○较差

思考：以上问题的描述是否妥当，如果问题描述不恰当，请说明原因。

★ 管理工具推荐　　　　　　　　　　　　　　　　　　● ● ● ●

1. 斯坦普尔量表

斯坦普尔量表是语意差别量表的简化版，它只使用一个形容词，没有中立点，用于测量某种事物、概念或实体在被调查者心目中的形象。斯坦普尔量表免去了调查人员设计正反向形容词的繁重工作，在测量态度时具有较高的分辨度。但这一形容词难以精准确定，且测量结果偏主观（形容词的选择会影响测量结果和人们的反应能力）。调查人员使用此量表可对每个被调查者的分数进行汇总，并可与其他被调查者的总分进行比较。

斯坦普尔量表通常被垂直地展示，得分越高，描述该对象所用的形容词就越好，表 3-5 所示为斯坦普尔量表示例。

表 3-5　斯坦普尔量表示例

+3	+3	+3
+2	+2	+2
+1	+1	+1
口味清爽	**包装精致**	**性价比高**
−1	−1	−1
−2	−2	−2
−3	−3	−3

该量表的说明文字如下：现对于某品牌啤酒给出了一系列描述性短语，如果您认为该短语对该品牌啤酒的描述精确，您应该选择带"+"号的数字；如果您认为该短语对该品牌啤酒的描述不精确，您应该选择带"−"号的数字，+3 表示非常精确，−3 表示非常不精确。

2.　问卷调查工具

现在用于问卷调查的工具繁多，有些需要付费，有些可免费试用。表 3-6 所示为一些调查工具的集合，调查人员在进行问卷调查时可将其作为参考。

表 3-6　问卷调查工具集合

免费工具	腾讯调查、麦客、问道网、问卷星、调查派、微调查、SurveyMonkey、Qualtrics、Dosurvey、OQSS 问卷、iCTR、Typeform Free、问卷吧、易调研、调研宝、金数据、态度 8 调查、简道云、乐调查、番茄表单、数据说、Microsoft Forms、Google Forms、云调查、网易问卷、天会调研宝、云问卷、Zoho Survey、互动酷投票、桔研问卷、蜂鸟问卷
付费工具	云思洞察、SurveyMonkey Enterprise、SurveyLink、草莓派、问答箱子、问卷星企业版、问卷网、Typeform Pro、Wufoo、速研、万能测、表单大师、谷歌调查、问卷帮、第一调查网、通太问卷、点问卷、ClubOpinions、E 调查、网易定位

第4章

市场调查抽样理论与实践

● **重要概念**

总体、样本、抽样单位、抽样框、样本容量、置信度、抽样误差

● **知识目标**

/ 了解抽样中常用的术语。
/ 掌握抽样的程序。
/ 掌握简单随机抽样、系统抽样、分层抽样和整群抽样等概率抽样方法。
/ 掌握任意抽样、判断抽样、配额抽样和滚雪球抽样等非概率抽样方法。
/ 掌握确定样本容量的方法。

● **能力目标**

/ 具备按抽样程序进行抽样调查的能力。
/ 具备设计概率抽样方案和非概率抽样方案的能力。
/ 具备根据已知条件和调查的目的、要求确定样本容量的能力。

扫一扫

知识结构图

📋 引导案例

2020 年佛山市居民出行调查

为响应国家有关方针政策和适应城市日新月异的发展变化，2020 年 10 月，佛山市开展了 2020 年佛山市居民出行调查，以全面掌握佛山市居民的出行特征及规律，为综合交通规划提供数据支撑。

此次居民出行调查，调查机构在全市范围内抽样 2.5 万户家庭，约 8 万人，对 6 周岁及以上城市常住人口进行调查，参与调查的市民将获赠宣传品一份。

此次居民出行调查的调查时间、调查方法、调查内容和调查步骤分别如下。

1. 调查时间

2020 年 10 月 13 日—10 月 18 日 18:00—21:30，或与调查员预约好的其他时间段。

2. 调查方法

调查员携带平板电脑入户进行面对面询问，当场填报。被访问者只需口头回答，占用时间较短。

3. 调查内容

调查内容是居民一日的出行情况，包括家庭特征、个人特征、出行特征等内容。

家庭特征：家庭地址、实际居住人数、住房性质、住房面积、车辆拥有情况、停车场类别及停车位权属等。

个人特征：性别、年龄、户籍情况、工作单位（学校）地址、文化程度、职业、个人手机使用情况等。

出行特征：出行目的、出发时间、出发地点、出行方法、到达时间、到达地点、出行费用、公交服务使用情况等。

4. 调查步骤

第一步：调查员与被访户预约入户调查的具体时间。

第二步：调查员与小区物业人员一同上门。

第三步：入户前调查员敲门说明来由并出示《政府通告》、调查员证件。

第四步：入户后发放《致居民的一封信》并简单介绍本次调查。

第五步：调查员咨询，被访问者回答并用平板电脑通过进行记录录入。

第六步：发放宣传品。

此次抽样调查获得了广大市民的积极配合，在全市范围内获得了共计 16 万条出行相关信息，在对调查数据进行抽样，并结合大数据、流量调查等校核后，该数据为建立交通模型，综合交通规划提供了数据支撑。

【思考】

（1）抽样调查的目的是什么？

（2）如何确定抽样的样本容量？

（3）常见的抽样方法有哪些？

扫一扫

本案例资料整理自佛山新闻网，扫描二维码，可进一步了解本次调查的详情

4.1 抽样的基本知识

情景导入

A 公司接到一项工作，要求其通过抽样调查的方式为某沐浴露生产厂家调查 2020 年 8 月 1 日—8 月 15 日成都市各大型超市中每种竞争品牌沐浴露的价格，为该企业的新产品上市做准备。

为此，张雷所在部门的主管交给他两项简单的任务，一是定义抽样的总体，二是制定抽样框。为了完成任务，张雷首先需要了解抽样的基本知识，学习准确界定抽样的总体和制定抽样框的方法。

视　频
抽样调查的含义

4.1.1 抽样的适用范围

企业在调查研究市场时，如果要对整个市场进行普查，需要花费的时间、金钱及人力、物力难以估量。因此，大部分企业都采用抽样的方法进行市场调查，用样本的情况来推断总体的情况。例如，企业要研究某城市居民的生活方式，那么整个城市的居民都是企业的研究对象。但受限于客观条件，企业难以对每一个居民都进行调查，而只能采用抽样的方法，选取其中部分居民作为调查对象。

抽样调查一般适用于以下情况。

（1）调查范围大，总体单位数量多，进行全面调查比较困难或没有必要进行全面调查时，可以采用抽样调查，如对某种产品的潜在市场需求量的调查。

（2）无法进行全面调查而又需要了解和掌握总体情况时，可以采用抽样调查，比如有些事物在测量或试验时会产生破坏性，如灯泡的耐用性检测、电视的抗震能力检测等。

视　频
抽样调查的发展
阶段

（3）对工业生产过程中的质量进行控制时，可以采用抽样调查。

（4）在大规模普查结束后，普查结果中的非抽样误差可能很大，这时需要通过抽样调查对普查结果进行检测，如在人口普查结束后，政府通常会进行局部的抽样调查，以检验普查结果的可靠性。

4.1.2 抽样中常用的术语

抽样是抽样调查的前提，它只解决了抽样调查过程中选取调查对象这一个问题，抽样调查中的其他问题都是靠另外的方法解决的。作为调查人员，有必要先熟悉抽样中常用的术语，这样有利于熟练掌握实际的抽样操作。

（1）总体。总体是指调查对象（如个人、企业、设备、产品等）的全体。它是根据研究目的而规定的所有调查对象的集合。每一个组成总体的对象称为总体单位，也可以称为个体。例如，要了解某一地区国有工业企业的生产经营情况，总体便是该地区的全部国有工业企业，每一个国有工业企业就是总体单位。

视　频
总体、样本及
抽样框

（2）样本。样本是从总体中按照一定方法抽取出的一部分总体单位的集合。一个样本是总体的一个子集，一个总体中可以抽取出若干个不同的样本。

（3）抽样单位。抽样单位是抽样时使用的基本单位。在单层次抽样中，抽样单位即总体单位。例如，某市对所有 5G 用户进行调查，在全市范围内一步到位抽取 5G 用户，此时抽取的 5G 用户既

是总体单位,又是抽样单位。在多层次抽样中,抽样单位与总体单位不一定相同。例如,在上述例子中,改由先在全市抽取街道办事处,再由街道办事处抽取居委会,最后由居委会抽取 5G 用户。在这种情况下,第一步的抽样单位是街道办事处,第二步的抽样单位是居委会,由于它们都不是所采集资料的承担者,故都不是总体单位,只有第三步中的 5G 用户既是抽样单位,同时又是总体单位。

(4)抽样框。抽样框又称抽样框架,是指用来代表总体,并从中抽取样本的一个框架,其具体表现形式主要包括全部总体单位的名册、地图等,如大学生花名册、工商企业名录、员工名册、居民户籍册、城市地图等。例如,要从 10 000 名职工中抽出 200 名职工组成一个样本,则 10 000 名职工的名册就是抽样框;若要从一个城市中抽出几个小区作为样本进行调查,则该城市的地图就是抽样框。

(5)样本容量。样本容量又称样本规模,指样本中总体单位的数量。

(6)总体参数。总体参数主要用来描述总体的数量特征,包括总体均值 μ、总体比例 π、总体标准差　和总体方差 σ^2 等。

(7)样本统计量。样本统计量主要用来描述样本的数量特征值,包括样本均值 $\bar{x}$、样本比例 P、样本标准差 s 和样本方差 s^2 等。样本统计量是从样本中计算出来的,它是相应的总体统计量的估计值。

(8)抽样比。抽样比是指抽取样本时,样本容量占总体单位数的比重,用公式表示为 $f = n/N$,其中 f 为抽样比,n 为样本容量,N 为总体单位数。例如,从某市 200 000 名大学生中抽取 2 000 人进行调查,其抽样比的计算公式如下。

$$f = \frac{2\,000}{200\,000} = \frac{1}{100}$$

(9)置信度。置信度也称可靠度,或置信水平、置信系数,即总体参数值落在样本统计值某一区间内的概率。例如,总体参数值 50 落在 40 ~ 60 这个区间的概率为 75%,表示总体参数值 50 有 75% 的可能性落在 40 ~ 60 这个区间。

4.1.3　抽样的程序

无论采用何种抽样方法,只有按一定的程序进行抽样,才能保证调查顺利完成,取得预期效果。抽样的一般程序包括定义总体、确定抽样框、选定抽样方法、确定样本容量、制订抽样计划、抽取样本和评估样本 7 个步骤。

1. 定义总体

定义总体的目的即明确调查的全部对象及其范围。一方面,定义总体是由抽样的目的决定的,因为抽样虽然只针对总体中的一部分个体,但其目的是描述和认识总体的情况,所以必须事先明确总体的范围;另一方面,定义总体是达到良好的抽样效果的前提条件,如果不明确界定总体的范围与界限,那么,即使采用严格的抽样方法,也可能抽取出对总体来说严重缺乏代表性的样本。

实际抽样中,调查人员应该如何定义总体呢? 一个总体应包含 4 个要素,即总体单位、抽样单位、抽样范围和抽样时间。例如,在某企业调查成都市各学校对其产品的购买量时,总体被定义为“在过去一年中,成都市所有购买过本企业产品的学校”。在该总体定义中,4 个要素的具体内容分别如下。

(1)总体单位:每一所购买过本企业产品的学校。

(2)抽样单位:每一所购买过本企业产品的学校。

(3)抽样范围:成都市。

(4)抽样时间:过去一年中。

案例分析——迥然不同的调查结果

某社区工作人员张明和李顺为了了解社区内约 5 000 名老年人的健康状况（过去一年中生病的次数）进行了抽样调查。

张明在附近医院内调查了 500 名本社区的老年病人，其中过去一年中生病次数为 1 ～ 2 次的人数为 76 人，3 ～ 6 次的人数为 284 人，7 次以上的人数为 140 人。

李顺在社区公园调查了 500 名本社区的老年人，其中过去一年中生病次数为 1 ～ 2 次的人数为 395 人，3 ～ 6 次的人数为 65 人，7 次以上的人数为 40 人。

此次调查的结果产生了如此大的差异，张明和李顺感到很困惑。那么，为什么两人的调查结果会产生巨大的差异呢？

分析： 在上述案例中，出现如此巨大的差异，除了抽样方法具有随机性外，对抽取样本的总体缺乏清楚的认识和明确的界定也是极为重要的原因。张明收集的数据来自 500 名老年病人，这部分人的体质相对较弱。而李顺选择公园里的老年人作为调查对象，常去公园里活动的老年人，大多都注意身体情况，平时会加强体育锻炼，所以通常较为健康。另外，老年人的文化程度、生活观念、以往职业的差异也会导致老年人有不同的健康观念，且二人样本的选择都较为单一，缺乏代表性和广泛性，所以，用这些数据得到的调查结果都不准确。

这一实例告诉我们，要有效地进行抽样，必须事先了解和掌握总体的结构及其各方面的情况，并根据研究的目的明确地定义总体，既要关注样本的广泛性（即总体中每个个体均有被抽中的可能），也要关注样本的代表性。

实战演练——定义抽样总体

根据本节"情景导入"的内容，为该次调查准确定义总体，并指出总体单位、抽样单位、抽样范围和抽样时间。

定义总体：_____

_____

总体单位：_____

抽样单位：_____

抽样范围：_____

抽样时间：_____

2. 确定抽样框

抽样框在抽样调查中处于基础地位，是抽样调查必不可少的一部分，它对于推断总体具有相当大的作用。

确定抽样框就是依据已经明确界定的总体范围，收集总体中全部抽样单位的名单，并通过对名单进行统一编号建立供抽样使用的抽样框。例如，调查的总体是"过去一年中，成都市所有购买过本企业产品的学校"。这样，未购买过本企业产品的学校就被排除在总体之外，而制定抽样框这一步工作，就是收集购买过本企业产品的学校的名单，并按一定的顺序将学校统一编号，形成一份完整的、既无重复又无遗漏的总体成员名单，即抽样框，从而为抽取样本打好基础。

需要注意的是，当抽样是分为几个阶段，在几个不同的抽样层次上进行时，则要分别确定几个不同的抽样框。例如，为了解某市小学生使用某学习产品的情况，需要从全市 200 所小学中抽取 10 所小学，再从抽中的每所小学中抽取 3 个班级，最后从抽中的每个班级中抽取 10 名小学生。那么，调查人员就要分别收集并排列全市 200 所小学的名单、抽中的每所小学里所有班级的名单，以及抽中的每个班级中所有学生的名单，形成 3 个不同层次的抽样框。

本节的"情境导入"中，张雷如果要确定抽样框，就需要收集成都市内各大型商场的名单和抽中的每个大型商场里各竞争品牌的名单并统一编号。

3. 选定抽样方法

不同的抽样方法有自身的特点和适用范围。因此，对于具有不同研究目的、不同研究范围、不同对象和不同客观条件的市场调查来说，所适用的抽样方法也不一样。这就需要调查人员在实际抽样之前，根据研究目的、各种抽样方法的特点等来决定具体采用哪种抽样方法。

尽管抽样方法有很多种，但这些抽样方法总体上可以分为概率抽样方法和非概率抽样方法两种。概率抽样方法又称随机抽样方法，是指排除调查人员主观因素的影响，总体中的每个单位都有一定机会被抽中的一种抽样方法。非概率抽样方法又称非随机抽样方法，指抽样时不遵照随机原则，而是根据调查人员的主观判断有目的地挑选，或者依照方便、快捷的原则抽取。

视　频

概率抽样（随机抽样）的分类

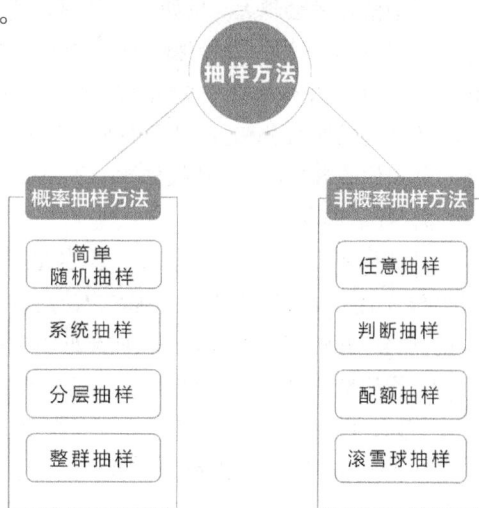

在实际的市场调查中，适用非概率抽样方法的情况如下：受调查经费的限制或没有适当的抽样框，难以采用概率抽样方法；为了快速得到调查的结果；调查人员比较熟悉调查对象，根据自身丰富的经验就能快速抽取到合适的样本。此外，采用非概率抽样方法无法对误差进行判断。概率抽样方法的特点是可以用样本数据对总体进行估计，所以采用概率抽样方法抽取的样本的信息的含金量较高，但其抽取样本的操作较复杂，对调查人员的专业技术要求也较高。并且，相同规模的概率抽样方法的费用要比非概率抽样方法高。

概率抽样方法和非概率抽样方法又分别包含了各种不同的抽样方法，如图 4-1 所示。

4. 确定样本容量

一旦选定抽样方法后，下一步就要确定合适的样本容量。样本容量过大，会增加调查的工作量，耗费更多的人力、物力、财力和时间；样本容量过小，则样本缺乏足够的代表性，从而会降低推算结果的准确度和可靠性。通常样本单位数量大于 30 的样本称为大样本，样本单位数量小于 30 的样本则称为小样本。一般来说，样本容量越大，样本的误差就越小，相应地，调查成本也越高。

应用非概率抽样方法时，样本容量一般由调查人员根据经验决定，或者根据调查经费决定，例如调查

图 4-1　抽样方法分类

经费为 18 000 元，调查样本中的一个单位的费用为 30 元，则样本容量为 600 个。应用概率抽样方法时，样本容量则需要使用数理统计方法根据该次调查对信息准确性的要求计算得出，当然，在实际的市场调查过程中，也可以根据调查经费确定样本容量。

5. 制订抽样计划

制订抽样计划的作用在于让调查人员在实际抽取样本时有据可依，并严格按照计划抽样，减少调查人员执行具体的抽样操作时造成的误差。抽样计划需要详细说明如何执行抽样的每一项决定。

抽样计划除了逐个说明有关总体、抽样框和抽样方法的问题外，还要对实际抽取样本的实施步骤加以规定和说明。例如，当访问受访者时，如果对方不愿回答该怎么办？是直接放弃还是找人替代？如果找人替代，替代者应具有什么特征？如果没有替代者，是否需要再访，如需再访，应选在什么时间？对于这一系列问题，抽样计划都应该给予具体的规定。

6. 抽取样本

在制订抽样计划后，下一个步骤就是抽取样本。抽取样本的工作是在制订好抽样计划的基础上进行的，调查人员按照所选定的抽样方法，从抽样框中抽取一个个抽样单位，构成样本。根据抽样方法的不同，以及抽样框是否可以事先得到等因素，实际的抽样工作既可能在调查人员到达实地之前就能完成，也可能需要调查人员到达实地后才能完成。即调查人员既可能先抽取好样本，再到实地按预先抽取的对象进行调查；也可能一边抽取样本一边调查。

抽取样本的方式一般分为重复抽样和不重复抽样。

（1）重复抽样。

重复抽样也称回置抽样或有放回的抽样，指从总体中抽取一个单位进行观察、记录后，将其放回总体，再继续抽取下一个单位的连续抽取样本的方法。在这种情况下，每个样本被抽出的概率相等。例如，采用重复抽样从总体的 50 个单位中随机抽出 10 个单位构成样本，每抽出一个单位并记录其编号后，将该单位放回总体，再进行下一次抽样，最终抽得 10 个单位构成一个样本，每个总体单位被抽中的概率都是 1/50。

（2）不重复抽样。

不重复抽样也称不回置抽样或无放回的抽样，即每次抽出一个单位并登记后，就不再将该单位放回总体中参加下一次的抽样。这样，样本中的每个单位被抽取的概率是不同的，越往后，剩余样本被抽取的概率会越大。例如，需从总体的 50 个单位中随机抽出 10 个单位构成样本，每抽出一个单位并记录其编号后，不再将该单位放回总体，然后进行下一次抽样，最终抽得 10 个单位构成一个样本，这 10 个单位被抽中的概率依次为 1/50, 1/49, …, 1/41。

不重复抽样的误差小于重复抽样的误差，因此在实际抽样时，通常采用不重复抽样来抽取样本。当总体单位的数量较多，或抽样比小于 3% 时，也可采用重复抽样替代不重复抽样。

7. 评估样本

评估样本是指对样本的质量、代表性等进行初步的检验和衡量，其目的是避免由于样本的偏差过大导致的失误。评估样本的基本方法是将可得到的反映总体某些重要特征及其分布的资料与样本中的同类指标的资料进行对比，如果两者之间的差别很小，那么样本的质量和代表性就很高；如果两者之间的差别明显，那么样本的质量和代表性就较差。

例如，调查人员从一所有 6 000 名大学生的学校的有关部门得到如下统计资料：全校男生人数占学生总数的 58%，女生人数占 42%；本省学生人数占 70%，外省学生人数占 30%。当调查人员从这所学校中抽取 300 名学生作为样本时，就可以对抽取的 300 名学生进行这两方面的统计。假设抽样调查结果为男生人数占 54%，女生人数占 46%；本省学生人数占 67%，外省学生人数占 33%，通过对比不难发现，两者之间的差距很小，这在一定程度上说明，样本的质量和代表性较高。从这样的样本中得到的调查结果就能较好地反映和体现总体的情况。当然，用来进行对比的指标越多越好，各种指标对比的结果越接近越好。

4.1.4 抽样误差和非抽样误差

调查结果的准确性无疑是调查组织者十分重视的问题。在市场调查中，无论是全面调查，还是非全面调查,都有可能产生误差。调查误差是指调查结果与客观实际情况之间的差异,对抽样调查而言,一般有抽样误差和非抽样误差两种误差。

1. 抽样误差

抽样误差是指样本不能完全代表总体而导致的误差,是抽样过程中产生的误差。因为只要进行抽样调查,就存在样本不能完全代表总体的问题,所以只要进行抽样调查,就会不可避免地产生抽样误差。

抽样误差是由抽样的随机性引起的误差,抽样方法不同,随机抽样产生的误差的大小也不同。比如简单随机抽样比分层抽样、整群抽样的误差大;在总体现象分类比较明显时,分层抽样的误差比其他方法的误差小。而在抽样方式和总体既定的前提下,随机抽样误差的大小主要取决于抽样单位的数量,即可以通过增加样本容量使误差缩小,但不能完全消除误差。

2. 非抽样误差

非抽样误差是不在抽样过程中产生的误差,主要分为两种。一种是由于样本设计有缺陷,或调查人员违背抽样的随机原则,人为地选择个体进行调查,导致样本不能代表总体而产生的误差,称为系统性误差,这类误差可通过合理设计样本和严格执行抽样计划来避免或使之最小化。另一种是调查人员在调查过程中,由于抄写、登记、计算等工作上的过失而引起的误差,或者由于受访者不在家或拒绝回答等造成的误差,称为测量误差。

✐ **价值引导**

> 如果想提高调查结果的准确度,一方面要确定合理的样本容量;另一方面,需要调查人员严格执行抽样计划,用严谨的态度对待调查工作,这也是一名调查人员应具备的基本素养。

4.2 概率抽样方法

🔍 **情景导入**

　　某高档家具品牌商委托 A 公司在某地对其产品的潜在用户进行抽样调查。由于高档家具销量与居民收入水平相关,A 公司拟定以家庭收入分层(高、中、低 3 层)为基础,采用分层抽样在某地 1 500 000 户居民中抽取 2000 户作为样本。

　　已知该地有 150 000 户高收入居民、450 000 户中等收入居民、900 000 户低收入居民。现在,张雷该如何确定各层应抽取的样本容量?在明确抽样方法的前提下,张雷首先要掌握分层抽样的规则和方法,然后计算出各层的抽样数量。当然,在实际工作中,张雷不可能只使用一种抽样方法,他需要全面掌握其他常用的概率抽样方法。

4.2.1 简单随机抽样

简单随机抽样也称纯随机抽样、SRS 抽样,是从总体的 N 个单位中抽取任意 n 个单位作为样本,每个单位被抽中的概率相等的一种抽样方法,它适用于总体数量较少、各单位之间差异较小的情况。

视 频

简单随机抽样

简单随机抽样常用的具体方法有直接选取法、抽签法和随机数表法。

1. 直接选取法

直接选取法指从总体中直接随机抽取样本，这种方法适用于对集中于某个空间的总体进行抽样，如从存放于仓库的同一种副食品中直接随机抽取出若干样本进行质量检测。

2. 抽签法

抽签法又称"抓阄法"。它是先将总体的每个单位编号，然后采用随机的方法任意抽取号码，直到样本数量足够。例如，企业在进行有奖销售、奖券发行等活动中就经常使用抽签法。抽签法的具体操作流程如图 4-2 所示。

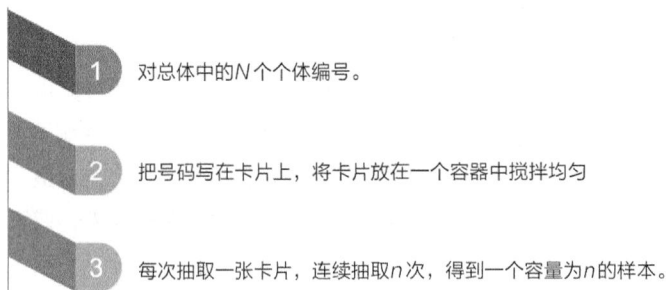

图 4-2　抽签法的具体操作流程

3. 随机数表法

随机数表法亦称"乱数表法"，指利用随机数表抽取样本的方法。该方法通常是把 0 ～ 9 随机排列成位数相同的一张数表，数表中数字的排列毫无规律可言。每逢抽样时，调查人员首先需要根据总体单位的数量，确定使用几位数的随机数表。

例如，一张两位数的随机数表适用于总体单位数量在 100 以内的随机抽样。随机数表法的具体操作流程如图 4-3 所示。

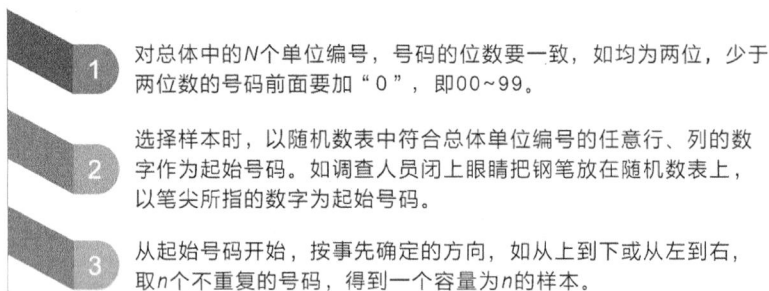

图 4-3　随机数表法的具体操作流程

调查人员如果手动编制随机数表，工作量会很大，此时可利用计算机软件（如 Excel）自动生成随机数表。下面介绍在 Excel 中使用 RANDBETWEEN 函数（RANDBETWEEN 是随机生成位于一个区间的各个数值的一个函数）生成一张两位数的随机数表的方法，具体操作如下。

扫一扫

生成随机数表

（1）启动 Excel，在 A1 单元格中输入"=RANDBETWEEN(0,99)"，按【Enter】键，生成一个位于 00 ～ 99 这个区间的随机整数。

（2）将鼠标指针移到 A1 单元格的右下角，当鼠标指针变为 + 形状时，按住鼠标左键向下拖动至 A10 单元格后释放，在 A1:A10 单元格区域生成 10 个随机数。

（3）选择 A1:A10 单元格区域，将鼠标指针移到 A10 单元格的右下角，当鼠标指针变为 + 形状后，按住鼠标左键向右拖动至 J10 单元格后释放，生成一张可能包含重复数据的 10 行 10 列的二位数随机数表。

（4）需要注意的是，在 Excel 中输入的数据，默认前面不会显示"0"，此时需要在 Excel 中选中随机数表的数据区域，单击鼠标右键，在弹出的快捷菜单中选择"设置单元格格式"命令。打开"设置单元格格式"对话框，在"数字"选项卡的"分类"列表框中选择"自定义"选项，然后在"类型"文本框中自定义数据格式，输入"00"表示数据显示为两位数，即不足两位数的数据的前面将显示出"0"，如图 4-4 所示。输入"000"表示数据显示为 3 位数，即不足 3 位数的数据的前面将显示出"0"或"00"，如"001""011"。

图 4-4 二位数随机数表

使用简单随机法抽取样本时常会遇到一些问题：当调查总体的各单位差异较大时，在要求同样精确度的情况下，相较于其他抽样方法，简单随机抽样必须抽取更多的样本，因此会花费更多的人力、物力、财力和时间；另外，调查总体较大时，对各单位进行编号将十分困难，如针对全市的居民展开调查，要编造全市居民的花名册就非常困难，抽到的样本单位也可能比较分散或不具有代表性，从而会给实际调查工作带来一定的困难，而且调查人员容易忽视对已有调查数据的利用。如果采用分层、整群抽样法，则无须对总体各单位进行编号，可避免上述问题。

4.2.2 系统抽样

系统抽样又称等距抽样，是指将总体中的各单位按一定的规则排列，然后按相等的距离或间隔抽出样本单位的一种抽样方法。系统抽样对抽样框的要求比较简单，它只要求将总体各单位按一定的规则排列，而不一定要获得一份具体的名录清单，便于对某些内容进行现场调查。例如，对某片果林进行抽样，以了解病虫的影响情况，调查人员可以将果树所处的位置视为顺序排列，每隔一定间距，抽取一棵果树。

视 频

系统抽样

对总体的 N 个单位排列编号时，有两种方式。一种是按无关标志排序，即总体单位排列的顺序和所要研究的标志是无关的。如调查职工的家庭开支情况时，按职工的姓氏笔划排序；对工业生产进行质量检验时，按产品生产的时间顺序排序等。另一种是按有关标志排序，即总体单位排列的顺序与所要研究的标志是有关系的，如调查职工的家庭开支情况时，按职工的平均工资由低到高或由高到低的顺序进行排序。按有关标志排序的系统抽样，能使标志值高低不同的单位，均有可能被选入样本，从而提高样本的代表性，减小抽样误差。但按有关标志排序的前提是，调查之前要掌握总体的有关情况。

具体而言，系统抽样又有等概率系统抽样和不等概率系统抽样之分。

1. 等概率系统抽样

等概率系统抽样是指每个单位被抽出的概率是相等的，如果总体单位的大小差异较小，则适合使用这种抽样方法，其操作为：将总体的 N 个单位按某种规则排列编号，再以间隔 k 将总体等分，然后在规定的范围内随机确定一个起始点，每隔 k 个单位（ k 值由总体除以样本容量来确定）就抽出一个单位，直至抽足需要的样本。

例如，采用等概率系统抽样从总体的 50 个单位中随机抽出 5 个单位构成样本。首先就需要将总体的 50 个单位编号，确定抽样间隔为 10（50÷5），即每 10 个为 1 组，从每一组中抽出一个单位，最终组成所需的样本。假设抽样的起点随机确定为 2，则依次抽出的单位分别为 2，12（2+1×10），22（2+2×10），32（2+3×10），42（2+4×10）。

等概率系统抽样的操作虽然十分简单，但是具有明显的局限性。如对某超市的销售额进行抽样调查，以每周 7 天为抽样间隔。事实上，一周中超市的销售情况是不同的，一般情况下，周末和节假日超市的销售额较大，平日较小。如果选择周末作为抽样的起点，所得的结果偏高；反之，以平日为起点，所得的结果偏低。也就是说，当总体包含一定的周期性时，应避免使用等概率系统抽样。

2. 不等概率系统抽样

不等概率系统抽样根据总体单位的大小差异，采用累加的方法找到对应的样本单位，并将其抽出来组成样本。也就是说，不等概率系统抽样适用于总体大小差距较大的情况，是国际上非常流行的抽样方法。

采用不等概率系统抽样，需要将总体单位按大小排序，然后对总体的所有单位进行累加，将累加的结果 M_0 除以样本数得到间距 k，然后随机确定一个小于或等于间距的抽样起点 r，则 r，$r+k$，$r+2k$，$r+3k$，…，$r+nk$ 对应的总体单位，便是应当抽取的样本单位，最终组成需要的样本。

例如，采用不等概率系统抽样从 10 家电视台中随机抽取 4 家进行收视率分析。这 10 家电视台的收视率分别为 0.021，0.069，0.027，0.077，0.285，0.180，0.260，0.023，0.107，0.199。这一组数据中，收视率最小的为 0.021，最大的为 0.285，总体差异较大。

按照不等概率系统抽样进行操作，调查人员首先需要将这一组数据按大小顺序排序，计算出 10 家电视台累计的收视率，即 M_0=1.248；然后确定抽样间距，即 k =1.248÷4=0.312；接着随机确定一个小于 0.312 的抽样起点，假设该起点值为 0.035，则 0.035、0.347（0.035+0.312），0.659（0.035+2×0.312）和 0.971（0.035+3×0.312）这 4 个累计收视率对应的 4 家电视台，最终组成本次抽样所需的样本，如表 4-1 所示。

表 4-1　不等概率系统抽样表

电视台编号	收视率	累计收视率	假设抽样起点抽取的累计收视率	是否抽中
1	0.021	0.021	—	
2	0.023	0.044	0.035	是
3	0.027	0.071	—	
4	0.069	0.140	—	
5	0.077	0.217	—	
6	0.107	0.324	—	
7	0.180	0.504	0.347	是
8	0.199	0.703	0.659	是
9	0.260	0.963	—	
10	0.285	1.248	0.971	是

表 4-1 中，"累计收视率"列中的"0.044""0.071"等数据是如何得到的呢？ 0.044 是第 1 家和第 2 家电视台的累积收视率，即 0.044=0.021+0.023，0.071 则是前 3 家电视台的累积收视率。另外，将累计收视率 0.035 作为抽样起点，累计收视率最接近 0.035 的电视台即是抽样的对象，这里 0.044 最接近 0.035，因此第 2 家电视台是第 1 个抽样对象。

4.2.3　分层抽样

分层抽样也称类型抽样，是指先将总体单位按一定的标准（如收入、年龄、性别和教育水平等）分为若干层，然后在各层中按随机原则抽出一定数量的单位构成样本的抽样方法。分层抽样无须对总体的各个单位进行编号，而是直接将差异程度较小的单位集中在一层，突出层与层之间的差异。分层抽样确保了样本在各层之间的均匀性，提高了样本的代表性和抽样的精度。并且，分层抽样除了可以减小样本容量之外，还可以降低工作量，节省调查费用。因此，分层抽样是抽样调查中应用得最为普遍的抽样方法之一。下面是分层抽样时应注意的几个要点。

（1）层与层之间要有明确的界限，即分层的结果是每一个单位都归属于一层，不允许同一个单位既属于这一层，又属于另一层。

（2）要清楚各层中单位的数量及其占总体单位数量的比重。

（3）层数不宜过多，否则会失去层的特性，不便于从每层中抽样。

从上述要点的描述中可知，分层抽样也存在一定的局限性，即它要求调查人员必须对总体单位的情况有较多的了解，能够将总体单位按某种标准划分到各层之中，实现在同一层内各单位之间的差异尽可能小，不同层之间各单位的差异尽可能大，以设计出科学合理的分层样本。而要做到这一点就要调查人员花费很多的时间和精力。

分层抽样常用的方法具体有两种，分别为分层比例抽样法和比例加权抽样法。

1. 分层比例抽样法

分层比例抽样法是分层抽样的典型方法，指按照每层单位数量在总体中所占的比重抽出样本单位。这种方法往往会结合简单随机抽样，适用于层与层之间差异程度大，但各层内部差异程度小的情况。

假设总体单位数量为 N，N_i 为每层的总体单位数量，$\dfrac{N_i}{N}$ 为总体中各层单位数量占总体单位数量的比重，n 为应抽取的样本容量，k 为分层后的层数，则各层应抽取的样本容量 n_i 的计算公式如下。

$$n_i = \frac{N_i}{N} \cdot n \quad (i = 1, 2, 3, \cdots, k)$$

例如，某运动鞋共有 100 种型号，按这些产品的销量将运动鞋分为大、中、小 3 个层次，各层运动鞋型号的数量占总体的比例分别为 20%，30%，50%，若要从这 100 种型号中抽出 40 个型号构成样本，以分析运动鞋的销量，则首先应确定各层应该抽取的样本容量，然后再在各层中使用简单随机抽样法抽取相应数量的单位，最终将从 3 个层中抽出的所有单位组成本次所需的样本。

因此，这里首先就需要按比例确定不同层次包含的样本容量：大层次包含的样本容量为 8 个（20%×40），中层次包含的样本容量为 12 个（30%×40），小层次包含的样本容量为 20 个（50%×40）。

👆 **实战演练——潜在用户调查抽样设计（一）**　　　　　　　　● ● ● ●

根据本节"情景导入"的内容，可得出某地高收入居民占总居民的 10%，中等收入居民占总居民的 30%，低收入居民占总居民的 60%。假定各层中居民的收入差异不大，下面请你使用分层比例抽样法计算各层的样本容量，要求列出公式。

"高收入"层样本容量：＿＿＿＿＿＿＿＿＿＿＿＿＿＿＿＿＿＿＿

"中等收入"层样本容量：＿＿＿＿＿＿＿＿＿＿＿＿＿＿＿＿＿

"低收入"层样本容量：＿＿＿＿＿＿＿＿＿＿＿＿＿＿＿＿＿＿

2. 比例加权抽样法

如果对总体分层后，出现各层内部数据差异较大的情况，就可以使用加权比例抽样的方法来抽取样本。这种方法以每层的单位数量与标准差（标准差是反映总体中个体离散程度常用的一种量化数据。标准差越大，说明个体离散程度越高，即个体之间的差异较大）相乘来作为权数，以确定每层应抽出的样本容量。

假设 n 为应抽取的样本容量，W_i 为各层单位数量占总体单位数量的比重，s_i 为各层内部的标准差，则各层应抽取的样本容量 n_i 的计算公式如下。

$$n_i = n \cdot \frac{W_i \cdot s_i}{\sum W_i \cdot s_i}$$

例如，调查某地高校教学质量时，调查人员按招生分数将当地所有高校分为重点学校、准重点学校和普通学校 3 个层次，已知各层学校数量占当地所有学校数量的比重 W_i，以及各层内学校招生分数的标准差 s_i，则可以得到 $W_i \cdot s_i$ 和 $\sum W_i \cdot s_i$ 的数据，具体如表 4-2 所示。

表 4-2 加权比例抽样表

分层	占当地所有学校数量的比重 W_i	层内标准差 s_i	$W_i \cdot s_i$
重点学校	5%	206	10.3
准重点学校	35%	78	27.3
普通学校	60%	105	63
合计	100%	—	100.6

若需要在当地抽取 20 所高校构成样本，则每层应抽取的样本容量分别如下。

重点学校应抽取的样本容量 =20×（10.3÷100.6）≈ 2

准重点学校应抽取的样本容量 =20×（27.3÷100.6）≈ 5

普通学校应抽取的样本容量 =20×（63÷100.6）≈ 13

实战演练——潜在用户调查抽样设计（二）

根据本节"情景导入"的内容，假定高、中、低层中居民的月收入标准差分别为 2000 元、800 元、300 元。为了使调查结果更有代表性，下面请你使用比例加权抽样法计算各层的样本容量，要求列出公式，若最终结果有小数则四舍五入取整。

"高收入"层样本容量：_____

_____

"中等收入"层样本容量：_____

_____

"低收入"层样本容量：_____

_____

4.2.4 整群抽样

整群抽样又称聚类抽样，是指将所有总体单位按一定的标准（如地区、城市和工作单位等）分割为若干个群，然后从中随机抽取一部分群进行调查的方法。与分层抽样要求各层之间差异较大、各层内部的单位差异程度较小不同，整群抽样要求各群之间具有相同的属性，分割后，群内的单位应尽可能地具有不同的属性，尽可能代表总体的情况。当获得总体的抽样框比较困难，总体单位数量很大且分散时，就适合使用整群抽样的方法。例如，对佛山市的家庭购买力进行调查时，可按行政区域把佛山市分为禅城区、南海区、顺德区、三水区、高明区等不同群体，或进一步按居委会对各个区分群，抽取所需样本进行调查。

视 频
分群抽样

扫一扫
多阶段抽样

拓展知识

当抽样分为多个阶段进行时，这种抽样组织方式称为多阶段抽样。在复杂的、大规模的市场调查中，调查人员一般采取多阶段抽样的方法来抽取样本。扫描右侧二维码，可查看多阶段抽样的具体内容。

整群抽样一般分为两个阶段，即先采取随机抽样选定群体，然后再对有关群体进行抽样调查或全面调查。例如，调查某校住校生的生活费情况，该校有住校生 12 000 名，计划抽取 320 名进行调查。假如该校共有学生宿舍 3000 个，每个宿舍有 4 名学生。这样就可以将学生宿舍作为抽样单位，首先从 3000 个宿舍中随机抽取出 80 个，其中男生宿舍 40 个，女生宿舍 40 个，然后对抽中的 80 个宿舍的所有学生进行调查，这 80 个宿舍共 320 名学生就是此次抽样的样本。

4.3　非概率抽样方法

情景导入

A 公司现在要对某高校学生的消费水平展开调查。由于张雷刚从高校毕业，对高校学生的消费情况较为了解。因此，部门主管让张雷设计抽样方案。

已知该高校现有 20 000 名学生，其中男生占 60%，女生占 40%；一年级学生占总人数的 40%，二年级、三年级、四年级学生分别占 30%、20% 和 10%。现拟定抽取一个容量为 1000 人的样本。在张雷对高校学生的消费情况较为了解的情况下，他可以采用哪种非概率抽样方法来抽取样本呢？

4.3.1　任意抽样

任意抽样也称便利抽样，是指调查人员从方便工作的角度出发，在调查对象范围内随意选择样本的抽样方法。如调查人员对某地居民的消费倾向进行调查，可以将在当地居住的同学或朋友作为调查对象，也可以将街头行人作为调查对象。又如调查人员在医院内将患者作为调查对象，向其询问医院的服务质量等情况；在购物中心将购物者作为调查对象，向其询问购物倾向等情况等。可见，任意抽样完全是根据调查人员的意愿选取样本，而医院、购物中心、车站、机场等公共场所都可以作为调查场所。

视 频
非概率抽样
（非随机抽样）

任意抽样简单易行，使用它可以及时获得所需资料，节约时间和成本。但是任意抽样只有在调查总体中各个单位大致相同的情况下，其样本才具有代表性。而实践中，并非所有总体中的每个单位都是相同的，此时使用任意抽样会导致抽样结果偏差较大，可信程度较低。因此，这种方法一般用于非正式的探测性调查，或调查前的准备工作，以获取对调查对象的初步了解。

4.3.2 判断抽样

判断抽样又称立意抽样，是指调查人员根据对实际情况的了解，依靠主观经验确定样本，或由了解具体情况的相关专家确定样本。例如，要对福建省的旅游市场状况进行调查，有关部门选择厦门、武夷山、泰宁金湖等旅游风景区作为样本，就属于判断抽样。这种方法适用于总体小而内部差异大，以及总体边界无法确定或调查经费、时间、人力、物力有限的情况。当调查人员对总体有相当深的了解时采用这种抽样方法，可获得代表性较高的样本。

在判断抽样中，调查人员可采取3种不同的方法来做抽样调查：第一种是选择"平均型"样本，指把在总体中代表平均水平的单位作为样本，来推断总体；第二种是选择"多数型"样本，指在总体中挑选占比更大的单位作为样本，来推断总体；第三种是选择"特殊型"样本，即将远高于或低于平均水平的单位作为典型单位组成样本，以此分析发生这种异常情况的原因。

4.3.3 配额抽样

配额抽样又称定额抽样，指调查人员将总体按一定标准分类或分层，确定各类（层）单位的样本容量，再在配额内任意抽选样本的抽样方法。配额抽样和分层抽样既有相似之处，也有很大的区别。二者的相似之处在于都是事先对总体中的所有单位按其属性、特征分类，这些属性、特征被称为"控制特性"。例如，市场调查中，消费者的性别、年龄、收入、职业、文化程度等都属于控制特性，调查人员按需要的控制特性分配样本容量。二者的区别在于分层抽样是按随机原则在各层内抽选样本，而配额抽样则是由调查人员在配额内主观选定样本。

配额抽样有两种具体的操作方法，分别是独立控制配额抽样和相互控制配额抽样。

1. 独立控制配额抽样

独立控制配额抽样是指通过对样本规定一种特征（或一种控制特性）来确定样本容量，如按年龄特征规定不同年龄段的样本容量，按性别特征规定不同性别的样本容量等。例如，调查人员要在某地抽取200人进行某产品的口味测试，根据产品适宜的年龄段，其拟定不同年龄段的抽样比分别为60%，30%，10%，则不同年龄段的抽样人数分别为120，60，20，具体配额分配数据如表4-3所示。

表4-3 独立控制配额分配表

年龄段	抽样比	抽样人数
20～30岁	60%	120
31～40岁	30%	60
41～50岁	10%	20

2. 相互控制配额抽样

相互控制配额抽样是指在按单一特征分配样本容量的基础上，再通过其他特征安排样本的具体容量的抽样方式。例如，调查人员要在某地抽取200人进行某产品的口味测试，假定各年龄段抽样比不变，由于该产品更受女性的欢迎，因此规定不同年龄段的女性占比要达到70%，最终的配额分配数据如表4-4所示。

表 4-4　相互控制配额分配表

年龄段	抽样比	女 / 抽样人数	男 / 抽样人数
20～30 岁	60%	84	36
31～40 岁	30%	42	18
41～50 岁	10%	14	6

　　独立控制配额抽样虽然操作简单，但抽取的样本可能出现偏差，例如，如果表 4-3 中年龄低的均为男性，年龄高的均为女性，那么样本就缺乏代表性。相互控制配额抽样则可避免这种情况，调查人员根据产品特性，规定不同年龄段的女性占比要达到 70%，这使样本的分布更均匀，更有代表性，但这也增加了现场调查的操作难度。

　　配额抽样不需要抽样框，也能保证样本结构与总体结构一致，所以在市场调查中应用得比较广泛。

实战演练——某高校学生的消费水平调查抽样设计

　　根据本节"情景导入"的内容，张雷可以采用配额抽样的方法抽取样本。现在请你根据已知的总体结构和样本规模，在表 4-5 中填入相应数据。

表 4-5　高校学生的消费水平调查配额分配表

年级	男 / 人数	女 / 人数
一年级		
二年级		
三年级		
四年级		

4.3.4　滚雪球抽样

　　滚雪球抽样是指通过少量样本单位信息获取更多样本单位信息的一种抽样方法。这种方法多用于调查人员对总体不甚了解，但对总体中的部分调查对象有所把握，且调查对象之间具有一定联系的情况。

　　在滚雪球抽样中，由调查人员主观确定最初的调查对象，然后依靠他们找到符合标准的调查对象，再依靠这些人找到第三批调查对象……以此类推，样本容量如同滚雪球般由小变大，调查结果也越来越接近总体情况。例如，在调查某市劳务市场中的保姆问题时，因为保姆总体处于不断流动的状态，难以建立抽样框，调查人员因缺乏总体信息而无法抽样，这时可通过熟人、家政服务公司、街道居委会等途径，先对数名保姆进行访问，并请她们推荐其他保姆，然后再去调查这些保姆，然后请后者再推荐其他保姆，以此类推，可供调查的对象越来越多，直到达到所需样本容量，即可对保姆的来源地、工作性质、经济收入等状况有较全面的掌握。

　　滚雪球抽样的优点是便于有针对性地找到调查对象，而不至于"大海捞针"，可以节省调查费用。其局限性是要求调查对象之间必须有一定的联系，当调查对象不愿意推荐其他人员来接受调查时，调查的进度和效果就会受到影响。

4.4 样本容量的确定

情景导入

通过相关的学习和工作经历，张雷知道采用非概率抽样方法时，因为无法估计抽样误差，所以其样本容量的确定没有固定的标准，往往是凭抽样成本或调查人员的工作经验确定一个大致的样本容量。而采用概率抽样方法时，其样本容量可以通过一定的方法计算得出。

现有一批总重量为 500 kg 的产品，总体标准差为 4kg，采用简单随机抽样对产品质量进行检验。主管要求张雷在置信度为 95%，允许误差不超过 1.2 kg 的前提下，确定样本容量。

根据工作经验，主管告诉张雷，样本容量的确定相对复杂，需要了解确定样本容量的统计学原理，包括抽样分布、点估计、区间估计等内容，在此基础上才能更好地确定样本容量。此外，在实际工作中，使用非概率抽样方法，除了根据抽样成本确定大致的样本容量外，也可把非概率抽样的样本当作样本，用确定概率抽样的样本容量的方法来确定非概率抽样的样本容量。

4.4.1 抽样分布

抽样分布是指从总体 N 中可能抽出容量为 n 的所有样本的统计量的概率分布。假设从容量为 N 的总体中随机抽取容量为 n 的样本，产生 k 个样本，并可以计算 k 个样本的统计量时，将 k 个样本的统计量的取值及其出现的概率依次排列，就可得到样本统计量的概率分布，这就是抽样分布，或称样本统计量的抽样分布。

1. 样本均值的抽样分布

将样本平均数的全部可能取值与其出现的概率依次排列，便形成了样本均值的抽样分布。假设总体包含 5 个单位，分别为 1, 2, 3, 4, 5，如果需抽取容量为 2 的样本，则采取重复抽样和不重复抽样得到的样本个数是不同的。如果采用重复抽样的方法，则可以抽取的样本个数为 $N^n = 5^2 = 25$ 个；如果采用不重复抽样的方法，则可以抽取的样本个数为 $\dfrac{N!}{n \cdot (N-n)!}$ 个，具体的样本与样本均值如表 4-6 所示。

表 4-6 样本及样本均值统计表

项目	重复抽样					不重复抽样			
样本个数 k	25					10			
所有可能的样本 x	1,1	2,1	3,1	4,1	5,1	1,2	2,3	3,4	4,5
	1,2	2,2	3,2	4,2	5,2	1,3	2,4	3,5	
	1,3	2,3	3,3	4,3	5,3	1,4	2,5		
	1,4	2,4	3,4	4,4	5,4	1,5			
	1,5	2,5	3,5	4,5	5,5				
样本均值 $\bar{x}$	1.0	1.5	2.0	2.5	3.0	1.5	2.5	3.5	4.5
	1.5	2.0	2.5	3.0	3.5	2.0	3.0	4.0	
	2.0	2.5	3.0	3.5	4.0	2.5	3.5		
	2.5	3.0	3.5	4.0	4.5	3.0			
	3.0	3.5	4.0	4.5	5.0				

在表 4-6 中，样本均值 $\bar{x}$ 的计算很简单，即样本单位的和除以样本容量，其计算公式为 $\bar{x} = \dfrac{\Sigma x}{n}$。如采用重复抽样的方法抽取到 "1" "1" 两个样本，其样本均值为（1+1）÷2=1.0。

在重复抽样中，每个样本被抽中的概率相同，均为 1/25；在不重复抽样中，各样本被抽中的概率不同。下面以样本均值为参考标准，汇总不同样本均值对应的样本个数和被抽中的概率，如表 4-7 所示。

表 4-7　不同样本均值的样本个数及被抽中的概率汇总

重复抽样			不重复抽样		
样本均值 $\bar{x}$	样本个数	抽中概率	样本均值 $\bar{x}$	样本个数	抽中概率
1.0	1	1/25	1.5	1	1/10
1.5	2	2/25	2.0	1	1/10
2.0	3	3/25	2.5	2	2/10
2.5	4	4/25	3.0	2	2/10
3.0	5	5/25	3.5	2	2/10
3.5	4	4/25	4.0	1	1/10
4.0	3	3/25	4.5	1	1/10
4.5	2	2/25			
5.0	1	1/25			
合计	25	1.0	合计	10	1.0

将重复抽样和不重复抽样的样本均值的抽样分布用图形表示，可得到图 4-5 所示的结果。

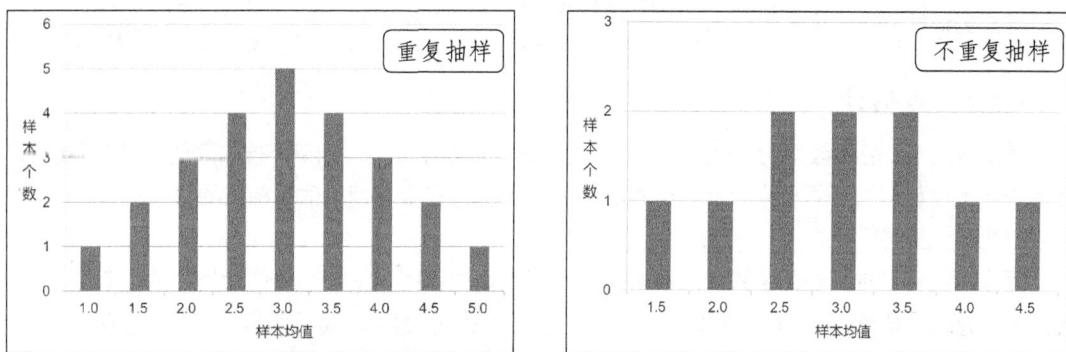

图 4-5　重复抽样和不重复抽样下样本均值的抽样分布

通常，样本均值的抽样分布形状与总体的分布有关，如果总体是正态分布，样本均值的抽样分布也服从正态分布。如果总体分布是非正态分布，当样本容量大于或等于 30 时，称该样本为大样本，此时无论总体的分布如何，其样本均值的抽样分布趋于服从正态分布，且有以下几个特点。

（1）所有样本均值的均值等于总体均值 μ。例如，在一个总体中抽取了 k 个样本，那么就会有 k 个样本均值，这 k 个样本均值的均值就等于总体均值 μ。

（2）在重复抽样的条件下，样本均值的方差和标准差的计算公式如下。

方差：$\sigma_{\bar{x}}^2 = \dfrac{\sigma^2}{n}$　　　　　　　标准差：$\sigma_{\bar{x}} = \dfrac{\sigma}{\sqrt{n}}$

（3）在不重复抽样的条件下，样本均值的方差和标准差的计算公式如下。

方差：$\sigma_{\bar{x}}^2 = \dfrac{\sigma^2}{n} \cdot \dfrac{N-n}{N-1}$　　　　　标准差：$\sigma_{\bar{x}} = \dfrac{\sigma}{\sqrt{n}} \sqrt{\dfrac{N-n}{N-1}}$

对于无限总体而言，不重复抽样的样本均值的方差可按重复抽样的样本均值的方差来处理；对于有限总体而言，如果 N 很大且 $\frac{n}{N}$ 很小时，修正系数 $\frac{N-n}{N-1}$ 会趋于 1，此时不重复抽样的样本均值也可按重复抽样的样本均值来处理。

2. 样本比例的抽样分布

将样本比例的全部可能取值与其出现的概率依次排列，便形成了样本比例的抽样分布。在实际工作中，我们经常用样本比例 P 推断总体比例 π。

假设总体中具有某种属性的单位数量为 N_1，不具有该种属性的单位数量为 N_0，则将具有某种属性的单位数量与全部单位数量之比称为总体比例，即 $\pi = \frac{N_1}{N}$；不具有该种属性的单位数量与全部单位数量之比则为 $1 - \pi = \frac{N_0}{N}$。

相应地，假设样本中具有某种属性的单位数量为 n_1，不具有该种属性的单位数量为 n_0，则将具有某种属性的单位数量与样本单位数量之比称为样本比例，即 $P = \frac{n_1}{n}$；不具有该种属性的单位数与样本单位数量之比则为 $1 - \pi = \frac{N_0}{N}$。

样本比例的抽样分布是指样本比例 P 的所有可能取值的概率分布。对于一个样本比例来说，当 $n \cdot P \geqslant 5$ 且 $n \cdot (1-P) \geqslant 5$ 时，就可以认为样本容量足够大，此时样本比例 P 的抽样分布近似于正态分布，那么，所有样本比例的平均值等于总体比例 π，其方差和标准差的计算公式分别如下。

重复抽样条件下的方差：$\sigma_P^2 = \dfrac{\pi(1-\pi)}{n}$ 　　标准差：$\sigma_P = \sqrt{\dfrac{\pi(1-\pi)}{n}}$

不重复抽样条件下的方差：$\sigma_P^2 = \dfrac{\pi(1-\pi)}{n} \cdot \dfrac{N-n}{N-1}$ 　　标准差：$\sigma_P = \sqrt{\dfrac{\pi(1-\pi)}{n}} \cdot \sqrt{\dfrac{N-n}{N-1}}$

4.4.2 点估计

通常情况下，总体数据无法全部得到，因此总体参数是未知的。相反，样本数据是可以得到的，样本统计量也可以被计算出来。计算样本的相关统计量，并用它们来估计相应的总体参数，是市场调查中的一个重要手段。

用样本统计量推断总体参数的方法有两种，即点估计和区间估计。点估计是用某一个样本统计量的值作为总体参数的估计值。例如，直接用样本均值 $\bar{x}$ 作为总体均值 μ 的估计值，直接用样本比例 P 作为总体比例 π 的估计值，直接用样本标准差 s 作为总体标准差 σ 的估计值等。

例如，某商业区对 1000 位在职白领每月支出水平的调查表明，这 1000 位在职白领每月支出水平的平均值是 1950 元，标准差是 562 元。按照点估计的方法，则可以用 1000 位在职白领每月支出水平的平均值 1950 元作为该商业区所有白领每月支出水平的平均值的估计值。

对同一个总体参数而言，可以存在多个不同的点估计值。因此，要想更好地估计总体参数，就需要选择更优质的点估计值。通常，这个更优质的点估计值来源于好的样本统计量，且该样本的统计量应具有无偏性、有效性和一致性等特征。

（1）无偏性。无偏性是指用来估计总体参数的样本统计量，其分布是以总体参数的真值为中心的，在一次具体的抽样估计中，估计值大于或小于总体参数，但在多次重复抽样估计的过程中，所有估计值的平均数应该等于待估计的总体参数。

（2）有效性。有效性是指在同一总体参数的两个无偏估计量中，方差越小的估计量对总体参数的估计越准确。

（3）一致性。一致性是指随着样本容量的增加，点估计值应越来越接近总体参数的真值，即一个大样本的估计量比一个小样本的估计量更接近总体参数的真值。

4.4.3　区间估计

点估计的优点是简单明了，缺点则是无法判断其可靠性，因此，实际工作中采用的抽样估计一般是区间估计。区间估计是指在给定置信度 $(1-\alpha)$ 的条件下，以点估计值为中心构建总体参数的一个估计区间（或置信区间）。它不同于点估计，不能确定总体参数的具体值，但可以确定有多大的概率（即置信度）能保证置信区间中包含总体参数。实际上，区间估计解决了两个问题：调查可以接受的最大误差是多少，对于抽样误差不大于允许误差有多大的把握。

1. 置信区间

置信区间即在一定置信度下总体参数的估计区间，区间中的最小值称为置信下限，最大值称为置信上限。置信区间可以表示为"点估计值 ± 边际误差"，如图 4-6 所示。

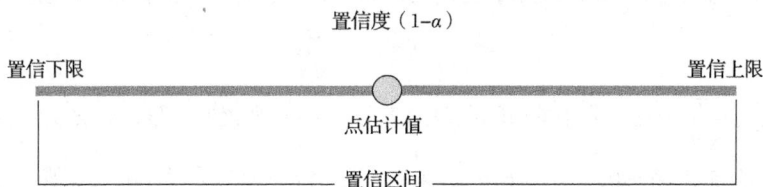

图 4-6　置信区间示意图

2. 边际误差

边际误差也称抽样极限误差或允许误差，是指在抽样估计时，根据分析对象的变异程度和具体要求确定的可允许的误差范围，它等于样本统计量可允许变动的置信上限或置信下限与总体参数之差的绝对值。决定边际误差大小的因素主要包括抽样标准差 $\sigma_{\bar{x}}$ 和抽样估计的置信度 $(1-\alpha)$。

（1）抽样标准差 $\sigma_{\bar{x}}$。

抽样标准差的大小主要受总体标准差、样本容量和抽样方法等因素的影响，其中总体标准差 σ 与抽样标准差 $\sigma_{\bar{x}}$ 成正比，样本容量 n 与抽样标准差 $\sigma_{\bar{x}}$ 成反比，重复抽样的标准差 $(\sigma_{\bar{x}} = \dfrac{\sigma}{\sqrt{n}})$ 大于不重复抽样的标准差 $(\sigma_{\bar{x}} = \dfrac{\sigma}{\sqrt{n}}\sqrt{\dfrac{N-n}{N-1}})$。

（2）抽样估计的置信度 $(1-\alpha)$。

其中，α 是事先确定的一个风险值，即置信区间不包含总体参数的真值的概率，$(1-\alpha)$ 则是置信区间包含总体参数的真值的概率。

估计的可靠程度与结果的准确程度成反比，也就是说，如果要求可靠程度高，则需要设定一个较大的置信度，以得到一个较大的边际误差和较大的置信区间，结果是降低了结果的准确程度。如果要求可靠程度低，则所设的置信度就小，边际误差和置信区间也相对变小，结果的准确程度会有所提高。

所以，在样本容量一定的情况下，需要在估计的可靠程度和结果的准确程度之间找到平衡。如果要同时保证较高的估计可靠程度和结果准确程度，最常见的方法就是增加样本容量。

3. 临界值与置信区间

正态分布的临界值为 $z_{\alpha/2}$，在给定的置信度下，$z_{\alpha/2}$ 的值可以通过查正态分布分位数表获取（见本书附录）。置信度越大，临界值越大；置信度越小，临界值越小。

总体均值的置信区间可表示如下

$$\bar{x} \pm z_{\alpha/2} \cdot \sigma_{\bar{x}}$$

或表示如下。

$$\bar{x} - z_{\alpha/2} \cdot \sigma_{\bar{x}} \leqslant \mu \leqslant \bar{x} + z_{\alpha/2} \cdot \sigma_{\bar{x}}$$

同理，总体比例的置信区间可表示如下

$$P \pm z_{\alpha/2} \cdot \sigma_P$$

或表示如下。

$$P - z_{\alpha/2} \cdot \sigma_P \leqslant \mu \leqslant P + z_{\alpha/2} \cdot \sigma_P$$

4. 总体均值的区间估计

当总体服从正态分布且已知总体方差 σ^2，或总体方差 σ^2 未知但样本为大样本时，样本均值 $\bar{x}$ 的抽样分布服从正态分布，其均值为 μ，方差为 $\dfrac{\sigma^2}{n}$。此时，总体均值 μ 的置信区间如下。

$$\bar{x} \pm z_{\alpha/2} \cdot \frac{\sigma}{\sqrt{n}}$$

上式中，$z_{\alpha/2} \cdot \dfrac{\sigma}{\sqrt{n}}$ 为抽样分布的边际误差；$\bar{x} - z_{\alpha/2} \cdot \dfrac{\sigma}{\sqrt{n}}$ 为置信下限，$\bar{x} + z_{\alpha/2} \cdot \dfrac{\sigma}{\sqrt{n}}$ 为置信上限。$z_{\alpha/2}$ 是标准正态分布上侧面积为 $\alpha/2$ 时的 z 值。对于给定的置信度对应的 $z_{\alpha/2}$ 值，除可以通过查正态分布分位数表获得，还可以通过 Excel 中的 NORMSINV 函数（返回标准正态累积分布函数的反函数）计算。常用的置信度及其对应的 $z_{\alpha/2}$ 值如表 4-8 所示。

表 4-8 常用的置信度及其对应的 $z_{\alpha/2}$ 值

置信度 $(1-\alpha)$	α	$z_{\alpha/2}$	$\bar{x} \pm z_{\alpha/2} \cdot \dfrac{\sigma}{\sqrt{n}}$ 在正态曲线下对应的面积
90%	0.1	1.645	90%
95%	0.05	1.96	95%
99%	0.01	2.58	99%

如果总体标准差 σ 未知，可用样本标准差 s 代替，则总体均值 μ 的置信区间如下。

$$\bar{x} \pm z_{\alpha/2} \cdot \frac{s}{\sqrt{n}}$$

若抽样方式为不重复抽样，则需要通过修正系数 $\dfrac{N-n}{N-1}$ 对样本标准差进行修正，此时总体均值 μ 的置信区间如下。

$$\bar{x} \pm z_{\alpha/2} \cdot \frac{s}{\sqrt{n}} \cdot \sqrt{\frac{N-n}{N-1}}$$

案例分析——估计学生方便面购买量的置信区间

某食品有限公司对当地在校大学生每月的方便面购买量进行了调查，样本容量为 100 位学生的调查结果为平均每位大学生每月的方便面购买量为 4.9 包，标准差为 3.5 包，若置信度为 95%，请你估计当地在校大学生平均每月的方便面购买量的置信区间。

分析： 此案例中 $n=100$，属于大样本，样本均值服从正态分布。总体标准差 σ 未知，用样本标准差 s 代替。其他已知条件包括 $\bar{x}=4.9$，$s=3.5$，置信度 $(1-\alpha)=95\%$，由表 2-8 可知，$z_{\alpha/2}=1.96$。则该案例的置信区间如下。

$$\bar{x}\pm z_{\alpha/2}\cdot\frac{s}{\sqrt{n}}=4.9\pm1.96\times\frac{3.5}{\sqrt{100}}\approx4.9\pm0.69=(4.21,\ 5.59)$$

也就是说，该地区在校大学生平均每月的方便面购买量的置信区间为（4.21，5.59），此结果的准确程度为 95%。

5. 总体比例的区间估计

前面提到，对于一个样本比例来说，当 $n\cdot P\geqslant5$ 且 $n\cdot(1-P)\geqslant5$ 时，就可以认为样本容量足够大，此时样本比例 P 的抽样分布就近似于正态分布。对于总体比例的区间估计，确定容量足够大的一般原则也是 $n\cdot P\geqslant5$ 且 $n\cdot(1-P)\geqslant5$。此时，样本比例的特征值也满足正态分布，样本比例 P 的均值等于总体比例 π；样本比例的抽样方差 σ_P^2 等于 $1/n$ 倍的总体方差，即 $\sigma_P^2=\dfrac{\pi(1-\pi)}{n}$。这样，就可以得到总体比例 π 在置信度为 $(1-\alpha)$ 时的置信区间，具体如下。

$$P\pm z_{\alpha/2}\cdot\sqrt{\frac{\pi(1-\pi)}{n}}$$

上式中 $z_{\alpha/2}\cdot\sqrt{\dfrac{\pi(1-\pi)}{n}}$ 为抽样估计的边际误差；$P-z_{\alpha/2}\cdot\sqrt{\dfrac{\pi(1-\pi)}{n}}$ 为置信下限，$P+z_{\alpha/2}\cdot\sqrt{\dfrac{\pi(1-\pi)}{n}}$ 为置信上限。$z_{\alpha/2}$ 是标准正态分布上侧面积为 $\alpha/2$ 时的 z 值。

若总体比例 π 未知，可用样本比例 P 代替，此时总体比例 π 在置信度为 $(1-\alpha)$ 时的置信区间如下。

$$P\pm z_{\alpha/2}\cdot\sqrt{\frac{P(1-P)}{n}}$$

若抽样方式为不重复抽样，则需要用到修正系数 $\dfrac{N-n}{N-1}$，此时总体比例 π 在 $(1-\alpha)$ 的置信水平下的置信区间如下。

$$P\pm z_{\alpha/2}\cdot\sqrt{\frac{P(1-P)}{n}}\cdot\sqrt{\frac{N-n}{N-1}}$$

案例分析——估计愿意将网络升级为 5G 网络的用户的比例

某通信集团对某市用户进行随机调查，询问其是否有意愿将网络升级为 5G 网络，随机调查的 50 位用户当中，有 30 位用户愿意对当前网络进行升级。请你估计该市用户中愿意升级为 5G 网络的用户占比，置信度为 95%。

分析： 此案例中，已知 $n=50$，$P=30\div50=0.6$，则 $n\cdot P=50\times0.6=30>5$，同时，$n\cdot(1-P)=50\times(1-0.6)=20>5$，所以该样本属于大样本，服从正态分布。置信度 $(1-\alpha)=95\%$，由表 4-8 得知，$z_{\alpha/2}=1.96$。总体比例 π 未知时可由样本比例 P 代替。因此该案例的置信区间如下。

$$P\pm z_{\alpha/2}\sqrt{\frac{P(1-P)}{n}}=0.6\pm1.96\times\sqrt{\frac{0.6\times(1-0.6)}{50}}\approx0.6\pm0.14=(0.46,\ 0.74)$$

也就是说，该地区有 46% ~ 74% 的用户愿意升级为 5G 网络，此结果的准确程度为 95%。

4.4.4 平均值估计的样本容量确定

在抽样调查时，如果样本容量过大，会造成人力、物力、财力及时间的浪费；如果样本容量过小，又会使样本缺乏代表性，增大估计误差。因此，科学合理地确定样本容量是非常有必要的。从公式计算的角度出发，总体标准差与样本容量成正比，置信度与样本容量成正比，允许误差与样本容量成反比。我们根据区间估计的相关知识可以发现，实际上区间估计是在确定样本容量的基础上，根据样本数据推算出总体参数的。因此，在置信度、允许误差、总体标准差已知或指定的情况下，我们就可以通过总体参数计算出样本容量。

在简单随机抽样的条件下，重复抽样时，平均值估计的样本容量的计算公式如下。

$$n = \frac{(z_{\alpha/2})^2 \cdot \sigma^2}{E^2}$$

不重复抽样时，平均值估计的样本容量的计算公式如下。

$$n = \frac{N \cdot (z_{\alpha/2})^2 \cdot \sigma^2}{N \cdot E^2 + (z_{\alpha/2})^2 \cdot \sigma^2}$$

其中，若总体方差 σ^2 未知，可用样本方差 s^2 代替。

总体标准差 σ 一般是未知的，所以在确定样本容量时，我们一般用样本标准差 s 作为它的估计值。但在确定样本容量时，因为在开展抽样调查之前，样本标准差也无法取得，所以有时要使用以前有关调查中所得的样本或总体的标准差来代替。

案例分析——分析飞机延误时间时需要抽样的班次数量

某航空公司想了解飞机延误时间，假设所有班次的飞机延误时间的标准差为 21 分钟，要求估计的误差不超过 5 分钟，置信度为 95%，试确定重复抽样应抽取的样本容量。若全年有 4800 次航班，在不重复抽样的条件下，又应该抽取多大的样本容量？

分析： 此案例中，已知 $\sigma=21$，$E=5$，由置信度 $(1-\alpha)=95\%$，可知 $z_{\alpha/2}=1.96$，则重复抽样需抽取的样本容量为：

$$n = \frac{(z_{\alpha/2})^2 \cdot \sigma^2}{E^2} = \frac{1.96^2 \times 21^2}{5^2} \approx 68$$

另外已知 $N=4800$，则不重复抽样需抽取的样本容量为：

$$n = \frac{N \cdot (z_{\alpha/2})^2 \cdot \sigma^2}{N \cdot E^2 + (z_{\alpha/2})^2 \cdot \sigma^2} = \frac{4800 \times 1.96^2 \times 21^2}{4800 \times 5^2 + 1.96^2 \times 21^2} \approx 67$$

实战演练——利用平均值估计确定产品抽查的样本容量

根据本节"情景导入"的内容，首先将 σ、E、$(1-\alpha)$、$z_{\alpha/2}$ 的数值填入表 4-9 中，然后分别计算出重复抽样和不重复抽样时的样本容量。要求列出公式，计算过程中按实际位数保留小数位数，最终结果四舍五入为整数。

表 4-9 记录相关数值

σ	E	$(1-\alpha)$	$z_{\alpha/2}$

重复抽样需抽取的样本容量：

不重复抽样需抽取的样本容量：

4.4.5　比例估计的样本容量确定

在简单随机抽样的条件下，重复抽样时，比例估计的样本容量的计算公式如下。

$$n = \frac{(z_{\alpha/2})^2 \cdot \pi(1-\pi)}{E^2}$$

不重复抽样时，比例估计的样本容量的计算公式如下。

$$n = \frac{N \cdot (z_{\alpha/2})^2 \cdot \pi(1-\pi)}{N \cdot E^2 + (z_{\alpha/2})^2 \cdot \pi(1-\pi)}$$

其中，若总体方差 $\pi(1-\pi)$ 未知，可用样本方差 $P(1-P)$ 代替。

案例分析——确定需要抽查的手机数量

某品牌手机的合格率为 92%，现需要对新进的一批产品进行检查，若要求边际误差不超过 5%，置信度为 99%，试确定重复抽样应该抽取的样本容量。若这批手机共有 4000 台，在不重复抽样的条件下，又应该抽取多大的样本容量？

分析： 此案例中，已知 $\pi=0.92$，$E=0.05$，由 $(1-\alpha)=99\%$，可知 $z_{\alpha/2}=2.58$，则重复抽样需抽取的样本容量为：

$$n = \frac{(z_{\alpha/2})^2 \cdot \pi(1-\pi)}{E^2} = \frac{2.58^2 \times 0.92 \times (1-0.92)}{0.05^2} \approx 196$$

另外还已知 $N=4\,000$，则不重复抽样需抽取的样本容量为：

$$n = \frac{N \cdot (z_{\alpha/2})^2 \cdot \pi(1-\pi)}{N \cdot E^2 + (z_{\alpha/2})^2 \cdot \pi(1-\pi)} = \frac{4000 \times 2.58^2 \times 0.92 \times (1-0.92)}{4000 \times 0.05^2 + 2.58^2 \times 0.92 \times (1-0.92)} \approx 187$$

实战演练——利用比例估计确定产品抽查的样本容量

根据本节"情景导入"的内容，假设这批产品有 200 件，根据以往的经验，该产品的不合格率约为 2%。要求在置信度为 95%，允许误差不超过 5% 的前提下，利用比例估计确定产品抽查的样本容量。首先将 π、E、$(1-\alpha)$、$z_{\alpha/2}$ 的数值填入表 4-10 中，然后分别计算重复抽样和不重复抽样时的样本容量。要求计算中列出公式，计算过程中按实际位数保留小数位数，最终结果舍入五入为整数。

表 4-10　记录相关数值

π	E	$(1-\alpha)$	$z_{\alpha/2}$

重复抽样需抽取的样本容量：

不重复抽样需抽取的样本容量：

4.5 项目实训——小区居民电费分析

4.5.1 实训背景

某机构欲对某小区居民每月电费支出进行抽样调查。该小区有 10 栋楼，每栋楼分为 10 层，每层有居民 12 户，居民共计 1200 户。为了快速获得抽样调查的结果，该机构拟定随机从该小区中抽取出 100 户居民的每月电费数据，希望在置信度为 95% 的条件下，估算出该小区所有居民每月电费的电费支出情况以及每月电费高于 80 元的居民户数比例。

4.5.2 实训思路

首先，根据调查要求，采用简单随机抽样方法抽取样本。在实际抽取样本前，应设计出实际抽取样本的方法。

其次，本次实训抽取的样本容量 100，属于大样本，可认为样本服从正态分布，因此可利用总体均值的区间估计和总体比例的区间估计进行操作。当数据量很大时，手动计算是非常复杂并且容易出错的，因此下面将结合 Excel 来完成区间估计的操作。

4.5.3 实训实施

（1）设计抽取 100 户居民的方法。首先编制该小区所有居民的名单并进行编号，然后使用随机数表法随机选择 100 户居民，然后到小区对这 100 户居民进行调查，获得相应的电费数据。根据该小区居民的分布情况，你还能想到什么抽取样本的方法？

_____

_____

_____

（2）假设现在获得了 100 户居民的每月电费数据（配套资源 :\ 素材文件 \ 第 4 章 \ 某小区每月电费抽样统计 .xlsx），接下来结合 Excel 进行区间估计的操作。

① 打开"某小区每月电费抽样统计 .xlsx"工作簿，在【数据】/【分析】组中单击"数据分析"按钮，打开"数据分析"对话框。

② 默认情况下，Excel 不会显示"数据分析"按钮，此时需要在 Excel 中选择【文件】/【选项】命令。

③ 打开"Excel 选项"对话框，单击"自定义功能区"选项卡，在"主选项卡"列表框中选中"开发工具"复选框，Excel 中将显示"开发工具"选项卡。

④ 在【开发工具】/【加载项】组中单击"Excel 加载项"按钮，打开"加载项"对话框后，选中"分析工具库"复选框，单击"确定"按钮，此时 Excel 就显示出【数据】/【分析】组中的"数据分析"按钮。

⑤ 在"数据分析"对话框中的"分析工具"列表框中选择"描述统计"选项，单击"确定"按钮，打开"描述统计"对话框，将输入区域指定为 A2:A101 单元格区域，选中"逐列"单选项，将输出区域指定为 C1 单元格，选中"汇总统计"复选框和"平均数置信度"复选框，将信度设置为"95%"。

⑥ 选中"第 K 大值"和"第 K 小值"复选框，单击"确定"按钮，得到区间估计统计结果，如图 4-7 所示。在下方的横线上写下 $\bar{x}$、s、n 这几个变量的数值。

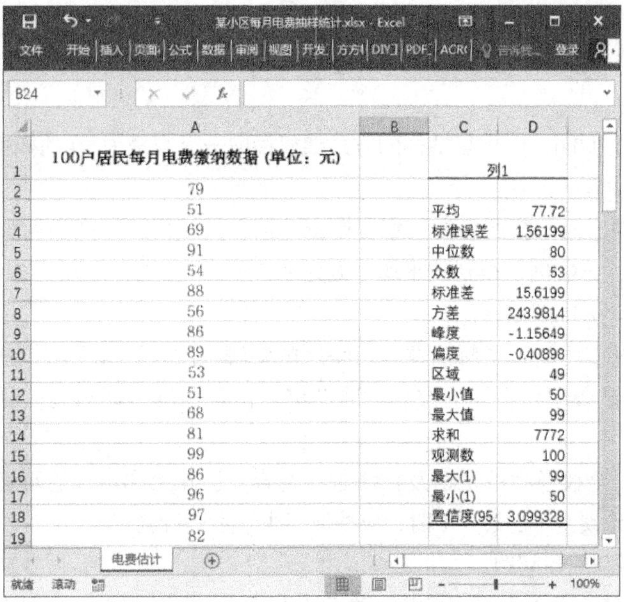

	A	B	C	D
1	100户居民每月电费缴纳数据（单位：元）		列1	
2	79			
3	51		平均	77.72
4	69		标准误差	1.56199
5	91		中位数	80
6	54		众数	53
7	88		标准差	15.6199
8	56		方差	243.9814
9	86		峰度	-1.15649
10	89		偏度	-0.40898
11	53		区域	49
12	51		最小值	50
13	68		最大值	99
14	81		求和	7772
15	99		观测数	100
16	86		最大(1)	99
17	96		最小(1)	50
18	97		置信度(95	3.099328
19	82			

图 4-7　区间估计统计结果

（3）完成总体均值的区间估计操作时，如果总体标准差 σ 未知，可用样本标准差 s 代替。通过正态分布分位数表查询 $z_{\alpha/2}$ 的数值，并将查询的结果填写在下方的横线上。

____

（4）得到相关变量的值后，利用总体均值的区间估计公式计算出总体均值置信区间的置信下限和置信上限，将结果填写在下方的横线上。

____

（5）分析总体比例的区间估计。若总体比例 π 未知，可用样本比例 P 代替。因此这里首先计算样本比例 P。选择 F6 单元格，在编辑栏中输入“=COUNTIF(A2:A101,">80")”，统计 A2:A101 单元格区域中数值大于 80 的单元格个数。

（6）在编辑栏中的公式后输入“/100”，按【Ctrl+Enter】组合键计算出每月电费支出大于 80 元的居民户数占 100 户居民的比例，即计算样本比例 P，并将计算结果填写在下方的横线上。

____

（7）利用比例的区间估计公式计算总体比例置信区间的置信下限和置信上限，并将结果填写在下方的横线上。

____

（8）结合上述分析和计算，对结果进行总结描述并填写在下方的横线上，然后将数据结果汇总到“某小区每月电费抽样统计 .xlsx”工作簿（配套资源 :\ 效果文件 \ 第 4 章 \ 某小区每月电费抽样统计 .xlsx）中。

____

4.6 课后习题

1. 简述简单随机抽样、系统抽样、分层抽样、整群抽样的原理及适用环境。

2. 总体参数与样本统计量各包含哪些参数？样本容量与样本个数又有什么区别？

3. 某总体的标准差为 14，以重复抽样的方式从中抽取一个容量为 30 的样本，则样本均值的方差和标准差各是多少？

4. 某总体的比例为 0.6，以重复抽样的方式随机抽取一个容量为 60 的样本，则样本比例的数学期望和标准差各是多少？

5. 某商家对新推出的一款产品做满意度调查，请客人试用后对产品评分（0 ～ 10 分），现随机抽取 120 名客人的评分数据，得到的平均分数为 8.1 分，评分的标准差为 2.4 分。试求在置信度为 95% 的情况下，客人评分的置信区间。

6. 某餐厅拟通过市场调查了解消费者对餐厅的知晓程度。该餐厅随机抽取了 200 名客人，其中有 148 人表示知道该餐厅和餐厅的位置，试以 95% 的置信度估计知道该餐厅的人数比例的置信区间。

7. 某外语大学对全校学生的法语及格率进行调查，已知上次调查的及格率为 89%，试确定在 95% 的置信度下，允许误差不超过 2% 时，应抽取多少学生进行调查。

8. 阅读以下材料并回答问题。

某墨西哥饭店的领导卡尔遇到了同其他许多小企业主一样的问题，他想在一个中小型社区经营一家墨西哥饭店，之前，他的饭店的经营效果确实不错，但 6 个月前，他注意到每周的平均顾客数量开始小幅下降，相应地，利润也受到了影响。他很重视这件事，在观察了一段时间后，他决定请当地大学的教授汤姆进行市场调查，以帮他解决利润下降的问题。汤姆教授领着一组学生开始了这项调查工作。卡尔向学生们讲述了饭店的历史，并提供了这段时期的所有财务数据。学生们问了卡尔很多有关当地饭店、行业趋势的问题，以及列举出了所有可能存在的周期性变化。卡尔做了很多事，因此大部分情况下，卡尔都能对小组的提问做出解答。不过，有一件事他没有做，就是调查他的顾客，以了解他的饭店和菜肴对顾客具有何种吸引力。根据了解到的信息，该小组确定了下列目标用来指导针对饭店的调查。

（1）在饭店的环境、服务、位置，饭菜质量和数量以及饭菜价格等方面确定这家墨西哥饭店最有吸引力的特色。

（2）评估顾客关于饭店的环境、服务、位置，饭菜质量和数量以及饭菜价格等方面的满意度。

（3）确定饭店的环境、服务、位置，饭菜质量和数量以及饭菜价格等方面对顾客选择墨西哥饭店的影响。

（4）确定顾客对于将来在这里就餐的倾向和最有可能的反应。

（5）根据地区和顾客人口统计量评估顾客在人口统计和地理方面的特征。

（6）挖掘结果的战略性含义。

该小组为实现这些目标选择了两步取样法。第一步是对饭店员工的取样，从中获得的信息有利于小组进行问卷设计，第二步是对一组随机挑选的饭店顾客进行问卷调查。

该小组在两个不同的星期天下午 5—7 点随机挑选顾客进行问卷调查，总共收到了 91 份有效答卷。该小组首先从总体上对数据进行了分析，接着使用 SPSS 对结果进行了交叉制表处理，以便分析具体的人口统计结果和地理方面的特征。然后该小组使用概率、交叉表和百分率对数据进行了系统分析，确定了基于人口统计和地理方面特征的调查对象的差异。最后该小组根据收集到的信息，制作了表 4-11 和表 4-12 所示的表格。

表 4-11　顾客对该饭店的评价

评分	百分率
优秀	80%
良好	10%
中等	5%
及格	4%
不及格	1%

表 4-12　顾客对该饭店提出的改善建议

项目	百分率
设置停车场	34.5%
改善饭店装饰	17.2%
增加饭菜分量	13.8%
增加儿童食品	10.3%
改善空气质量	6.9%
播放墨西哥音乐	17.3%

思考：试结合本案例，分析该市场抽样调查的具体程序及抽样调查的特点。

资料来源：娄红平，涂云海. 现代市场调查与预测. 北京：人民邮电出版社.

★ 管理工具推荐　● ● ● ●

1. 方方格子

方方格子是一款针对 Excel 推出的工具箱插件，安装方方格子后，Excel 中将显示"方方格子"选项卡。用户通过方方格子能够快速编制不重复的随机数表。其具体操作方法如下。选择生成随机数表的单元格区域，在【方方格子】/【数据分析】组中单击"随机重复"按钮，在打开的列表中选择"生成随机数"选项，打开图 4-8 所示的"生成随机数"对话框。在对话框中设置"最小数字""最大数字""精确单位"，取消选中"允许重复"复选框，单击"确定"按钮。另外，在生成随机数表后，在【方方格子】/【数据分析】组中单击"随机重复"按钮，在打开的列表中选择"随机抽取"选项，打开"随机抽取"对话框，如图 4-9 所示，设置抽取数据的选区和抽取个数后，可随机抽取所需的数字，快速完成样本的选择。

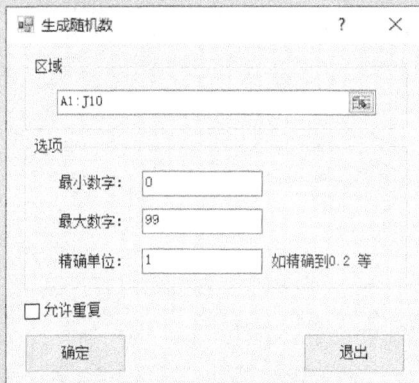

图 4-8　"生成随机数"对话框　　　　图 4-9　"随机抽取"对话框

2. 不同抽样方法样本容量计算公式汇总表

本章正文中只介绍了在应用简单随机抽样下，确定样本容量的原理和计算方法。实际上，在不同的抽样方法下，样本容量的计算公式是不同的，具体内容如表 4-13 所示。

表 4-13　不同抽样方法下样本容量的计算公式汇总

抽样方法		平均值估计	比例估计
简单随机抽样	重复抽样	$n = \dfrac{(z_{\alpha/2})^2 \cdot \sigma^2}{E^2}$	$n = \dfrac{(z_{\alpha/2})^2 \cdot \pi(1-\pi)}{E^2}$
	不重复抽样	$n = \dfrac{N \cdot (z_{\alpha/2})^2 \cdot \sigma^2}{N \cdot E^2 + (z_{\alpha/2})^2 \cdot \sigma^2}$	$n = \dfrac{N \cdot (z_{\alpha/2})^2 \cdot \pi(1-\pi)}{N \cdot E^2 + (z_{\alpha/2})^2 \cdot \pi(1-\pi)}$
系统抽样	按无关标志排序	$n = \dfrac{(z_{\alpha/2})^2 \cdot \sigma^2}{E^2}$	$n = \dfrac{(z_{\alpha/2})^2 \cdot \pi(1-\pi)}{E^2}$
	按有关标志排序	$n = \dfrac{(z_{\alpha/2})^2 \cdot \bar{\sigma}_i^2}{E^2}$	$n = \dfrac{N \cdot (z_{\alpha/2})^2 \cdot \overline{\pi_i(1-\pi_i)}}{N \cdot E^2 + (z_{\alpha/2})^2 \cdot \overline{\pi_i(1-\pi_i)}}$
分层抽样	重复抽样	$n = \dfrac{(z_{\alpha/2})^2 \cdot \bar{\sigma}_i^2}{E^2}$	$n = \dfrac{(z_{\alpha/2})^2 \cdot \pi(1-\pi)}{E^2}$
	不重复抽样 （分层比例抽样）	$n = \dfrac{N \cdot (z_{\alpha/2})^2 \cdot \bar{\sigma}_i^2}{N \cdot E^2 + (z_{\alpha/2})^2 \cdot \bar{\sigma}_i^2}$	$n = \dfrac{N \cdot (z_{\alpha/2})^2 \cdot \overline{\pi_i(1-\pi_i)}}{N \cdot E^2 + (z_{\alpha/2})^2 \cdot \overline{\pi_i(1-\pi_i)}}$
整群抽样	不重复抽样	$n = \dfrac{R \cdot (z_{\alpha/2})^2 \cdot \sigma_u^2}{N \cdot E^2 + (z_{\alpha/2})^2 \cdot \sigma_u^2}$	$n = \dfrac{N \cdot (z_{\alpha/2})^2 \cdot \sigma_\pi^2}{N \cdot E^2 + (z_{\alpha/2})^2 \cdot \sigma_\pi^2}$

第 **5** 章

市场调查方法

● **重要概念**

二手资料、原始资料、文案调查法、实地调查法、网络调查法

● **知识目标**

/ 掌握文案资料的收集步骤。
/ 掌握访问法、观察法、实验法和网络调查法的优缺点和具体运用。

● **能力目标**

/ 具备运用文案调查法收集市场信息的能力。
/ 具备利用不同的实地调查法实施市场调查的能力。
/ 具备组织网络调查的能力。

扫一扫

知识结构图

引导案例

楚汉酒店的经营之道

楚汉酒店坐落在南方某省会城市的繁华地段，是一家新建的投资几千万元的大酒店。开业初期，该酒店的生意很不景气。为了寻找症结所在，该酒店分别从该市的大中型企业、大专院校、机关团体、街道居民中邀请了 12 名代表参加座谈会，并走访东、西、南、北 4 个区的部分居民及外地游客。该酒店调查后发现酒店存在这些问题：酒店没有停车场，顾客来往很不方便；居民及游客对酒店的知晓率很低，也就谈不上满意度；大部分居民不清楚该酒店相较于其他酒店所具有的经营特色。为此，该酒店做出了兴建停车场，投放电视广告，开展公益及社区赞助活动，提供多样化服务等决策，以突出酒店经营特色、满足顾客需求。决策实施后，酒店的生意日渐红火起来。

【思考】

（1）楚汉酒店采用了什么调查方法？

（2）楚汉酒店所做调查的成功之处在哪里？有何借鉴意义？

5.1 文案调查法

情景导入

张雷虽然掌握了市场调查的组织方式，对抽样的各个环节也有了一些心得。但对于如何获取市场调查所需的资料，他还是有些摸不着头脑。面对张雷的困惑，主管进行了解答。

他告诉张雷，全面调查和非全面调查是企业展开市场调查的组织方式。要完成具体的调查任务，获取所需资料，还得借助文案调查法、实地调查法、网络调查法等方法。而为了简化调查工作，企业的市场调查工作通常始于文案调查。

5.1.1 文案调查法的特点

文案调查法又称二手资料调查法、间接调查法或室内研究法。它是指利用企业内部和外部现有的各种信息、情报，如市场行情、国民经济发展情况等，对调查内容进行分析研究的一种调查方法。使用文案调查法收集到的资料叫作二手资料，是指一些调查人员根据特定的调查目的收集整理好的各种现成资料，又称次级资料。

视频

文案调查法
（二手资料调查法）

调查必须选用科学的方法，调查方法恰当与否，对调查结果影响很大。各种调查方法既有利也有弊，调查人员只有了解了各种方法，才能正确地选择和应用。根据市场调查的实践经验，通常，文案调查法是进行市场调查的首选方法，它能提供实地调查无法或较难取得的各方面的宏观资料，便于进一步组织和开展实地调查。

与其他调查方法相比，文案调查法具有以下优点。

（1）不受时空的限制。从时间上看，通过使用文案调查法，调查人员不仅可以掌握前沿资料，还可以获取历史资料。从空间上看，调查人员利用文案调查法既能对企业内部资料进行收集，也能对如有关人口、政策经济、技术文化、消费结构、居民收入等方面的企业外部资料进行收集。

（2）获取成本低。文案资料获取比较方便，调查人员通过政府相关部门、市场研究机构、企业、图书馆、网络即可获得，且获取成本低。尤其是在互联网时代，很多政府部门、市场研究机构和企业都有自己的官方网站。调查人员坐在办公室里，通过互联网即可浏览、收集大量的文案资料。

（3）灵活性强。文案调查法操作起来比较便利，具有较强的灵活性，可用于经常性的调查，使调查人员能随时根据需要收集、整理和分析各种资料。

文案调查法的缺点主要体现在以下几个方面。

（1）信息存在一定的滞后性。随着知识更新速度的加快，调查活动的节奏也越来越快，文案资料的适用时间明显缩短，因此，通常情况下只有反映最新情况的资料才是有价值的资料。而文案调查法获得的资料是其他部门、机构或企业花费一定时间编撰的，存在一定的滞后性，因此现实中正在发生变化的新情况、新问题可能难以得到及时反映。

（2）文案资料和调查问题不能很好地吻合。文案资料虽然丰富，但会存在遗漏，或者调查人员的操作可能出现问题，导致收集到的数据很难与当前调查的问题相吻合，使得信息的相关性和准确性大打折扣，例如，调查人员想要查找国内空调的销售数据，却只能找到国内空调厂的生产数据。

（3）对调查人员的专业性要求较高。文案资料的获取渠道不同，其呈现形式也不同，这就要求调查人员具有较扎实的理论知识、较熟练的专业技能，能够很好地收集、辨别、筛选和分析文案资料，从中找出自己需要的内容。

5.1.2　文案资料的来源

调查人员使用文案调查法时应围绕调查目的，收集一切可以利用的现有资料。总体来说，文案资料的来源包括企业内部资料和企业外部资料。

1. 企业内部资料

企业内部资料是指企业在生产和营销活动中所记录的各种形式的资料，包括业务资料、统计资料、财务资料、生产技术资料和企业积累的其他资料等。

（1）业务资料。业务资料是指与企业业务往来相关的各种资料，如订货单、进货单、发货单、合同文本、销售记录、业务员访问记录等。通过对业务资料的了解和分析，调查人员可以掌握企业所生产和经营的产品的供应情况、销售情况及消费者的需求变化情况等。

（2）统计资料。统计资料包括企业在生产、销售、储存过程中产生的各类统计报表和统计分析资料。通过对统计资料的了解和分析，调查人员可以初步掌握企业运营活动的数量特征及规律。

（3）财务资料。财务资料是指由企业财务部门提供的各种财务、会计核算和分析资料，包括生产成本、销售成本、各种产品的价格及经营利润等。通过对财务资料的了解和分析，调查人员可以掌握企业的发展背景，考核企业的经济效益，为企业以后的运营决策提供财务方面的依据。

（4）生产技术资料。生产技术资料包括产品设计图纸及说明书、技术文件、实验数据、新产品的开发文件等。通过了解和分析生产技术资料，调查人员可以掌握企业的生产技术水平、产品设计能力等信息。

（5）企业积累的其他资料。企业积累的其他资料包括各种调查报告、经验总结、同行竞争对手的分析资料、消费者的信息反馈等。这些资料对企业开展市场调查有一定的参考作用。例如，根据消费者对企业运营、产品质量和售后服务的意见和建议，企业可以对如何改进产品和服务加以研究。

2. 企业外部资料

企业外部资料是指除企业以外的机构记录或收集的资料。在现代社会，随着互联网的普及，文案资料的收集变得更加快速简单，企业外部资料的来源也愈加丰富。除了传统的图书馆，政府部门，行业组织，新闻媒体、会议、国际组织、外国使馆与商会等资料来源渠道之外，互联网及其他渠道也是企业收集文案资料的重要渠道。

（1）图书馆。在我国，不仅大中城市都建有公共图书馆，一些科研院校和高等院校也建有专业图书馆，这些图书馆集中了各种文献资料。许多出版的书籍、杂志、报纸、光盘等一般都能在图书馆中找到。

（2）政府部门。政府部门有自己的统计调查机构，每年都会提供大量的数据资料。这些数据资料不仅具有权威性，而且综合性强、辐射面广。例如，国家统计局和各级地方统计部门定期发布的统计公报、定期出版的各类统计年鉴等，各级政府部门公布的有关市场的政策法规，以及执法部门公开的有关经济案例等都是政府部门提供的数据资料。

（3）行业组织。各行业组织、联合会或行业管理机构通常会通过内部刊物发布各种资料，包括行业法规、市场信息、行业情报等，这些资料对调查人员了解行业发展现状和发展趋势具有十分重要的参考价值。例如，中国汽车工业协会发布的汽车供求数据、房地产行业协会发布的房地产供求数据等。

（4）新闻媒体。电视、广播、报纸和杂志等新闻媒体发布的信息也是重要的资料。例如，CCTV-2 的经济信息栏目会发布国内外最新经济信息，《经济日报》《中国商报》《第一财经日报》等报纸会刊载一些市场调查报告及一些产品的市场供求分析文章等。

（5）会议。国内外各种博览会、展销会、交易会、订货会及各种具有专业性、学术性的研讨会、交流会、论坛都会发放大量的文件和材料，如新技术、新设备、新材料等生产供应方面的信息，或有关企业的产品目录、价格单、经销商名单、年度报告等。

（6）国际组织、外国使馆与商会。各种国际组织，如世界贸易组织（WTO）、国际贸易中心（ITC）、世界粮食计划署（WFP）、国际货币基金组织（IMF）、联合国贸易和发展会议（UNCTAD）等，以及有的外国使馆与商会等也会定期或不定期地发布各种国际市场信息，这为调查人员了解国际市场情况提供了渠道。

（7）互联网。互联网的发展和普及使文案资料的收集工作变得十分容易。过去，调查人员要收集所需资料需要耗费大量的时间，四处奔走。如今，调查人员坐在计算机前，通过互联网，利用网站和搜索引擎就可以快速地查到所需信息，并且很多信息都可以免费获取。例如，从网上获取有关行业的法律法规的全文、一篇关于某企业的详细报道、某机构对汽车能源行业的最新调研报告等。

与传统资料的收集渠道相比，互联网信息容量大，内容覆盖面广，信息获取成本低，调查人员足不出户就可以收集到世界各地各个方面的资料，使文案资料的收集时间有效缩短，从而提高了资料收集的时效性。因此，互联网成了如今收集文案资料的主要渠道。

（8）其他渠道。其他资料收集渠道包括各研究机构、高等院校发表的学术论文和调研报告等。

5.1.3　文案资料的收集步骤

运用文案调查法的关键在于文案资料的收集。收集到的文案资料的可靠程度决定了文案调查法使用效果的好坏。文案资料的收集一般包括以下步骤。

1. 确定资料需求

调查人员在运用文案调查法时，首先应根据调查的目的确定企业所需要的资料，以免调查方向出现偏差。

2. 查询可能的资料来源

确定了企业所需资料后，接下来调查人员需要列出各种资料的可能来源。例如，人口数据的来源可以是公安部门的户籍登记数据，也可以是国家统计局的人口普查数据；行业数据既可以来自相关行业协会，又可以来自网络搜索。

3. 搜寻并获得有关资料

在确定资料的可能来源后，调查人员便可据此搜寻资料。搜寻资料的过程中，调查人员要对资料的内容、质量、使用条件等有初步的了解，以确定该资料是否满足调查目的。之后，调查人员便可通过免费索取、资源下载、信息交换或购买等方式获得有关资料。

4. 评估资料

调查人员在获得完整的资料后，需要进一步对资料的全部内容和质量进行评估，以确保资料的可靠性。评估资料时，主要可以从如下两方面进行。

（1）准确性。调查人员首先可以通过资料收集渠道评估资料的准确性，一般而言，来自政府统计部门、专业市场调研机构、知名企业、大型网站的资料的可信度要高一些。其次，在实际的资料收集过程中，调查人员可能从多个来源获得多份二手资料。理想的情况是，这些二手资料在相同的研究项目中提供的数据相同、接近或区别不大。但事实上，二手资料之间缺乏一致性是经常发生的，因为调查时间、方法、对象等的不同会直接导致调查结果的不同。如果数据差异较大，调查人员应探究造成差异的各种可能因素，并判断哪份资料的准确性更高。

（2）相关性。资料的相关性是指资料与调查主题相关，并在时间、范围等各方面符合调查的要求。例如，某企业产品针对的是当地月收入为 5000～8000 元的消费者群体，那么，按 3000～5000 元、5001～7000 元、7001～9000 元分组的二手资料明显优于按低于 5000 元或高于 8000 元分组的二手资料；要了解某城市 2020 年的交通状况，2015 年的数据显然不太适合，因为在几年时间内，城市的交通规划往往会有很大的变化；对旅游景点冬季游客的调查不能反映夏季游客的旅游动机和兴趣等。

5. 整理资料

调查人员评估资料后，应剔除与调查无关的和不完整、不准确的资料。当各种资料之间存在中断、互补或互斥等各种关系时，调查人员应利用自己的学识、能力或通过请教专业人员对资料加以补充、调整或筛选。之后，调查人员便可以将整理好的资料存储起来，因为很多文案资料可供长期使用。

5.2 实地调查法

情景导入

在市场调查中，张雷想：既然要收集二手资料，可能也会要求收集一手资料？果然不久之后，主管便让他协助同事小陈到街头访问行人，以了解某产品的购买和使用情况。

张雷到街头访问行人，就是市场调查中获取一手资料的常用方法——实地调查法。当二手资料不够完整、可靠，无法为企业最终决策提供支持时，企业往往会通过实地调查法来获得所需的一手资料。

5.2.1 访问法

访问法又称采访法、询问法，它是指调查人员通过口头、电话或书面等方式向被调查人员了解情况，以取得原始资料的一种调查方法。访问法是收集原始资料时比较传统、常用的方法之一。原始资料也称一手资料，是指没有被别人收集，尚未整理简化的信息，或别人已经收集过但调查人员无法获取到的信息。

视 频
访问法及其分类

采用访问法进行市场调查时，调查人员一般会向被调查者发放调查问卷，询问各种涉及被调查者的行为、意向、态度和动机等方面的问题。根据调查人员与被调查者接触方式的不同，访问法可以分为入户访问法、街头拦截访问法、焦点访谈法、电话访问法和邮寄访问法等不同方法。

1. 入户访问法

入户访问是指调查人员按照调查要求，到被调查者家中，依据问卷或调查提纲对被调查者进行面对面的直接访问的一种方法。

在市场调查实践中，入户访问法曾被认为是最佳的访问方式之一，因为对于被调查者来说，其可以在一个自己感到熟悉、舒适、安全的环境里轻松地接受访谈；对于调查人员来说，其既可以使用图片、表格、产品的样本等来激发被调查者的兴趣，也可以灵活地决定提问的顺序、及时补充内容，以弥补事先考虑的不周，并能对复杂的问题进行解释，从而加快访问速度和提高访问质量；重要的是，调查人员通过面对面的访问能够直接得到反馈信息，同时，调查人员可以通过直接观察被调查者的态度来判断资料的真实性。

视 频
入户访问法的操作
步骤

但是，入户访问也存在明显的局限性。

（1）成本较高。入户访问会涉及高额的交通费和礼品费，而且当被调查者不在家时，调查人员需要花费时间联络被调查者或重新寻找其他合格的被调查者，这无疑增加了时间和人力成本。对于大规模的、复杂的市场调查来说，情况会更加严重。

（2）对调查人员的素质要求较高。调查人员的语言表达能力、人际交往能力、责任感和价值观等都会影响调查的质量。被调查者往往会根据调查人员的形象、诚意及行为等决定自己是否给予支持和配合。

视 频
入户访问法的特点

（3）拒访率较高。随着生活节奏的加快、观念的更新，特别是人们的隐私意识、安全意识的加强，被调查者拒访的现象时常发生。

正是由于入户访问的成本较高，拒访率较高，在市场调查中，入户访问法使用得越来越少。取而代之的是，大多数的人员访问改在了购物中心、休闲广场等场所进行。

2. 街头拦截访问法

街头拦截访问是指在固定场所（如交通路口、车站、生活小区、写字楼、购物中心等）拦截被调查者，对其进行面对面的访问。作为入户访问的替代方式，街头拦截访问是一种十分流行的实地调查方法。

视 频
街头拦截访问法

（1）街头拦截访问法的优缺点。

街头拦截访问法的优点主要体现在以下几个方面：一是调查费用低，被调查者是直接出现在调查人员面前的，因此调查人员可将大部分时间用于访问并可缩短行程时间及节省交通费用等；二是调查效率较高，即使当前的被调查者拒绝访问，调查人员也可以很快找到下一个被调查者；三是访问完成度高，在公开场所，被调查者没有过于强烈的隐私意识，一旦其接受访问便可配合调查人员完成整个访问；四是便于监控调查效果，街头拦截访问通常在提前选好的地点进行，方便督导人员监控访问现场，以保证调查效果。

街头拦截访问法的缺点主要体现在以下几个方面：一是拒访率较高，因为行人或购物者一般比较匆忙，所以他们拒绝接受访问的概率较高，并且他们有很多理由来拒绝接受访问；二是调查结果的精确度可能很低，由于街头拦截访问是在某一固定地点进行的，所调查的样本是使用非概率抽样方法抽取的，调查对象出现在调查地点具有偶然性，所以样本可能缺乏代表性，从而会影响调查结果的精确度；三是事后回访较困难，因为多数被调查者不愿意将真实的个人信息留给调查人员，所以事后回访比较困难。

总体来讲，街头拦截访问法的调查费用低、调查效率高，但调查的样本可能缺乏代表性，并且被调查者一般有其他事情要做，不可能有太多的时间接受访问，因此街头拦截访问的时间一般不能超过 15 分钟，同时调查内容最好不要涉及个人隐私方面的问题，因为人们通常不会在公开场合回答较私密的问题。

（2）街头拦截访问法的应用方式。

街头拦截访问法有两种应用方式：一种是由调查人员事先选定地点，按一定程序或要求（如每隔几分钟拦截一位行人或只拦截男性购物者等）选取调查对象，征得其同意后，在现场依照问卷进行访问；另一种是由调查人员事先选定若干地点，然后按一定程序或要求选取调查对象，征得其同意后，带其到附近的访谈室或厅堂进行访问。

（3）街头拦截访问法的运用技巧。

在使用街头拦截访问法进行调查的各个环节中，调查人员可采用如下技巧实施调查。

① 准备调查问卷。在调查之前，调查人员可根据调查目的设计一份详细、完整的调查问卷，并按照计划的调查人数确定问卷数量。当然，调查人员也可以根据问题复杂性或调查要求，确定是否准备调查问卷。

② 选择调查地点。为了使调查样本更具有代表性，调查地点一般选在人流量大、环境舒适的商业场所或娱乐场所。此外，调查人员还可根据调查目的来选择调查地点，如要了解广告效果，可选择在户外广告牌前进行拦截访问；要了解消费者的购买行为，可选择在购物中心内（外）进行拦截访问等。如有必要，选定调查地点后，调查人员还需布置场地，打扫场地卫生、设立等候区等。

③ 选择调查对象。在这个环节中，调查人员要有足够的耐心，通过运用自己所具备的知识、经验和职业素养，根据过往行人的言行、举止、穿着、大致年龄等要素选定符合调查要求的对象。同时，调查人员可以选择那些行走缓慢、手中提有少量物品的行人或在休息区休息的人作为调查对象。

④ 拦截调查对象。调查人员在拦截调查对象时态度要诚恳，语言要温和且具有一定说服力，如"女士 / 先生，您好！可以打扰您一下吗？我是某公司的市场调查访问员，这是我的证件！耽误您几分钟时间，问您几个问题，可以吗？"同时为了保证随机性，调查人员应该按照一定的程序和要求进行拦截。例如，每隔几分钟拦截一位，或每隔几位行人拦截一位等。

拓展知识

调查人员在向被调查者提问时，应注意提问规范并采用一定的提问技巧，以避免访问中断，影响调查结果的质量，或给被调查者留下不好的印象。扫描右侧二维码，即可了解提问技巧的相关知识。

扫一扫

提问技巧

⑤ 访问调查对象。征得调查对象的同意后，即可在现场按照问卷内容进行简短的访问调查。

⑥ 向调查对象致谢。访问完后，调查人员不要匆忙离开，应彬彬有礼地向调查对象表示感谢并与其告别。

实战演练——计算机品牌的使用率和好评度调查

以调查工作小组为单位，利用周末时间，选择学校、购物中心、美食城、公交车站等场所作为调查地点。每组要求对 100 位调查对象进行访问。访问内容为被调查者正在使用的计算机的品牌和其对各计算机品牌的好评度（要求至少列出 8 个计算机品牌以供被调查者选择）。最后将计算机品牌使用率排在前三名的计算机品牌、使用人数及比例，计算机品牌好评度排在前三名的计算机品牌名称、好评人数及比例填写在表 5-1 中。

表 5-1　计算机品牌的使用率和好评度调查表

计算机品牌	使用人数及比例	计算机品牌	好评人数及比例

价值引导

不管是在学习中，还是实际工作中，调查人员在对被调查者进行访问时，都要有礼貌，保持一定的职业素养。尤其是当代大学毕业生，刚开始工作时压力较大，有时候可能会心浮气躁，但是要注意不能将不良情绪带入调查实践或工作中，即使在访问中被拒绝，也要礼貌地说："对不起，打扰您了。"这种良好的心态和职业素养对个人的职业发展来说是有益的，能够帮助个人更健康地成长，也能为身边的同学、朋友树立榜样，并帮助个人取得更大的成就。

3. 焦点访谈法

焦点访谈法又称小组座谈法，指采取小型座谈会的形式，挑选一组具有代表性的被调查者，就某个专题问题进行讨论，从而获得对有关问题的深入了解。焦点访谈法的特点是不单独访问每个被调查者，而是同时访问若干个被调查者，即通过与若干个被调查者的集体座谈来了解市场信息。一般，使用焦点访谈法的一个小组的人数在 8 ～ 12 人为宜，座谈时间一般为 1.5 ～ 3 个小时。

视　频

焦点访谈法
（小组座谈法）

经典理论

自从 1941 年罗伯特·蒙顿（Robert Merton）和保罗·拉扎斯费尔德（Paul F.Lazarsfeld）在美国进行了全世界第一次"小组座谈会"后，焦点访谈法就逐渐受到市场调查（乃至社会调查）人员的推崇。焦点访谈法的实施过程已经高度专业化和程序化，焦点访谈法是进行定性调查研究时最重要的方式之一。这种方法的价值在于调查人员常常可以从自由进行的小组讨论中得到一些意想不到的发现。

（1）焦点访谈法的应用及目的。

通过焦点访谈法获得的资料一般是定性资料，因而焦点访谈法常用于收集被调查者在行为、动机、态度、感觉以及需求等方面的信息，有助于企业对目标市场有一个初步的了解。焦点访谈法可以在进行大规模定量调查之前的准备工作中运用。如果要进一步获取相关市场问题的定量信息，调查人员通常需在焦点访谈之后再进行大样本调查。因为通过焦点访谈，调查人员会找到某个问题的相关影响因素；而通过大样本调查，调查人员会找到某个影响因素在定量方面的影响程度。例如，某件产品的单价降低 10 元，运用焦点访谈法得到的定性结果是会吸引更多的消费者前来购买此产品，而通过大样本调查可获得定量信息，如产品单价降低 10 元后，增加的消费者的人数比例大约是多少，是增加了 10%，还是增加了 20% 等，由此，调查人员可分析产品降价能够提升多大销量，获得多大利润。

概括地讲，运用焦点访谈法可以实现以下几个目的。

① 理解消费者对某类产品的认识、偏好与行为。

② 了解消费者对一些全新的产品概念、形象的反应。

③ 产生关于旧产品的新观点。

④ 为广告提出有创意的概念和文案素材。

⑤ 获得有关价格的印象。

⑥ 得到有助于构思调查问卷的信息。

⑦ 提出可以定量检验的假设。

⑧ 解释定量调查的结果。

（2）焦点访谈法的优缺点。

焦点访谈法的优点主要体现在以下几个方面。

① 能够快速完成资料收集，效率高。

② 参与者能够畅所欲言，参与者之间的互动讨论能够为调查人员提供新见解并促进其进行深入的思考，使其获得的资料较为广泛和深入。

③ 方式灵活。在焦点访谈的过程中，调查人员可根据参与者的意见不断完善或更新调查主题。

④ 可以科学监测。相关监管人员可以观看座谈情况，获得一手资料，并且可以录制访谈过程，便于事后分析。

焦点访谈法的缺点主要体现在以下几个方面。

① 对主持人的要求较高，调查结果的质量在很大程度上取决于主持人的主持水平。

② 群体动态可能会抑制一些参与者的活跃度，或出现座谈会由某个参与者主导的情况。

③ 参与者的评论是开放的，会以各种形式被众人解读，因此回答结果散乱，后期对资料进行分析和说明有一定困难。

④ 受访谈时间的限制，调查人员有时很难与参与者进行进一步的深入、细致的交流。若有些问题涉及隐私，也不宜在会上做过多讨论。

⑤ 参与者可能不具有代表性，讨论带有主观性，其结论的适用范围有限，不能用作定量分析。

（3）焦点访谈法的应用步骤。

焦点访谈法的详细应用步骤如下。

① 明确访谈目的。调查人员在实施焦点访谈前必须明确访谈目的，并且会议的主题应该简明，以便在调查过程中做到有的放矢。

② 拟订访谈提纲。访谈提纲一般包括以下内容：介绍要讨论的所有问题并合理安排问题的讨论顺序；建立小组访谈的规则并就如何进行讨论加以说明；主持人鼓励参与者进行深入讨论的策略和技巧等。

③ 甄选参与者。焦点访谈的参与者一般都要经过甄选，参与者需满足某些条件，这些条件包括年龄、性别、职业、是否使用过某产品及使用该产品的频率等。并且调查人员需要对参与者分组，

一般以某个参数是否同质为标准（如年龄相仿、职业相近等），同质同组。此外，焦点访谈的参与者一般由企业雇佣参与访谈，企业应向参与者支付一定的报酬，这样也可以提高参与者的积极性。

④ 选择主持人。焦点访谈是主持人与参与者相互影响的过程，要想取得预期的效果，主持人的选择将起到关键性作用。主持人一般可由训练有素的调研专家担任。主持人的主要职责包括与参与者建立友好的关系；说明座谈会的规则；告知参与者调研的目的并根据讨论的发展灵活变通；探寻参与者的意见，鼓励他们围绕主题进行热烈讨论；总结参与者的意见，评判参与者对各种结果的认同程度和分歧等。

⑤ 确定访谈时间、场所与布置现场。在确定了参与者和主持人后，即可确定焦点访谈的时间和场所。在正式实施焦点访谈前还需要布置现场，如"广告效果座谈"需要投影仪和屏幕；"概念测试"需要制作概念板；"口味测试"需要准备试品、苏打水、笔、纸等。另外，要把参与者的名字写在桌牌上，预先将桌牌放置妥当。这样做首先可以使参与者按设定的次序就座，大大方便了数据的记录和整理；其次，主持人在座谈过程中能够直接称呼参与者，有利于促进双方沟通关系的建立，方便主持人开展主持工作。

⑥ 实施焦点访谈。在参与者到来后，由主持人组织大家进行自我介绍，并将座谈会的目的、活动的规则清楚地告知参与者。在组织大家对问题展开讨论时，主持人应做好以下3个方面的工作：把握座谈会的主题，避免讨论偏离主题；做好小组成员之间的协调工作，避免冷场、小组中某个成员主导座谈会等情况，引导所有参与者畅所欲言；做好访谈记录，在讨论完问题后，可简要概括一下讨论的结果。

⑦ 结束后的整理、分析。首先将记录与录音、录像进行对比，检查记录是否准确、完整，并回顾座谈会的整体情况，分析座谈会的进程是否正常、会上反映的情况是否真实可靠、观点是否具有代表性，并对讨论结果做出评价；然后根据需要做必要的补充调查，对会上反映的一些关键事实和重要数据进一步查证核实；最后在整理、分析、补充资料的基础上编写焦点访谈报告，报告内容包括调查的目的、讨论的主要问题、形成的讨论结果和提出的建议等。

4. 电话访问法

电话访问法是指调查人员通过电话从被调查人员那里获取信息的一种调查方法。

（1）电话访问的优缺点。

电话访问的优点主要体现在以下几个方面。

① 费用较低，效率较高。与其他访问法相比，电话访问法省去了交通费、印刷费等费用，调查人员能及时收集被调查者的答案，效率较高。

② 调查的对象及区域广泛，可以对任何有电话的单位和个人进行调查。调查人员运用电话访问法可以访问到不易接触到的对象，例如，有些被调查者拒绝陌生人入户访问，但有可能接受短暂的电话访问。

电话访问法的缺点主要体现在以下几个方面。

① 受通话时间的限制，电话访问的调查内容不能过于复杂，最好可以在简单的问答中完成访问，因此电话访问的调查深度不及其他调查方法。

② 双方缺乏面对面的交流，因而很难判断所获信息的准确性和有效性等。

③ 访问的成功率较低。例如，随机拨打的电话号码可能是空号，被调查者可能不在或者正忙不能接电话，被调查者拒接陌生号码打来的电话或不愿意接受调查等。

（2）电话访问法的运用方式。

电话访问法的运用方式主要有两种：传统电话访问和计算机辅助电话访问。

视 频
电话访问法

传统电话访问是指调查人员使用电话，按照调查设计所规定的随机拨号方法拨打电话号码，当电话接通时按照准备好的问卷和调查的要求筛选被调查者，然后对照问卷向合格的被调查者进行逐题提问，并及时迅速地将回答记录下来。

计算机辅助电话访问（Computer Assisted Telephone Interview，CATI）是指调查人员坐在计算机旁边，由计算机系统随机拨号，当被调查者接通电话后，问题和选项立即出现在计算机屏幕上。调查人员根据屏幕提示进行提问，并将被调查者的答案直接录入计算机。在访谈过程中，计算机可以随时显示整个调查的进展情况，统计分析也可以在调查的任何阶段进行。与传统电话访问相比，计算机辅助电话访问具有以下优点：①缩短了访谈时间；②因为计算机可以对输入的数据进行即时检查，提高了数据的质量；③省去了问卷编码和将问卷输入计算机的步骤；④能够及时提供数据收集和分析的结果。

拓展知识

> 电话访问中，被调查者无法通过调查人员的姿态、行为等直接观察到调查人员的态度，所以电话访问礼仪将对被调查者是否接受调查产生一定影响。扫描右侧二维码即可了解电话访问礼仪的相关内容。

扫一扫

电话访问礼仪

（3）电话访问法的适用性。

当被调查者分散在各个地区时，电话访问法为调查人员提供了一种可行的调查途径。就目前而言，电话访问法替代了很多对消费态度和使用产品研究的面对面的人员访问法，被广泛应用于被调查者（包括消费者）试用产品后的意见调查，或用于定期了解消费者产品使用心理和使用行为的市场跟踪方面的研究。总体来讲，当被调查者接受过个人访问后，电话访问被更多地认为是回收调查信息的一种有效方法。

5. 邮寄访问法

邮寄访问法是由调查人员将事先设计好的调查问卷邮寄给被调查者，由被调查者根据要求填写后寄回的一种调查方法。邮寄访问的优点是成本低，调查范围可以很广泛，并且被调查者不受调查人员的主观引导，可以获得较真实的资料。但在实施过程中，低返回率是邮寄访问法出现的最严重的问题之一。如果调查前，调查人员没有与被调查者建立联系，问卷的返回率通常不超过 10%，并且问卷返回的时间较长，影响了调查的时效性。

视 频

邮寄访问法

邮寄访问法常被与汽车、电影、科技等有关的杂志用于了解读者的需求特点和市场信息。这些参与调查的被调查者一般都对调查主题抱有极大的兴趣，并且调查样本较小，在地理位置上是分散的。因为低返回率使调查的结果缺乏可信度，因此邮寄访问法很少用于产品使用等方面的市场调查。同时，在调查实践中，随问卷附上回寄信封和邮票、附加物质奖励（如给予一定的中奖机会、赠送一些购物优惠券、享受会员待遇等），以及问卷发出后，寄明信片、拨打跟踪电话等都是提高问卷返回率的有效方法。

5.2.2 观察法

观察法是指调查人员在现场通过自己的感官（如眼、耳）或借助影像摄录器材，直接或间接地观察和记录被调查者正在进行的行为或活动，以获取原始资料的一种调查方法。

视 频

观察法

1. 观察法的类型

观察法可以分为不同的类型，调查人员可以根据不同的情况，采取不同的观察方法。

（1）直接观察和间接观察。

直接观察是指调查人员直接观察被调查者的行为、活动，并将其记录下来的调查方法。直接观察的效果与人类感官的灵敏程度相关，具有简单、直接、受客观条件限制较少，可以随时随地进行等优点。

间接观察是指调查人员通过对与被调查者相关联的自然物品、社会环境、行为痕迹等进行观察，以了解被调查者的状况和特征的调查方法。例如，调查人员通过对住宅小区内停放的车辆的观察，了解该小区居民的生活水平等。

拓展知识

　　所谓的"垃圾学"是指调查人员通过对家庭垃圾的观察与记录来收集家庭消费资料的调查方法。扫描右侧二维码即可了解"垃圾学"的更多内容。

扫一扫

间接观察的典型应用
——"垃圾学"

案例分析——运用观察法改进产品质量

　　某皮鞋制造商生产的皮鞋销量不好，又没有改进经验，于是该皮鞋制造商安排相关人员每天到飞机场附近的商场给旅客擦皮鞋，让他们在擦皮鞋过程中仔细观察旅行者皮鞋的品牌、质地、皮革质量，以及皮鞋的缝制技术等。很快该皮鞋制造商掌握了名牌皮鞋的制造技术和标准，提高了其生产的皮鞋的质量，最终使其生产的皮鞋成为畅销产品。

　　分析：为了改进产品质量，直接观察法无疑是非常便捷、有效的调查方法之一。通过直接接触同类优质产品，调查人员可以从生产原材料、制造技术等方面为产品质量的提高提供建议。

（2）参与性观察与非参与性观察。

参与性观察是指调查人员直接加入被调查群体，以内部成员的角色参与他们的各种活动，在共同生活的过程中进行观察、收集与分析有关的资料。调查人员通过隐瞒自己的真实身份，较长时间置身于被调查群体之中，能更快、更直接地获得信息。

非参与性观察是指调查人员以旁观者的身份，置身于被调查群体之外进行观察、记录所发生的市场行为，以获取所需的信息。在非参与性观察中，调查人员作为一名旁观者，得到的观察结果可信度高，但是调查人员不能了解到被调查者的内心世界，不能获取深入、细致的调查资料。

（3）公开观察和非公开观察。

公开观察是指被调查者知道自己正在被观察的一种观察类型。通常情况下，调查人员的公开出现将影响被调查者的行为，他们可能会表现出与平常不一样的行为特征。

非公开观察是指在被调查者不知道调查人员存在的情形下进行的观察，观察结果相对更真实。

（4）结构式观察和非结构式观察。

结构式观察是指调查人员事先制定好观察的范围、内容和实施计划的观察类型。由于观察过程标准化，通过该方法，调查人员能够得到比较系统的观察材料供分析和研究使用。

非结构式观察是指对观察的范围、内容和计划事先不做严格的限定，根据现场的实际情况随机确定观察内容的观察类型。非结构式观察主要适用于探测性调查，得到的观察资料不系统、不规范，受调查人员个人因素的影响较大。

拓展知识

神秘顾客调查法是观察法在实际市场调查中应用得非常广泛的一种形式。扫描右侧二维码，即可查看神秘顾客调查法的定义、优缺点和适用范围等内容。

扫一扫

神秘顾客调查法

（5）人员观察和机器观察。

人员观察是指调查人员直接到现场观察调查对象。观察时，调查人员并不进行人为干预，只是记录在自然环境（如商店）或实验环境（如研究设施）中发生的事。

机器观察是指利用机器观察调查对象。在特定的环境中，机器观察比人员观察更客观、精确，更容易完成任务。

案例分析——运用观察法确定广告播出时间

某广告公司为了确定广告的播出时间，经用户同意，在 1200 个家庭的电视上安装了电子记录器。这些电子记录器与公司总部相连，当用户观看电视时，公司就能把其所看的频道和节目记录下来，然后再对这些资料加以汇总、分析，这样就可以了解用户在什么时间喜欢观看什么频道和节目，从而确定广告播出的黄金时间。

分析： 机器观察的效率高，获得的数据丰富、真实、可靠。从以上案例也可看出，观察法能够了解用户喜欢什么频道和节目，但无法了解用户喜欢这些频道和节目的原因。因此，观察法常需要配合访问法一起使用，从而进行深入、细致的调查。

2. 观察法的优缺点

观察法的优点如下：①简便易行，灵活性较强，可随时随地进行调查；②能避免语言或人际交流中产生的误解和干扰，所观察到的信息客观准确、真实可靠；③可以实际观察和记录现场发生的情况，通过影像录制等手段，还可以如实地反映或记录现场的特殊环境和事实，这是其他调查方法不能比拟的。

观察法的缺点如下：①只能记录发生的过程，无法了解发生的原因等；②花费时间较长，费用较高。实施观察法时，调查人员常会受到调查时间、空间和费用的限制，所以它只适用于小范围的调查。

3. 观察法的应用

观察法在市场调查中的应用主要体现在以下几个方面。

（1）产品资源观察。观察产品的生产状况，判断产品资源数量，进而总结出市场产品供求数量的报告。

（2）营业状况观察。观察营业现场的产品陈列、橱窗布置、产品价格的变动、促销活动等情况，了解并判断企业的管理水平、产品供求状况、成交情况，从而提出相应的改进建议。

（3）顾客行为观察。观察营业现场顾客购物的偏好、顾客对产品价格的反应、顾客对产品性能的评价以及顾客对产品的选择等，了解顾客的构成，营业员接待顾客的服务方式、接待频率以及成交率等重要市场资料，从而掌握吸引顾客的最佳服务方式，改进产品经营结构。

（4）流量观察。观察某区域行人流量、非机动车流量、机动车流量、道路特征等，从而评定、分析该地域的商业价值和交通情况。

4. 减少观察误差的方法

观察法对调查人员的综合素质提出了较高的要求，调查人员除了要具备丰富的市场营销知识和熟练的操作技能、敏锐的观察力、必要的心理学理论外，还要遵循良好的道德规范。在观察时，调查人员的素质不同，观察的结果也不同。为减少观察误差，调查人员应注意以下4个方面的内容。

（1）进行观察时不应带有任何看法或偏见。

（2）应注意选择合适的调查时间和地点，以及具有代表性的调查对象。

（3）在观察过程中，应尽量随时做出较为详细的记录。

（4）除了在实验室等特定的环境下和在借助各种机器进行观察时，其他时刻调查人员应尽量使观察环境保持平常、自然的状态，同时要注意保护调查对象的隐私。

实战演练——当一回"神秘顾客"

利用空闲时间当一回"神秘顾客"，到附近的零售商店、超市等购物场所观察营业员的整体服务水平，看看能发现什么问题，并在观察一段时间后总结观察结论，然后针对问题提出改进建议，最后将结果填入表5-2中。注意，观察记录的内容要详细，把一切细节都记录下来，最好当场记录观察内容。如果观察场所不适宜当场记录，可使用关键字或特殊符号（如印象好的打√，反之打 ×）进行简单标记，或者离开观察场所后立即追记。另外，观察记录的内容要客观公正，调查只用于实战演练，不用对调查对象进行反馈，否则会对调查对象造成不好的影响。

表5-2 "神秘顾客"观察记录表

观察场所：＿＿＿＿＿＿＿＿＿＿

观察项目	第一次观察记录	第二次观察记录	第三次观察记录
店内卫生、装饰环境如何？			
等多久才被营业员服务？			
有多少位营业员跟你打招呼？			
营业员的工作态度如何？			
营业员的服务态度如何？			
营业员的行为举止怎样？			
营业员的业务能力如何？			
观察结论与建议			

5.2.3　实验法

实验法是指在市场调查中，调查人员通过改变某些因素（自变量）来测试此改变对其他因素（因变量）的影响，是通过实验对比分析来收集市场信息的一种调查方法。因此，实验法是因果关系调查中常用的一种方法，实施实验法的时间成本和费用成本较高，但通过实验，研究者可以更有把握地判断变量之间的因果关系。实验法常用于测试各种广告、促销方法的效果，研究产品的品牌、名称、颜色、价格、包装、陈列位置等因素对产品销售量的影响等。

根据是否设置对照组或对照组的多少，调查人员可以设计出多种实验方案。常用的实验方案包括单一实验组前后对比实验、实验组与对照组对比实验和实验组与对照组前后对比实验。

1. 单一实验组前后对比实验

单一实验组前后对比实验是指选择若干实验对象作为实验组，对实验对象进行实验活动的前后情况进行对比，并得出实验结论。在市场调查中，调查人员经常采用这种简单易行的实验方法。

视　频
实验法的实施步骤

视　频
单一实验组前后
对比实验

案例分析——单一实验组前后对比实验的应用

某糖果厂为了提高其糖果的销量，计划改变旧包装，并为此设计了新包装。为检验新包装的效果，以决定在未来是否推广新包装。该糖果厂选取了 A、B、C、D 共 4 种糖果作为实验对象，对这 4 种糖果的包装改变前后一个月的销量进行了统计对比，得到的实验结果见表 5-3。

表 5-3　单一实验组前后对比　　　　　　　　　　　单位：千袋

糖果品种	实验前销量（Y_0）	实验后销量（Y_n）	实验结果（Y_n-Y_0）
A	25	30	5
B	30	36	6
C	38	42	4
D	42	47	5
合计	135	155	20

分析： 实验结果表明，4 种糖果改换包装后，销量均有了不同程度的增加，总销量增加了 20 千袋。由此可以得出，改变糖果包装以增加销量的方案是可行的。但应注意，市场现象可能受很多因素的影响，糖果销量的增加，不一定是改变包装引起的，消费者喜好发生了变化或竞争对手产品价格提高等因素都可能对该糖果厂的糖果销量产生影响。因此，只有在实验者能有效排除非实验变量的影响，或其影响可忽略不计的情况下，通过此种方法得到的实验结果才能充分成立。

---

2. 实验组与对照组对比实验

实验组与对照组对比实验是指选择若干实验对象作为实验组，同时选择与实验对象相同或相似的实验对象作为对照组，并使实验组与对照组处于相同的实验环境中。然后，实验者只对实验组进行实验，而不对对照组进行实验，根据实验组与对照组的差异得出结论的调查方法。

视　频
实验组与对照组
对比实验

案例分析——实验组与对照组对比实验的应用

仍然以糖果厂改变产品包装为例，该糖果厂决定采用实验组与对照组对比实验来观察改变产品包装后销量的变化。该糖果厂初步选定了 4 家条件相近的超市，其中甲、乙超市为实验组，销售采用新包装的糖果，丙、丁超市为对照组（丙为甲的对照组，丁为乙的对照组），仍销售采用原包装的糖果，实验期为一个月。实验结果如表 5-4 所示。

表 5-4　实验组与对照组对比　　　　　　　　　　　　　　　　　　单位：千袋

超市	销量（Y_n）	超市	销量（Y_0）	实验结果（$Y_n - Y_0$）
甲	16	丙	11	5
乙	20	丁	16	4
合计	36	合计	27	9

分析： 实验结果表明，采用新包装后，糖果的销量增加了 9 千袋，因此，改变包装的方案是有效的。但是，这种实验方法仍然存在弊端，销量增加可能是改变产品包装和其他非实验变量共同引起的。因而，只有在其他非实验变量不变的情况下，即甲、乙超市和丙、丁超市的规模、地理位置、管理水平、营销渠道等条件大致相等时，实验结果才具有较高的准确性。而且，这种方法无法反映实验前后，非实验变量对产品销量的影响。

3. 实验组与对照组前后对比实验

实验组与对照组前后对比实验是指对实验组和对照组都进行实验，再对实验组与对照组的实验效果进行对比，然后根据对比结果得出实验结论的调查方法。这种方法吸收了前两种方法的优点，也弥补了前两种方法的不足，但这种方法的应用条件比较复杂，实验者要根据市场的实际情况适当选择设计。

视　频
实验组与对照组
前后对比实验

案例分析——实验组与对照组前后对比实验的应用

仍以糖果厂改变产品包装为例，厂家分别选择了两家各方面条件相似且具有代表性的超市作为实验组和对照组，实验期为两个月，前一个月两个超市销售的糖果均为原包装糖果，后一个月，实验组改为销售新包装糖果，对照组仍销售原包装的糖果。实验结果如表 5-5 所示。

表 5-5　实验组与对照组前后对比　　　　　　　　　　　　　　　　单位：千袋

试验单位	前一个月	后一个月	销售量的变动	实验结果
实验组	28（Y_0）	35（Y_n）	7（$Y_n - Y_0$）	$(Y_n - Y_0) - (X_n - X_0) = 4$
对照组	27（X_0）	30（X_n）	3（$X_n - X_0$）	

分析： 实验结果表明，在前一个月，两家超市的糖果销量分别为 28 千袋和 27 千袋。后一个月，实验组改为销售新包装糖果，销量增加了 7 千袋，这包含实验变量和非实验变量两方面的影响，对照组销售的虽是旧包装糖果，但销量增加了 3 千袋，这是非实验变量引起的。实验结果为改变包装后增加了 4 千袋的销量，是减去了受非实验变量影响的销量得到的，因而反映的是实验变量对销量的影响。因此，我们依据上述分析得出结论：改换产品包装以增加销量的方案是有效的。

5.3　网络调查法

情景导入

　　调查人员进行市场调查离不开互联网的帮助。现代社会，人们的学习、生活、工作都会涉及互联网，借助互联网，人们可以购买服装、鞋包、美食、玩具、家具、学习资料等几乎所有物品，还可以观看在线视频，以及与朋友、同事实时交流。对于张雷而言，互联网更是重要的市场调查工具，通过互联网张雷不仅能收集大量的二手资料，也能收集许多一手资料。

5.3.1　网络调查法的特点

　　网络调查法是指在互联网上针对调查问题进行调查设计、收集资料并进行分析的调查方法。与传统的调查方法相比，网络调查法的优势体现在以下 6 个方面。

　　（1）成本低。网络调查法与多数传统调查方法相比，可以节省开支，如资料印刷费、调查人员的交通费等。

　　（2）便捷。网络调查法不受地域限制，只要是网络覆盖的地方，都可以开展调查，且调查人员可全天候进行调查，被调查者也可自行决定填写问卷的时间。该方法较大程度地解除了时间对调查的制约，使用起来非常便利。

　　（3）速度快。由于网络传播信息的速度非常快，调查问卷的发送与回收速度也相当快，并且计算机具有高速处理数据的能力，调查人员很快便可以得到所需资料。

　　（4）个性化。通过应用计算机的多媒体技术，调查人员可以进行个性化的问卷设计，如在问卷中展示图片、动画、声音、视频等多媒体资料。这样既能辅助调查人员解释调查问题，又能提升被调查者回答问题的兴趣，使被调查者在填写问卷的过程中不会感到枯燥。

　　（5）互动性强。这主要体现在两个方面，一是交互式的问卷设计，如"自动跳答"，即根据被调查者回答问题的情况或已有的结果动态调整后续问卷的问题内容；二是被调查者可以通过在线留言区就问卷相关问题提出自己的看法和建议，从而减少因问卷设计不合理而出现的调查结论偏差。

　　（6）隐匿性好。网络调查可以使被调查者免受调查人员的影响，在相对从容和轻松的气氛下接受调查，在面对涉及个人隐私等的问题时，被调者也能坦诚作答。因此被调查者的回答更加真实，从而保证了调查结果的准确性。

　　网络调查法除了具备上述诸多优势外，同样也存在局限。

　　（1）样本缺少代表性。网络调查只能在那些已联网的用户中进行，虽然我国网络普及率较高，但网络用户分布不平均，经济发达地区的网络用户数量明显高于经济欠发达地区，而且目前我国的网络用户结构呈现低龄化的态势，因而调查对象所代表的群体有限，导致当调查总体包括非网络用户或非低龄用户时，调查结果可能出现较大的偏差。如针对"我国网络媒体满意度"的主题进行网络调查是可行的；而针对"城镇居民的收入水平"的主题进行网络调查就有欠妥当，因为城镇居民的范围很广，并不只局限于网络用户。

　　（2）问卷反馈率可能很低。导致网络调查问卷反馈率低的原因较多，例如，被调查者对调查主题不感兴趣；因问卷质量不高而不愿意作答；因缺乏人与人之间的情感交流或嫌麻烦而拒答；因担心个人信息被滥用，不愿在问卷中透露个人信息或直接放弃填写问卷。

5.3.2　网络调查的方法

网络调查主要包括 3 种具体的方法，即网上问卷调查法、网上讨论法和网上观察法。

1. 网上问卷调查法

网上问卷调查法是应用得非常普遍的一种网络调查法。根据调查人员在网上发布问卷所采用的不同方式，网上问卷调查可以分为"主动式"调查和"被动式"调查。

"主动式"调查是指调查人员通过电子邮箱、QQ 或微信等网络通信软件向被调查者发送问卷，邀请被调查者填写问卷并提交问卷。"被动式"调查是指调查人员将问卷分享到 QQ 空间、微信公众号、微博、今日头条等社交媒体上，或将问卷嵌入网站（如企业的官方网站），等待访问者浏览时自愿填写问卷。将问卷嵌入网站是专业的调查网站常采用的一种方式，这些调查网站会发布大量的其他企业委托其设计的问卷，用户在该网站注册会员后，即可填写和提交问卷。为了吸引更多的用户，这些调查网站通常会给予填写问卷的用户一定的报酬。

2. 网上讨论法

网上讨论法可通过多种途径实现，如论坛、网络通信工具、网络实时交谈、网络会议等。主持人在相应的讨论组中发布调查项目，请调查对象参与讨论，发布各自的观点和意见，或是将分散在不同地域的调查对象通过网络会议组织起来，引导调查对象进行讨论。网上讨论法是焦点访谈法在互联网上的应用。讨论的结果需要主持人加以分析和总结，且该方法对信息收集和数据处理的模式设计要求很高，应用的难度较大。

3. 网上观察法

网上观察法主要是利用网络技术或相关软件记录网络用户的活动。例如，利用 Cookie 技术跟踪网络用户的上网行为，以了解网络用户在网上的消费行为，包括网络用户所浏览的网页、点击的广告、进入的链接、停留的时间、关注的产品等信息，这样能得知用户消费心理和消费需求等更多相关信息。

案例分析——某公司利用网络调查"投石问路"

某公司计划投放新的广告，但原广告已使用多年，因此该公司不能确定全面推广新广告后，用户的接受度如何。经过商议，该公司决定做一次市场调查。于是该公司开始小范围地在几家视频网站上投放新广告，以测试新广告是否受欢迎。过了一段时间，该公司发现，新广告的播放量和传播效果很好。同时，该公司查看了用户的留言，并根据一些好的反馈意见，对广告内容进行了微调。新广告全面推广后，果然受到了大众的普遍欢迎，由此进一步提高了该公司的知名度。

分析： 由于互联网具有信息传播速度快的特性，调查人员通过网络调查能够很快地获得所需信息。同时，网络调查的互动性也能够为调查人员获取更多调查信息提供诸多帮助。

5.3.3　提高网络调查质量的方法

与传统的调查方法相比，网络调查具有无时间和地域的限制、成本较低、收集信息的速度快、效率高等巨大优势。但网络调查同样可能面临样本代表性差、问卷反馈率低、样本小等问题，难以保证调查结果的可靠性。因此，保证网络调查的客观性和可靠性，提高网络调查质量，是多数企业在进行网络调查时需要重视的问题。提高网络调查质量可以从以下 5 个方面入手。

（1）问卷设计。问卷的质量会对被调查者考虑是否填写问卷产生一定的影响。通常，调查人员设计的问卷不可过长或过于复杂，以免被调查者没有足够的耐心填写，或导致有歧义、错误的回答。同时，有趣、新颖、内容形式丰富的问卷通常更有吸引力。

（2）参与体验。如今的网络用户十分注重网络体验，如果在参与调查的过程中，调查页面翻页、加载图片时速度缓慢，可能导致其中途放弃。因此问卷设计者应尽量保证被调查者的参与体验。同时，问卷设计者还可对调查页面的外观进行设计，包括对字体、颜色、排版等的设置，如采用非白色的调查网页背景，对网络用户会更有吸引力。

（3）辅助说明。精心设计的调查问卷简介和说明可以提高网络调查的反馈率，例如，填写并提交问卷可获得红包奖励或有机会中大奖等文字信息。

（4）个人隐私保护。在网络调查中，调查人员要注意避免让被调查者感到个人隐私被侵犯，或泄露被调查者的个人隐私。

（5）过滤无效样本。调查人员应根据具体的调查问题选取有效的指标，如年龄、性别、学历、职业、职务、地区等作为特征标志，通过特征标志将调查中代表性较差的样本过滤出去。

5.4　项目实训——大学生手机市场模拟调查

5.4.1　实训背景

在第 3 章的项目实训中，同学们围绕"了解大学生的手机使用、购买情况"的调查目的，设计了大学生手机市场调查问卷。本次实训将以同学们成立的调查工作小组为单位，依据大学生手机市场调查问卷，通过实施焦点访谈，对大学生手机市场作一次市场调查。

5.4.2　实训思路

大学生手机市场调查，以大学生作为调查对象具有代表性，为便宜行事，从实际出发，可在本校抽选在校大学生实施焦点访谈。

此次焦点访谈围绕"了解大学生的手机使用、购买情况"的调查目的，就大学生手机市场调查问卷中的问题进行讨论，从而较深入地了解大学生使用手机的类型、偏好等，最后调查工作小组的团队协作做出定性的调查结论。

5.4.3　实训实施

（1）在明确了以上调查目的和要讨论的问题后，确定参与人员的标准和数量，同时为提高样本代表性和广泛性，可从各专业的大一至大四年级中按照一定比例邀请受访人员，且男女比例相当。为提高焦点访谈参与者的积极性，也可向其提供一定的奖励，如赠送笔记本、书籍等。

扫一扫

调查结论示例

（2）经过调查小组商议，选择此次焦点访谈的主持人，并结合专业学习，进行必要的事先训练，保证此次调查的顺利实施。

（3）确定访谈时间和场地，并向与会人员发出通知。

（4）在正式实施访谈前，对访谈场所进行简单的布置，准备好纸、笔等用品。如有条件，可增设录音、摄像等设备。

（5）正式实施访谈。在访谈过程中，可增设一名记录员，与主持人共同完成资料记录，以确保资料的完整、公正。

（6）调查小组共同整理、分析调查资料，并形成最终的定性调查结论。

5.5 课后习题

1. 为什么文案调查法在市场调查中常常是首选的调查方法？

2. 为什么说现在入户访问的开展越来越有难度？

3. 网络调查法有哪些局限？如何提高网络调查法的调查质量？

4. 利用街头拦截访问法，调查网购用户对在淘宝网上购物的满意度。

5. 选择学校附近的一家超市，选取几类最近有新品上市的产品，观察各类新品一周内的销售情况，并做好记录。

6. 某食品厂为了解改变面包配方后消费者的态度，计划通过实验法进行调查，其该如何设计实验方案？

7. 阅读以下材料并回答问题。

有一家玩具工厂为了选择出一个畅销的玩具娃娃样式，先设计出了 10 种样式的玩具娃娃，放在一间屋子里，然后每次邀请一位小朋友进去玩，通过小朋友的选择来决定生产那种样式的玩具娃娃。为了使所获信息更加真实、可靠，调查人员通常会在小朋友进去后便关上门，然后通过录像设备观察小朋友玩玩具娃娃的过程。如此经过对 300 个孩子的调查，该玩具工厂最终决定了生产哪种样式的玩具娃娃。

思考：这家玩具工厂采用了哪种方法做市场调查；这种方法有哪些特点，它所取得的调查结果是否完全可靠。

★ 管理工具推荐

1. 专业权威信息网站

（1）中国金融信息网。

中国金融信息网由新华社主管、中国经济信息社主办，是配合新华财经金融信息平台项目打造的国家级专业财经网站，定位为建设中国财经金融信息领域的权威发布和服务平台。中国金融信息网有中国、国际、人民币、绿金、金融科技、债券、银行、期货等频道，全面覆盖宏观、中观及微观经济层面的内容，实时发布权威财经新闻与金融信息。

（2）中国互联网络信息中心。

中国互联网络信息中心（China Internet Network Information Center）旨在构建全球领先、服务高效、安全稳定的互联网基础资源服务平台，提供多层次、多模式的公益的互联网基础资源服务，负责开展中国互联网络发展状况等多项互联网络统计调查工作，描绘中国互联网的宏观发展状况，发布中国互联网统计信息。在"互联网发展研究"板块下含有大量数据报告，内容涵盖电子商务、网游、网络媒体、移动互联网等领域。

（3）中国统计信息网。

中国统计信息网由国家统计局主办。该网站汇集了全国各级政府各年度的国民经济和社会发展统计信息，是以统计公报为主，统计年鉴、人口普查、农业普查、经济普查等为辅的多元化统计信息资料库。

2. 免费综合性报告网站

各种综合性的专业数据网站公布了一些免费的数据报告，访问这些网站并搜索需要的关键词即可快速查看报告资料，获得调研结果。常见的免费综合性报告网站有 199IT- 互联网数据资讯网、艾瑞网、艾媒网、易观智库等，各网站的研究方向如表 5-6 所示。

表 5-6　免费综合性报告网站及其研究方向

网站	研究方向
199IT- 互联网数据资讯网	互联网数据研究、互联网数据调研、IT 数据分析、互联网咨询数据
艾瑞网	互联网相关领域的数据研究、数据调研、数据分析、互联网咨询数据等互联网研究及报告
艾媒网	专注于新经济领域的数据挖掘和数据报告分析，涵盖房地产、IT 互联网、金融、人工智能、新零售、游戏、音乐、教育、VR、网络安全等领域
易观智库	利用大数据分析技术为企业提供数字用户画像、竞争分析等服务

3. 观察卡片

观察卡片是观察法的常用记录工具。观察卡片的结构与调查问卷的结构基本相同。在制作观察卡片时，调查人员首先根据待观察内容列出所有项目，合理编排；然后通过小规模的观察来检验观察卡片的针对性、合理性和有效性，并进行适当调整；最后，定稿付印。表 5-7 所示为某品牌液晶电视机价格观察卡片，表 5-8 所示为某商场电饭煲陈列情况观察卡片。

表 5-7　某品牌液晶电视机价格观察卡片

观察地点：_____

观察人员：_____

观察时间：_____年_____月_____日至_____年_____月_____日

型号	价格变动情况		
	第一次观察	第二次观察	第三次观察

表 5-8　某商场电饭煲陈列情况观察卡片

观察地点：_____

观察人员：_____

观察时间：_____年_____月_____日至_____年_____月_____日

品牌	陈列位置	顾客评价

4. 网络爬虫工具

网络爬虫工具是一种按照一定的规则自动抓取互联网信息的程序或脚本。使用网络爬虫工具可以自动采集所有其能够访问的网站页面的内容，以获取或更新这些网站的内容和检索方式。所有被网络爬虫工具抓取的页面都会被系统存储，然后对其进行分析与过滤，最后建立索引，以便查询和检索。网络爬虫工具适合在需要收集诸如同类产品信息、岗位招聘信息、新闻等大量网络信息时使用。目前常用的网络爬虫工具有 Import、造数、八爪鱼等。

八爪鱼是一款使用简单、功能强大的网络爬虫工具，无须编写代码，完全可视化操作，支持对任意网络数据的抓取。扫描右侧二维码，可查看使用八爪鱼采集数据的方法和步骤。

扫一扫

使用八爪鱼采集数据的方法和步骤

第**6**章

市场调查资料处理

- **重要概念**

  资料审核、分组标志、资料编码、统计表、统计图

- **知识目标**

  / 熟悉市场调查资料处理的一般程序。
  / 掌握市场调查资料处理各环节的主要内容和操作方法。

- **能力目标**

  / 能够进行资料回收、审核、分组、编码与数据录入等工作。
  / 具备根据调查汇总资料绘制统计图表的能力。

扫一扫

知识结构图

📋 引导案例

购物中心数据处理

某购物中心的管理人员需要了解顾客的满意程度，为此他组织了一次市场调查，希望通过比较顾客的年龄、收入和来购物中心的次数，找出不同人群的购物特征，最后，该管理人员共回收了 1 000 多份问卷。在仔细看了许多问卷后，该管理人员发现很多问题的答案五花八门，虽然他急着想将这些问卷分类，并对问卷结果进行手动计算，但一个人整理这些问卷并记录下正确的数据需要花很长时间。

他应该怎样整理这些信息呢？最原始的办法是阅读所有的问卷，记下数据，并从中得出结论，这显然是非常耗费时间和精力的。

【思考】

专业的调查人员应遵循怎样的步骤进行市场调查资料的处理，以提高工作效率？

6.1 资料回收、审核与分组

🔍 情景导入

张雷和很多新手一样，通过市场调查收集大量的调查资料后，面对分散凌乱的市场调查资料无从下手。张雷知道，在获得市场调查资料后，应对市场调查资料进行处理，因为，处理市场调查资料在市场调查与分析中发挥着承前启后的作用，它是市场调查（尤其是以问卷为调查工具的实地调查）工作的继续，也是数据统计分析的基础和前提，进而会影响市场分析的准确性和真实性。在综合考虑之后，张雷打算先从资料的回收、审核与分组开始做起。

6.1.1 资料回收与登记

处理市场调查资料就是运用科学的方法，对市场调查所获得的各种资料进行审核、分类处理和加工综合，使之系统化和条理化，从而以集中、简明的方式反映调查对象的总体情况，并为下一阶段的数据统计分析做准备的工作过程。

处理市场调查资料包括资料回收与登记、审核与分组、数据编码与数据录入、数据制表与图形化等几个主要步骤，它们之间既相互连接，又相互交错。实践中，资料管理人员在处理实际资料时，需根据调查与分析的目的和内容对资料加以分辨。

市场调查资料的处理从回收与登记第一份调查问卷时就开始了。随着市场调查工作的展开，资料整理人员应及时进行资料的回收与登记工作。资料回收与登记的要点如下。

（1）掌握每天的问卷收发情况，包括记录调查人员的姓名与编号、调查地区、实发问卷数、回收问卷数、未答或拒答问卷数、丢失问卷数等。

（2）在完成的问卷后面记录调查实施的日期、问卷回收的日期，以便在分析过程中比较先后回收的资料。

（3）问卷编号。回收的每份问卷应有唯一的、有序的编号，并作为原始文件进行保存。

视　频

回收及审核调查问卷

（4）回收的问卷应分别按照调查人员和不同调查地区放置，以方便整理和查找。

（5）在问卷回收过程中，应强调责任感，让资料整理人员明白，他们不仅负有保证工作质量的责任，还要确保问卷的完整和安全，避免损坏或丢失问卷。

（6）如果发现结果没有满足抽样方案中对样本的配额要求，资料管理人员应及时让调查人员在正式进行资料审核的工作之前做补充调查。

6.1.2　资料审核

资料审核是为了避免出现资料缺失、错误或重复的情况，以保证资料准确、真实和完整，达到处理市场调查资料的目的和要求。

1. 资料审核的内容

资料审核包括完整性审核、准确性审核、及时性审核与一致性审核等内容。

（1）完整性审核。

完整性审核是指检查调查所需资料是否齐全，资料内容是否完整，如是否缺页、内容是否填写完整等。

（2）准确性审核。

准确性审核即检查资料内容是否存在错误，可以通过抽样检查、逻辑检查和计算检查等方法进行。

① 抽样检查。抽样检查是指从全部调查资料中抽取一部分资料进行检查，用以判断全部调查资料的准确程度。

② 逻辑检查。逻辑检查是指分析指标、数据之间是否符合逻辑，有无矛盾及违背常理的地方。如低年龄段的被调查者的文化程度为大学以上，收入水平较低的被调查者经常购买高档产品等。这些情形明显不合逻辑，审核人员要弄清情况，核准后予以纠正。

③ 计算检查。计算检查是指检查资料中各项数据在计算方法和计算结果上是否有误，数据的计量单位有无与规定不符的地方等。如各分组数字之和是否等于总数，各部分占总体的比例相加是否为百分之百，如出现错误，应重新计算。

（3）及时性审核。

及时性审核包括两方面的内容：一是要检查各种调查资料是否按规定及时提供，如果迟报，审核人员应对迟报的原因进行分析，并提出改进意见，以做到资料按时或提前上报；二是检查二手资料的时效性。

（4）一致性审核。

一致性审核即检查各市场调查资料前后是否连贯、一致，避免自相矛盾。如被调查者在某一问题中回答自己喜爱购买 A 品牌的产品，在回答另一个问题时却说自己经常购买 B 品牌的同类产品，显然该被调查者的回答是前后矛盾的。对于这种情况，审核人员应决定是建议调查人员重新询问被调查者，还是将该份资料剔除。

案例分析——违背职业道德的市场调查不可取

小林在假期受聘为一家健身房的临时调查人员进行市场调查。在关于消费者健身习惯的调查中，该健身房要求采访 20 位年龄在 30 岁以上，经常去健身房健身的男性。但因为某些原因，小林在规定的调查时间内寻找符合条件的调查对象有一定的困难。因此当寻找到一位愿意配合调查填写问卷但年龄不足 30 岁的被调查者时，小林便请这位被调查者在公司进行回访审核时，谎称自己是 30 岁，从而完成了一份调查问卷。

> **分析：**审核调查资料的一项重要内容就是准确性审核，若调查人员随意填写或伪造访问数据，将严重影响数据的准确性，降低市场调查结论的质量。小林这样做不仅违反了职业道德与营销伦理，其伪造调查的行为还会使得最终的调查结果失准。

2. 处理不合格的资料

对于审核出的有问题的资料，审核人员可采用以下 3 种方法处理。

（1）重新调查。对于回答不完全、存在明显错误，或回答模棱两可的问卷，在调查规模较小、被调查者容易确认的情形下，审核人员可让调查人员联系被调查者重新调查，取得符合要求的数据。但是，由于调查时间、调查地点和调查方式可能发生变化，因而第二次调查的结果可能与第一次调查的结果不同。

视频
处置调查问卷

（2）填补或删除缺失数据。在无法重新调查的情形下，当有缺失值的资料数量较少，一份资料中缺失值所占比例很小，且涉及的变量不是关键变量时，可采用填补缺失数据的方法。填补缺失数据的具体方法如下：①用中间值代替，如该变量的平均值或量表的中间值，若遇到性别这种变量，可以将第一个缺失值用"男性"替代，第二个缺失值用"女性"替代，依次交叉替代；②用逻辑答案替代，如家庭总收入缺失，审核人员可以根据该家庭中的就业人数及职业情况来确定；③将有缺失值的单个项目删除。虽然填补缺失数据不能使结果尽善尽美，但这样做有利于后期的数据统计分析。

（3）弃用不合格资料。如资料存在以下情况，可弃用：①资料的调查对象不符合抽样要求；②不合格资料的比例很小，不超过资料总数的 10%；③样本量很大，弃用不合格资料仍能满足调查需要；④不合格资料与合格资料在人口特征、职业、收入等关键变量方面的分布没有显著差异；⑤准备弃用的资料中不合格的内容占比较大；⑥资料中的关键变量缺失。

6.1.3　资料分组

审核资料后即可进行资料分 组。资料分组是市场调查统计分析的基础，在保证调查资料准确性的前提下，分组是否合理、科学，关系到市场调查统计分析所得的信息是否可用。

1. 资料分组与分组标志的含义

资料分组是根据调查与分析的目的和要求，按照某种标志（分组标志），将资料总体区分为若干部分的一种统计方法。总体分成的这些部分，就称为"组"。

视频
资料分组

资料分组有两层含义：资料分组对于总体而言是"分"，即将总体按某种标志分成若干性质相异的组；资料分组对于总体单位而言是"合"，即将性质相同的总体单位归纳在同一组中。概括而言，资料分组是将性质相同的总体单位归为一组，将性质不同的总体单位分为不同的组。

分组标志是不同的总体特征的名称，它是分组的依据或标准，可分为品质标志和数量标志。

（1）品质标志。品质标志是指反映事物属性差异的标志，如被调查者的性别、职业、受教育程度、产品的产地等。

（2）数量标志。数量标志是指反映事物数量差异的标志，如被调查者的年龄、收入、消费支出、家庭人口等。数量标志有两种表现形式：一是按单值分组，如购物次数的数量标志为 1，2，3，4 等；二是按组距分组，如每月消费支出的数量标法为 1001～2000 元、2001～3000 元等。组距是指每组的最高数值与最低数值之间的距离。

拓展知识

开放式问题的很多回答都是文字资料，且答案多样。对于这些资料，需要根据资料的性质、内容或特征把相异的资料挑出来，把相同或相近的资料归为一组。扫描右侧二维码，即可查看开放式问题答案的分组整理程序。

扫一扫

开放式问题答案的
分组整理程序

2. 资料分组的方式

很多时候，调查人员在设计调查提纲、调查问卷或观察表等时，就对所需获得的资料进行了分组，尤其是封闭式问题，如按性别分组、按年龄层分组、按收入水平分组、按购物频率分组等，待资料收集后调查人员再按分组标志整理资料。有时，调查人员则要在调查资料收集完之后再分组，如开放式问题的答案可能各种各样，事先分组的难度很大，此时调查人员即可在资料收集后，根据资料的具体内容分组。但无论是在资料收集之前确定分组，还是在资料收集之后进行分组，选择分组标志需遵循的原则是相同的。

3. 分组标志的选择

资料分组的关键是选择分组标志，分组标志一经选定，各组的性质界限和数量界限也就确定了。选择分组标志，须从以下 4 个方面考虑。

（1）遵守穷举原则和相斥原则。

穷举原则是指选择分组标志时，必须使全部调查单位都能找到归属组，没有遗漏；相斥原则是指一个调查单位只能归属为一组，不能在几个组中同时出现，即组与组之间要相互排斥。

（2）根据调查目的选择分组标志。

资料分组要为实现调查目的服务，调查目的不同，分组标志则不同。例如，要分析消费者的年龄结构，就以年龄作为分组标志；要分析消费者的收入水平，就以收入作为分组标志。

（3）选择能够反映市场现象本质特征的分组标志。

有时实现某一调查目的会涉及多个标志，此时应选择最能反映市场现象本质特征的作为分组标志。例如，调查居民购买力时，能够反映居民购买力的标志有居民工资水平与居民家庭人均收入水平等，其中人均收入水平更能反映居民购买力的真实情况，所以应选择人均收入水平作为分组标志。

所调查研究的市场现象只采用一个标志进行单一分组称为简单分组，例如，以收入水平为标志分组，进而统计相应收入水平下的被调查者的人数及占比；所调查研究的市场现象采用两个或两个以上的标志进行连续分组称为符合分组，例如，先以收入水平为标志分组，然后再按性别标志进行分组，进而统计相应收入水平下的男性被调查者和女性被调查者的人数及占比。之后还可以再进一步根据文化程度、职业等标志进行第三次、第四次分组。

在实际工作中，是采用简单分组还是复合分组，要根据总体的特点、分组的目的以及资料的情况等条件来决定。通常，总体单位数量很多、情况复杂时，适宜采用复合分组。但是需要注意的是，如果采用的标志很多，会使所分组数成倍增加，导致各组单位数量过少，反而达不到分组的目的。因此，采用的标志数量要适中。

（4）考虑市场现象所处的具体历史条件和经济条件。

由于市场现象的特征会随着时间、地点的变化而不断变化，反映市场现象本质特征的标志也要因时、因地而异。研究新问题时不能照搬原来的分组标志，要结合市场现象所处的具体历史条件和经济条件综合考虑，这样才能保证分组标志在不同场合、不同地点的实用性。例如，现在居民的收入水平与过去相比发生了很大的变化，因此就不能够将过去的居民收入水平作为分组标志。

6.2 资料编码与数据录入

情景导入

张雷参与了资料回收、审核与分组的工作，因为工作内容容易理解，所以操作过程很顺利。接下来将进入资料汇编阶段，张雷理所当然地想通过给问卷答案画记号来编号。同事阻止了他的做法，并告诉他，传统的手动汇总技术处理大量的数据资料时效率低、速度慢，已成为次要的辅助手段。目前的市场调查工作一般是采用计算机汇总处理技术来汇编资料。运用计算机进行数据处理时，资料整理人员首先需要对数据资料进行编码，然后将数据资料录入计算机，选择相应的计算机软件（如 Excel、SPSS 等）或自编程序进行分析。

6.2.1 资料编码

编码就是将调查问卷中的每个问题的答案转化为计算机可识别的代码（通常是一个数字）。原始资料一般可分为数字资料和文字资料两类，数字资料可以直接录入计算机，文字资料则需要经过编码转化为数字资料，以便准确地进行数据录入和统计分析，提高工作效率。

视　频

资料编码

拓展知识

传统的手动汇总技术包括问卷分类法、折叠法、划记法、卡片法等，扫描右侧二维码，即可了解相关知识。

扫一扫

手动汇总技术

1. 编码的原则

编码的基本原则如下。

（1）同一问题的所有答案的代码位数必须一致，答案与代码要一一对应，且每个答案只有一个代码。

（2）对于可选答案的数量为 1～9 个的情况，编码时只使用一位数字就可以了，但答案数量超出 10 个的，则使用两位数字编码，不够两位的则要补足两位使编码位数一致，方便后期进行数据分析。

2. 封闭式问题编码

因为封闭式问题事先给出了可能的答案，所以，调查人员在设计问卷时可以对每个问题的各种答案进行编码。封闭式问题编码主要包括单选题编码、多选题编码和顺序量表编码。

（1）单选题编码。

例如，"您的性别？（4）1〇男2〇女"，在这个问题的编码中，代码1表示"男"，代码2表示"女"，括号中的数字4表示代码所在的位置为所有数据的第4列。又如，"您的年级？（5）1〇大一2〇大二3〇大三4〇大四"，在这个问题的编码中，代码1表示"大一"，代码2表示"大二"，代码3表示"大三"，代码4表示"大四"，括号中的数字5表示代码所在的位置为所有数据的第5列。

需要指出的是，对于未回答的情况也要进行编码，如用"0"或"00"等对一份调查问卷中没有回答的问题进行编码。

（2）多选题编码。

例如，"您最近一个月内购买过的牛奶品牌有？（15～21）1□光明2□蒙牛3□伊利4□三元5□达能6□均瑶7□其他"，在这个问题的编码中，每一个答案占1列，因此该问题的答案依次位于第15～21列，分别用1，2，3，4，5，6，7表示光明、蒙牛、伊利、三元、达能、均瑶、其他选项，用0表示未选择该选项，全为0则表示未回答。

如果被调查者选择的品牌有"蒙牛""伊利""三元"，那么该答案的编码为"0234000"，如果被调查者未回答本题，则编码为"0000000"。

此外，多选题还有另外一种编码方法，就是将每个答案选项设为二分变量，即对每个答案选项给予"0""1"两个代码，选中的标"1"，未被选中的则标"0"。如果采用这种编码方法，被调查者选择"蒙牛""伊利""三元"时的编码则为"0111000"。

（3）顺序量表编码。

例如，"请按照您喜欢的程度对以下牛奶品牌进行排序，最喜欢的品牌排在第一位，以此类推。（15～20）1□光明2□蒙牛3□伊利4□三元5□达能6□均瑶"，在这个问题的编码中，分别用1，2，3，4，5，6表示选择光明、蒙牛、伊利、三元、达能、均瑶选项，用0表示该品牌的排名缺失，全为0表示被调查者未回答本题。15～20列表示排名的顺序，第15列表示最喜欢的品牌，第16列表示次喜欢的品牌，以此类推。

3. 开放式问题编码

由于在调查前不能确定开放式问题的具体答案，开放式问题的编码一般是在资料收集完成后，根据被调查者的回答进行的。

开放式问题的编码步骤如图6-1所示。

01	02	03
答案归类	设置代码	注明代码
阅读该问题的全部回答，初步整理归纳后将答案合并归类。	对每个类别的答案设置代码。	在问卷的适当位置注明每个回答的代码。

图6-1 开放式问题的编码步骤

对于开放式问题，编码人员在编码时要注意以下几点。

（1）样本量较小时，应查阅所有问卷中对该问题的回答；样本量较大时，可抽取部分问卷来查阅问题的回答情况，但应尽量获取所有类型的回答。

（2）每个答案都要归属到一个类别中，每个答案类别都有一个代码，不能交叉重叠。将不易编码或个数较少，且可以不予考虑的答案归入"其他"项。

（3）对于"数字型"开放式问题，直接用答案的数字作为代码。例如，"您的年龄是（　）岁"，如果被调查者的回答是"45"，则其代码为45。

案例分析——开放式问题编码示例

开放式问题及其答案经初步整理归纳后的内容如下。

问题：您为什么喜欢××品牌的啤酒？

答案：1. 因为它口味好；2. 我喜欢它的口味；3. 其他品牌的啤酒酒味太重；4. 它非常便宜；5. 它经常打折；6. 喝其他品牌的啤酒会使人头痛；7. 其他品牌的啤酒伤胃；8. 我总是选择这个品牌的啤酒；9. 我喝这个品牌的啤酒10年了；10. 我的大部分朋友都喜欢喝它；11. 朋友推荐我喝这个品牌的啤酒；12. 这是我一家人都喜欢的品牌；13. 没有特殊原因；14. 不知道为什么。

分析： 在该问题中，首先可将1，2，3选项的答案归于"口感舒适"类别，将4，5选项的答案归于"价格实惠"的类别，将6，7选项的答案归于"没有不适感"的类别，将8，9选项的答案归于"习惯"的类别，将10，11，12选项的答案归于"受朋友家人影响"的类别，将13，14选项的答案归于"其他"类别。然后为每个类别编码，用1，2，3，4，5，6分别表示"口感舒适""价格实惠""没有不适感""习惯""受朋友家人影响""其他"等类别。最后，在被调查者填写的问卷中注明该问题答案的编码，如"您为什么喜欢××品牌的啤酒？（1）"。

4. 编码明细表的制作

编码明细表是录入人员的工作指南，录入人员根据编码明细表制定的编码规则将调查问卷中的数据直接录入计算机数据处理软件。

编码明细表通常包括以下内容：代码所在列的位置（列数）、变量名称及变量说明、编码说明和问题编号。例如，在计算机用户情况的调查中，根据问卷的部分内容制作的编码明细表如表6-1所示。

问卷编码：＿＿＿＿＿＿＿＿＿＿

1. 您的性别是

○男　　　　　○女

2. 您的年龄是

○ 18 岁以下　　　○ 18 ～ 29 岁　　　　○ 30 ～ 50 岁　　　　○ 50 岁以上

3. 选购计算机时销售人员的介绍对您的影响程度是

○没有影响　　　　○小　　　　○大

4. 请问您购买计算机的初衷是（可多选）

□学习需要　　　　□工作需要

□娱乐需要　　　　□从众心理

5. 其他条件不变时，如果计算机的售价平均降低20%，您的态度是

○马上购买　　　　　　　○会来购买

○比较后再选择是否购买　　　○没有吸引力

○不会来购买　　　　　　　○肯定不购买

表 6-1　计算机用户情况调查编码明细表

列	变量名称及变量说明	问题编号	编码说明
1 ～ 3	问卷编码		从 001 ～ 300
4	被调查者性别	1	1：男；2：女；0：未回答
5	被调查者年龄	2	1：18 岁以下；2：18 ～ 29 岁；3：30 ～ 50 岁；4：50 岁以上；0：未回答
6	销售人员介绍的影响程度	3	1：没有影响；2：小；3：大；0：未回答
7 ～ 10	购买原因	4	1：学习需要；2：工作需要；3：娱乐需要；4：从众心理；1 ～ 4 表示不同购买原因对应的代码，若某一项没有选择用 0 表示；0000 表示未回答
11	被调查者对降价的态度	5	1：马上购买；2：会来购买；3：比较后再选择是否购买；4：没有吸引力；5：不会来购买；6：肯定不购买；0：未回答

实战演练——制作 A 超市调查问卷编码明细表

　　A 超市为了更好地为消费者服务，提高服务质量，了解消费者的购买情况，以不记名的方式对 18 ～ 55 岁的 500 位消费者进行问卷调查。请根据以下问卷的部分内容，制作编码明细表。

　　1．您了解 A 超市吗？

○不了解　　　　　　　　　○一般了解

○比较了解　　　　　　　　○非常了解

　　2．您是通过什么途径了解 A 超市的？（可多选）

□朋友推荐　　　　　　□网络　　　　　　　□报纸

□促销广告　　　　　　□其他

　　3．您一星期去 A 超市的次数是？

○1 ～ 3 次　　　　　　　　○4 ～ 7 次

○7 次以上　　　　　　　　○不去

　　4．您购买以下产品的频率由多到少依次为？

□泡面类　　　　　　　□饮料类　　　　　　□饼干或面包类

□护理用品类　　　　　□床上用品类　　　　□学习用品类

□餐具类　　　　　　　□粮食类　　　　　　□其他日用品

　　5．您对 A 超市的服务质量评价如何？

○非常不满意　　　　　○不满意　　　　　　○一般

○比较满意　　　　　　○非常满意

6.2.2　数据录入

　　数据录入是将问卷信息输入计算机。如果采用计算机辅助电话调查以及网络调查等调查方法，数据收集与录入可以同时完成。若采用传统纸质问卷收集数据，则应在资料收集完成之后录入数据。

　　录入数据时，一般利用 Excel 等软件，将调查问卷的编码输入 Excel 表格中。以上一节计算机用户情况调查问卷为例，将这些调查信息输入 Excel 表格中，

视　频

数据录入

如图 6-2 所示（假设收到 15 份调查问卷）。在 Excel 录入数据并保存后，可将 .xlsx 文件导入 SPSS 进行数据处理。

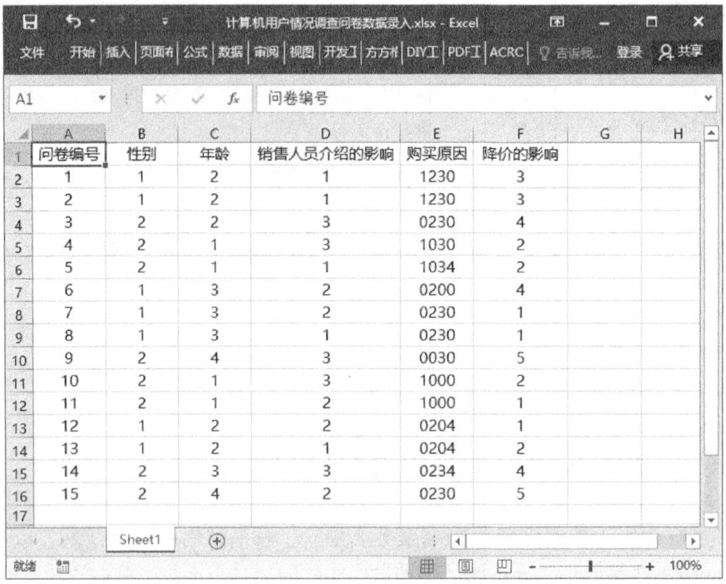

问卷编号	性别	年龄	销售人员介绍的影响	购买原因	降价的影响
1	1	2	1	1230	3
2	1	2	1	1230	3
3	2	2	3	0230	4
4	2	1	3	1030	2
5	2	1	1	1034	2
6	1	3	2	0200	4
7	1	3	2	0230	1
8	1	3	1	0230	1
9	2	4	3	0030	5
10	2	1	3	1000	2
11	2	1	2	1000	1
12	1	2	2	0204	1
13	1	2	1	0204	2
14	2	3	3	0234	4
15	2	4	2	0230	5

图 6-2　在 Excel 中录入调查问卷数据

录入人员通过键盘和鼠标录入数据时容易产生输入错误，因此，采用这种方式录入数据时，可采取以下措施来保证录入质量。

（1）挑选技术熟练、工作认真、有责任心的录入人员。

（2）加强对录入人员的监督管理，淘汰差错率和录入速度达不到要求的录入人员。

（3）避免逻辑性差错。例如，性别代码中 1 表示男，2 表示女，0 表示被调查者未回答，如果代码的取值为 3，4，5 等，则明显存在错误。

（4）对录入的数据进行抽查。一般随机抽取 25% ～ 35% 的问卷进行数据复查。

（5）双机录入对比。即用两台计算机同时录入相同数据，比较并找出不一致的数据资料，确定差错，然后加以更正。双机录入可有效提高数据资料的录入质量，但花费的时间和费用也较高。

6.3 数据制表与图形化

情景导入

张雷将数据录入结果呈递给主管，主管看了摇了摇头，告诉他："你要知道，企业领导关注的是能够对数据汇总整理或数据分析的结果一目了然。对市场调查获得的大量原始资料进行科学的分组、汇总之后，我们可以得到反映总体综合情况的数据资料。然而这些数据资料必须直观地展现出来，其主要表现形式是表格与图形，这样才能让领导更好地理解和接收数据信息。"

6.3.1 绘制统计表

视　频
制表列示

在实践中，展示数据主要有两种形式，一种是统计表，另一种是统计图。把数据按一定的顺序排列在表格中，就形成了统计表。统计表是用于表现数字资料整理结果的常用表格。统计表既能有条理地、系统地排列数据，使人们阅读时一目了然，又能合理地、科学地组织数据，便于人们阅读时对照比较。

1. 统计表的结构

从形式上看，统计表是由纵横交叉的直线组成的左右两边不封口的表格，一般由总标题、横行标题、纵栏标题和统计数据 4 个部分组成，如表 6-2 所示。

（1）总标题。总标题是统计表的标题，用于概括统计资料的内容，一般写在表的上端正中的位置。

（2）横行标题。横行标题通常是各组的名称，也是统计表要说明的对象，一般写在表的第一列。

（3）纵栏标题。纵栏标题通常是统计指标或变量的名称，一般写在表的第一行。

（4）统计数据。统计数据即表格中的数据内容。

表 6-2　计算机用户人数统计

性别	人数 / 人	占比
男	6750	67.5%
女	3250	32.5%
合计	1000	100%

为了使统计表实用、美观，制表人员在绘制统计表时应注意以下几点。

（1）总标题要简明扼要，恰当地反映出表中的内容。

（2）统计表的外形一般应为长宽比例适中的长方形，上下两端通常用粗线封口，表中其他线条一律用细线绘制，表的左右两端习惯上不画纵线，采用开口式。

（3）统计数据应有计量单位，如果全表的计量单位是相同的，应在表的上方注明"单位：××"字样，如果表中同栏数据的计量单位相同而各栏之间不同，则应在各栏标题中注明计量单位。

（4）当统计表中有数字为 0 时应写出，如果不应该有数字时应用短横线"–"表示。

（5）表内如有相同的数字，不能用"同上""同左"等字样表示，应完整填写。

（6）如有需要，在表格的下方还可对资料来源等做注解、说明。

2. 统计表的分类

统计表按内容组织的形式不同，有简单表、分组表和复合表之分。

（1）简单表。简单表是指总体未经任何分组的统计表，它的表格项目是总体各单位的简单排列，或是年、月、日等日期的简单排列，如表 6-3 所示。

表 6-3　2020 年每月销售额数据汇总　　　　　　　　　　　　　单位：万元

1月	2月	3月	4月	5月	6月	7月	8月	9月	10月	11月	12月
265	195	268	264	289	292	310	305	295	289	278	270

（2）分组表。分组表是指总体仅按一个分组标志进行分组的统计表。这类表格可以按品质标志分组，也可以按数量标志分组。分组表能够揭示现象的类型，反映总体的内部结构，显示现象之间的依存关系。表6-2所示的统计表就是典型的分组表。

（3）复合表。复合表是指总体按两个以上分组标志进行层叠分组的统计表，它可以更好地表现出各个分组标志之间的关系，如表6-4所示。

表6-4　公司员工工资数据汇总

分组	类别	工资总额 / 万元	占比
性别	男	18.9	61.0%
	女	12.1	39.0%
学历	大专及以下	9.8	31.6%
	本科及以上	21.2	68.4%
级别	普通职员	20.6	66.5%
	部门管理人员	6.8	21.9%
	公司高管	3.6	11.6%

实战演练——设计班级人数统计表

用 Excel 分别设计一份简单表和分组表，其中简单表用于反映本系本年级各班人数及本年级的总人数；分组表用于反映本系本年级各班男女生人数及其占比（保留一位小数）。

6.3.2　绘制统计图

俗话说"字不如表，表不如图"，虽然实际情况没有那么绝对，但这句话说明了用统计图展现数据资料的优势。统计图从视觉效果上看具有简洁具体的特点，它能将数据之间的关系形象地显示出来，让观看者直观地感受数据之间的差距和趋势等。

视　频

制图列示

统计图形式多样，制图人员应该根据制图目的选择合适的统计图样式，同时要选择符合制图目的的统计资料，使统计图内容准确而又简明扼要。常用的统计图有柱形图、直方图、条形图、折线图和饼图等。

1. 柱形图

柱形图通过展示多个长方形对象，不仅可以实现数据大小的对比，还能反映数据的发展变化趋势，因此应用得十分广泛。例如，当需要展现各种产品的销量或销售额时，就可以利用销量数据或销售额数据来绘制柱形图；要展现某一种产品的销量变化情况时，也可以利用该产品的销量数据来绘制柱形图，如图6-3所示。

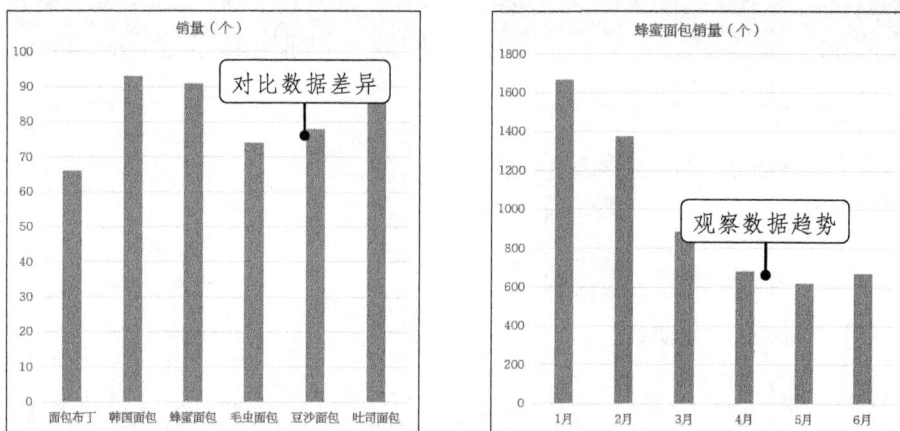

图 6-3　利用柱形图分析数据差异或变化趋势

下面将通过 Excel 创建柱形图，以反映某企业上半年空调和冰箱销量的对比情况，其具体操作如下。

（1）打开"上半年空调和冰箱销量.xlsx"工作簿（配套资源：素材\第 6 章\上半年空调和冰箱销量.xlsx），选择 A2:C8 单元格区域，在【插入】/【图表】组中单击"插入柱形图或条形图"按钮，在打开的列表中选择"三维簇状柱形图"选项，创建三维簇状柱形图，如图 6-4 所示。

扫一扫

制作柱形图

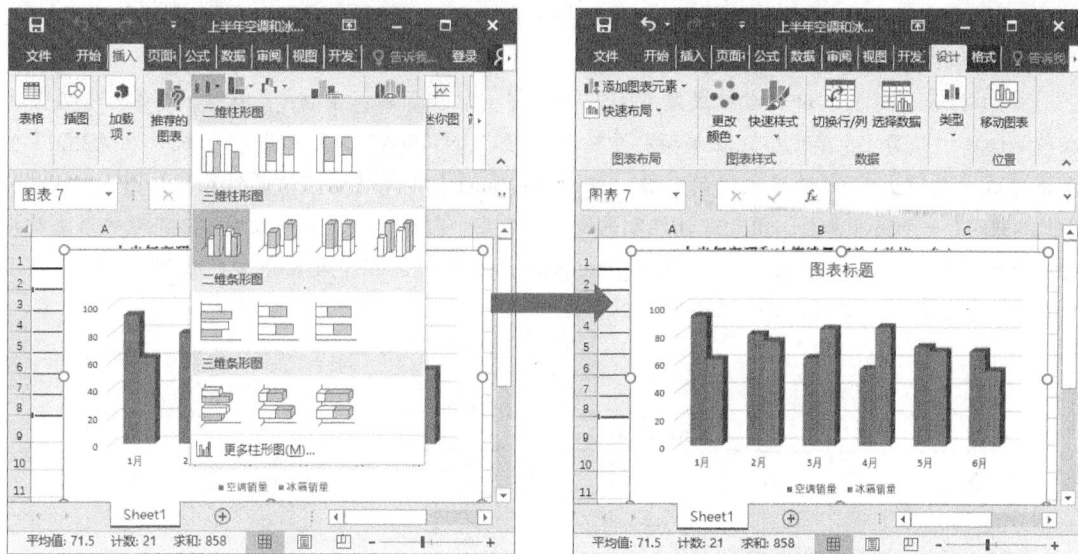

图 6-4　创建三维簇状柱形图

（2）保持三维簇状柱形图的选中状态，在【图表工具 设计】/【图表样式】组中单击"快速样式"下拉按钮，在打开的列表中选择"样式 2"选项，如图 6-5 所示。

（3）在【开始】/【字体】组中，将图表的字体设置为"微软雅黑"，字号设置为"10"，如图 6-6 所示，字体颜色设置为"黑色，文字 1"。

（4）美化图表后，在"图表标题"文本框中输入"上半年空调和冰箱销量对比情况"，按【Ctrl+S】组合键保存（配套资源：效果\第 6 章\上半年空调和冰箱销量对比.xlsx）。

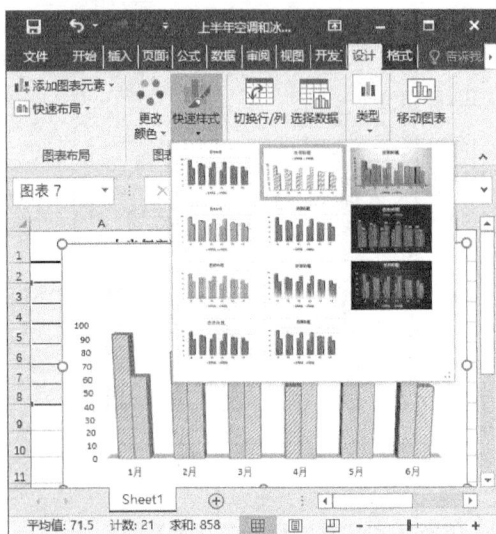

图 6-5　更改柱形图样式　　　　　　　图 6-6　设置图表字体格式

2. 直方图

直方图，又称质量分布图，是由一系列高度不等的矩形条来直观反映数据分布情况的统计图，一般用横坐标轴表示数据类型，用纵坐标轴表示分布情况。

在 Excel 中可以利用柱形图快速制作直方图，但需要先对数据进行分组统计，然后以统计后的数据为数据源制作直方图，其具体操作如下。

（1）打开"新员工培训考核成绩 .xlsx"工作簿（配套资源：素材＼第 6 章＼新员工培训考核成绩 .xlsx），选择 G3 单元格，在编辑栏中输入"=COUNTIF(A2:D13,"<60")"，统计在 A2:D13 单元格区域中数值小于 60 的单元格的个数，按【Ctrl+Enter】组合键返回计算结果，如图 6-7 所示。COUNTIF 是一个统计函数，用于统计指定区域内满足某个条件的单元格的数量，该函数的语法结构为"COUNTIF（range，criteria）"。其中，range 表示要统计非空单元格数目的区域，criteria 表示以数字、表达式或文本形式定义的条件。

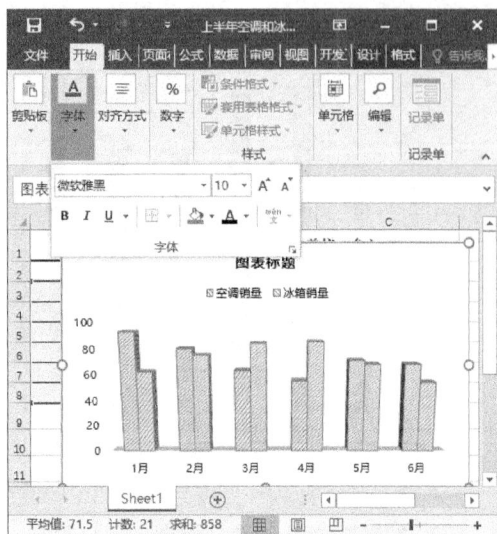

图 6-7　统计低于 60 分的人数

（2）选择 G4 单元格，在编辑栏中输入"=COUNTIFS(A2:D13,">=60",A2:D13,"<=70")"，

统计在 A2:D13 单元格区域中数值≥60 且≤70 的单元格个数，按【Ctrl+Enter】组合键返回计算结果。

（3）分别在 G5、G6、G7 单元格中输入 "=COUNTIFS(A2:D13,">70",A2:D13,"<=80")" "=COUNTIFS(A2:D13,">80",A2:D13,"<=90")" "=COUNTIFS(A2:D13,">90",A2:D13,"<=100")"，统计数值>70 且≤80 的单元格个数、数值>80 且≤90 的单元格个数、数值>90 且≤100 的单元格个数，结果如图 6-8 所示。

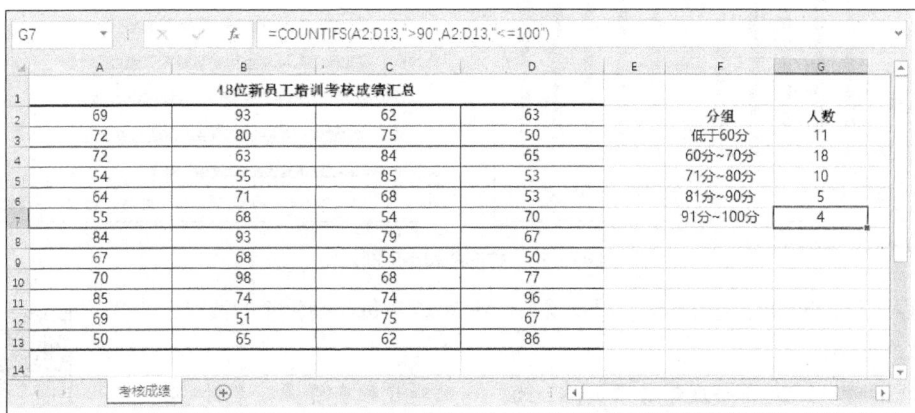

图6-8 统计其他分数的人数

（4）选择 F2：G7 单元格区域，在【插入】/【图表】组中单击"插入柱形图或条形图"按钮，在打开的列表中选择"簇状柱形图"选项，然后调整创建的柱形图的大小。

（5）在【图表工具 设计】/【图表样式】组的"样式"下拉列表框中选择"样式 3"选项，将柱形图的字体格式设置为"微软雅黑、12"，将图表标题的内容设置为"考核成绩分布情况"。双击数据系列对象，在打开的窗格中将系列选项的分类间距设置为"0%"，可见考核成绩集中在直方图左侧，说明本次培训考核的成绩总体处于中下水平，如图 6-9 所示（配套资源：效果\第 6 章\新员工培训考核成绩分布情况 .xlsx）。

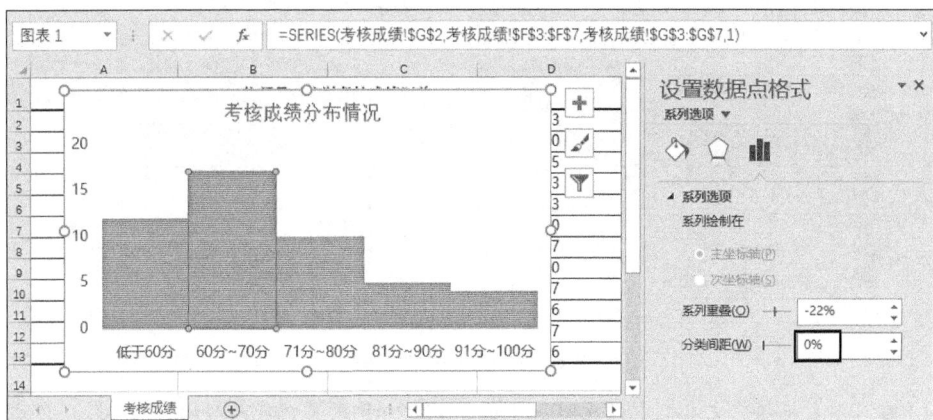

图6-9 设置样式后结果

3. 条形图

条形图实际上相当于横向的柱形图，如果柱形图的横坐标轴标签过长或过多，影响了柱形图的可读性和美观性时，就可以选择创建条形图，二者的对比如图 6-10 所示。

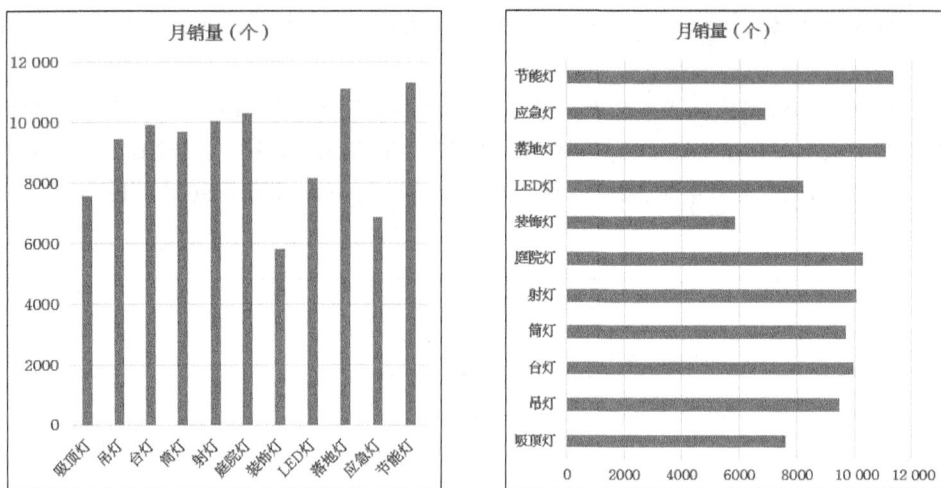

图 6-10　柱形图和条形图对比

下面将通过 Excel 创建条形图，以反映某企业 2020 年每月销售额的情况，其具体操作如下。

（1）打开"2020 年年度销售额汇总 .xlsx"工作簿（配套资源：素材 \ 第 6 章 \2020 年年度销售额汇总 .xlsx），选择 A2:L3 单元格区域，在【插入】/【图表】组中单击"插入柱形图或条形图"按钮，在打开的列表中选择"簇状条形图"选项，创建簇状条形图，如图 6-11 所示。

（2）选中创建的簇状条形图，在【图表工具 设计】/【图表样式】组的"样式"下拉列表框中选择"样式 3"选项。

（3）在【开始】/【字体】组中，将图表的字体设置为"微软雅黑"，字号设置为"12"。

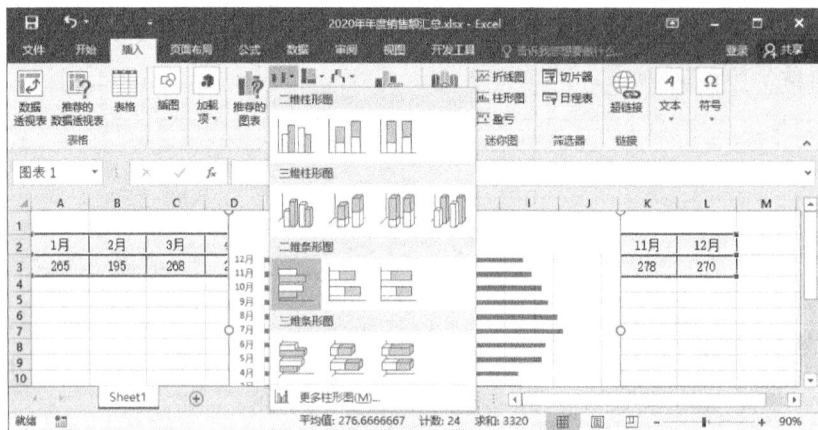

图 6-11　创建簇状条形图

（4）在"图表标题"文本框中设置图表标题为"2020 年每月销售额对比　　单位：万元"。

（5）单击选择数据系列对象，在【图表工具 格式】/【形状样式】组中，单击"形状填充"按钮右侧的下拉按钮，在打开的列表中选择"灰色，个性色 3，深色 25%"，如图 6-12 所示。

（6）调整簇状条形图的大小，使数据能够清晰显示，效果如图 6-13 所示（配套资源：效果 \ 第 6 章 \2020 年年度销售额每月销售额对比 .xlsx）。

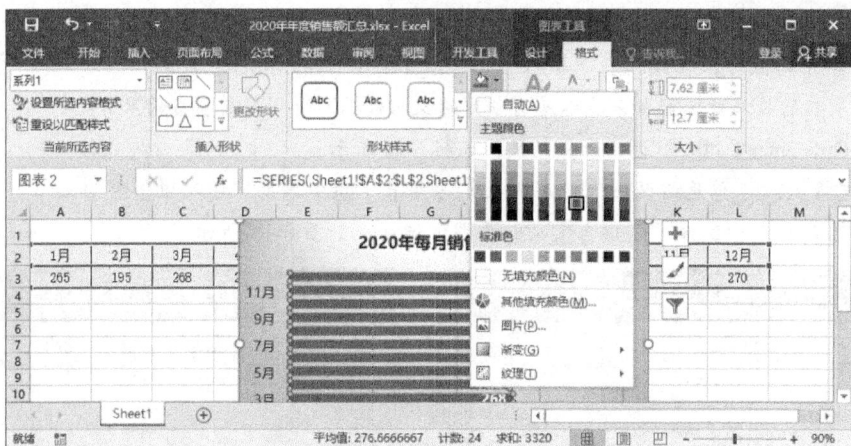

图 6-12　设置数据系列填充颜色

图 6-13　簇状条形图最终效果

4. 折线图

折线图是体现数据变化趋势的最佳图表类型之一，它可以将数值标记为点，使用直线将这些点连接起来，通过多条折线的高低起伏状态，直观地反映数据的变化。

另外，折线图可以同时显示多组数据的变化趋势，如果结合 Excel 的组合图功能，还能实现在同一坐标轴中创建主坐标和次坐标的组合图形，进而实现帕累托图的创建。

帕累托图又称排列图、主次图，是按照发生频率的大小绘制的图表，表示有多少结果是由已确认类型或范畴的原因造成的，利用帕累托图来分析产品质量问题，有利于确定产生质量问题的主要因素等。

经典理论

帕累托图的依据是帕累托法则，也就是常说的"二八原理"，即 80% 的问题是由 20% 的原因造成的。帕累托图是数据统计和分析中可用来找出产生问题的关键原因等。

下面将通过 Excel 制作帕累托图，以分析企业的主要收入来源，其具体操作如下。

（1）打开"帕累托图.xlsx"工作簿（配套资源：素材\第6章\帕累托图.xlsx），选择C2:C7单元格区域，在编辑栏中输入"=SUM($B$2:B2)/SUM($B$2:$B$7)"，表示将当前项目的收入数据累加来除以所有项目的收入数据，得到当前项目的累计占比，按【Ctrl+Enter】组合键返回计算结果，如图6-14所示。

（2）选择A1:C7单元格区域，在【插入】/【图表】组中单击"插入组合图"按钮，在打开的列表中选择"创建自定义组合图"选项，如图6-15所示。

图6-14 计算当前项目的累计占比

图6-15 创建组合图

（3）打开"插入图表"对话框，选中"累计占比"栏右侧对应的复选框，表示将累计占比数据系列作为次坐标，然后在"累计占比"栏的下拉列表框中选择"折线图"栏的第4种折线图类型，单击"确定"按钮，如图6-16所示。

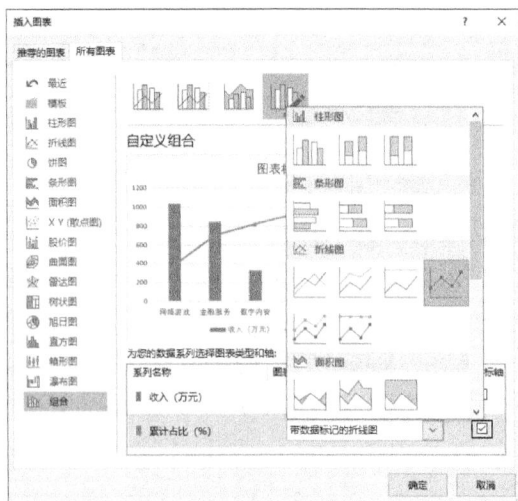

图6-16 设置组合图参数

（4）调整图表大小，将图表标题修改为"企业收入统计图"，然后将图表的字体格式设置为"方正大标宋简体"，字号设置为"10"。

（5）在【图表工具 设计】/【图表布局】组中单击"添加图表元素"按钮，在打开的列表中选择【数据标签】/【居中】选项，如图6-17所示。

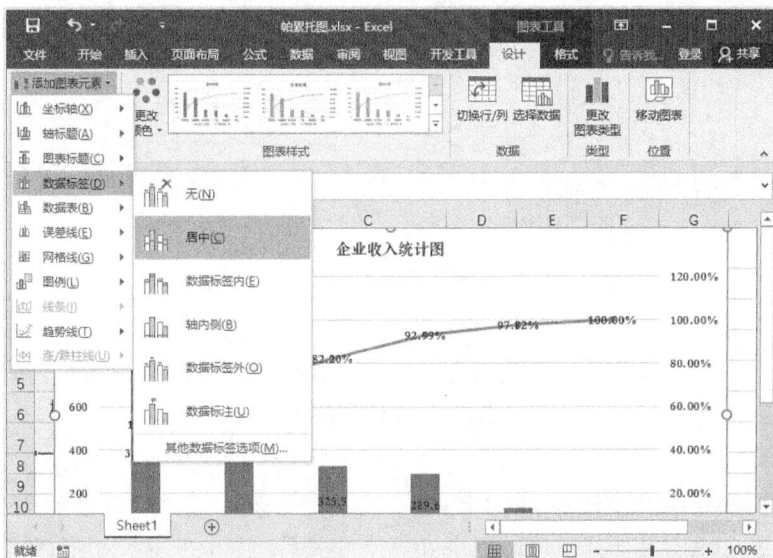

图 6-17　添加数据标签

（6）选择柱形图对应的数据系列并右击，在弹出的快捷菜单中选择"设置数据系列格式"选项，打开"设置数据系列格式"窗格，将分类间距设置为"0%"。

（7）单击"填充与线条"按钮，展开"边框"栏，将边框颜色设置为"灰色 -25%，背景 2，深色 50%"，将边框宽度设置为"1.5 磅"，如图 6-18 所示。

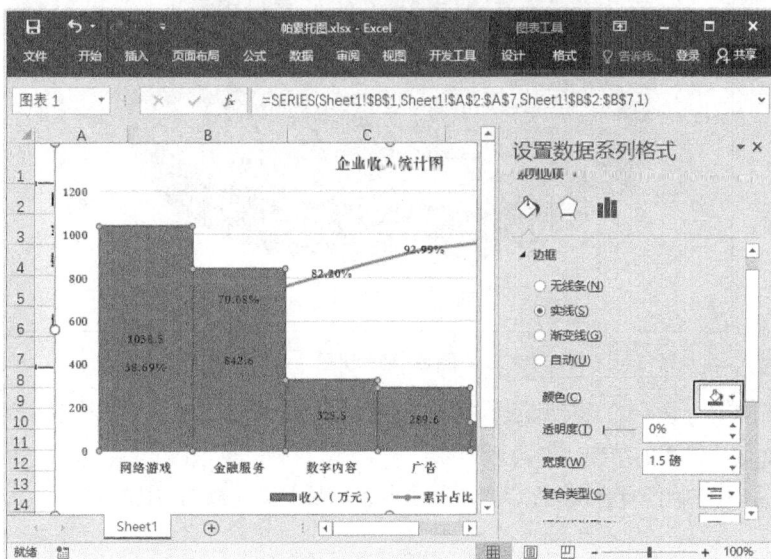

图 6-18　设置数据系列边框线

（8）保持柱形图对应数据系列的选中状态，在【图表工具 格式】/【形状样式】组中，单击"形状填充"按钮右侧的下拉按钮，在打开的列表中选择"蓝色，个性色 1，淡色 80%"。

（9）选择折线图数据系列上的数据标签，然后单击其中任意一个标签对象，将其拖曳到对应折线点的上方。按相同方法调整其他数据标签，使数据清晰显示，效果如图 6-19 所示，最后按【Ctrl+S】组合键保存（配套资源：效果 \ 第 6 章 \ 帕累托图 .xlsx）。

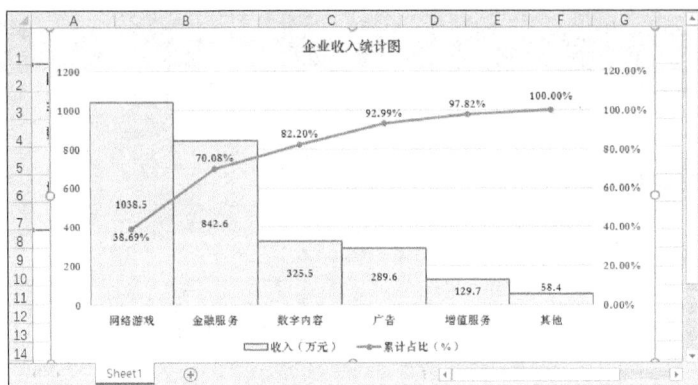

图 6-19　调整数据标签

5. 饼图

饼图可以直观地显示出统计对象的占比关系，结合数据标签，能够同时展示出具体对象的比例数据。也就是说，饼图适用于体现对象之间的比例大小关系。图 6-20 所示为通过饼图展现消费者获取某产品信息的渠道分布情况，观察者从图中能够一目了然地看出消费者获取产品信息的主要渠道是新媒体营销和网络广告。

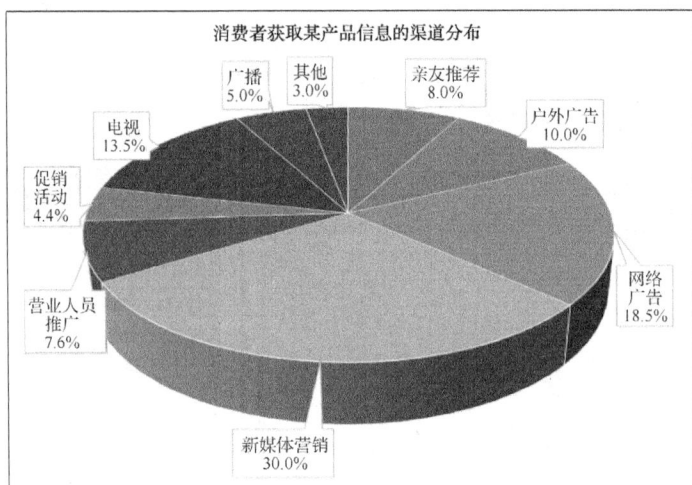

图 6-20　饼图

如果饼图结构过于复杂，影响阅读和理解，就可以创建复合饼图，将占比较小的对象统一起来单独显示，从而简化饼图的结构，增强可读性。

下面将通过 Excel 制作复合饼图，以查看某企业各产品的交易额的占比情况，其具体操作如下。

（1）打开"复合饼图 .xlsx"工作簿（配套资源：素材＼第 6 章＼复合饼图 .xlsx），选择 A1:B14 单元格区域，在【插入】/【图表】组中单击"插入饼图或圆环图"按钮，在打开的列表中选择第 3 种图表类型，创建复合饼图，如图 6-21 所示。

（2）调整图表大小，将图表标题修改为"各产品交易额占比统计"，然后将图表的字体格式设置为"方正大标宋简体、10"。

（3）双击饼图中的数据系列，打开"设置数据系列格式"窗格，展开"系列选项"栏，将"第二绘图区中的值"设置为"8"，如图 6-22 所示。

扫一扫

制作复合饼图

图 6-21 创建复合饼图

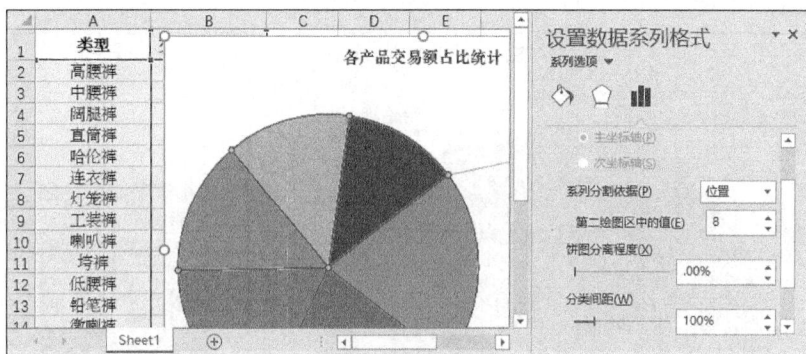

图 6-22 设置数据系列

（4）在【图表工具 设计】/【图表布局】组中单击"添加图表无素"按钮，在打开的列表中选择【数据标签】/【数据标签外】选项。

（5）选择添加的数据标签，在"设置数据标签格式"窗格中展开"标签选项"栏，取消选中"值"复选框，并选中"类别名称""百分比"复选框，如图 6-23 所示。

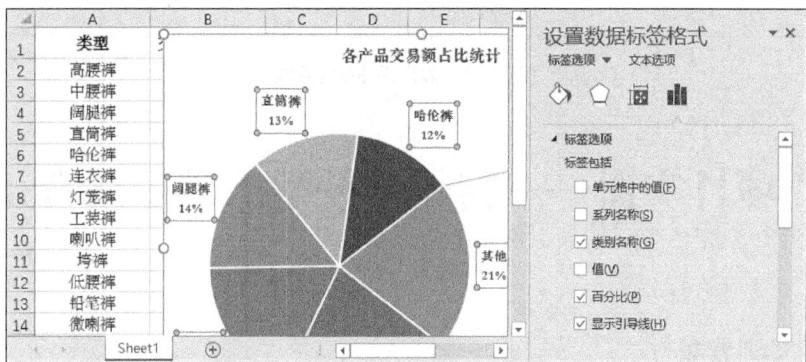

图 6-23 设置显示类别名称和百分比

（6）设置数据标签的数据类型，在"数字"栏的"类别"下拉列表框中选择"百分比"选项，将"小数位数"设置为"2"，如图 6-24 所示。

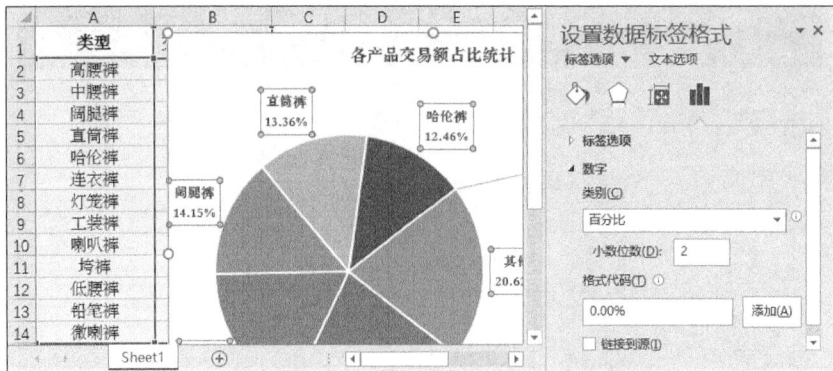

图6-24 设置百分比小数位数

（7）删除图例，适当调整图表大小，效果如图6-25所示（配套资源：效果\第6章\复合饼图.xlsx），该图中，"其他"数据系列中的各数值相加等于20.6%，是因为在设置的保留小数位数情况下四舍五入导致的。

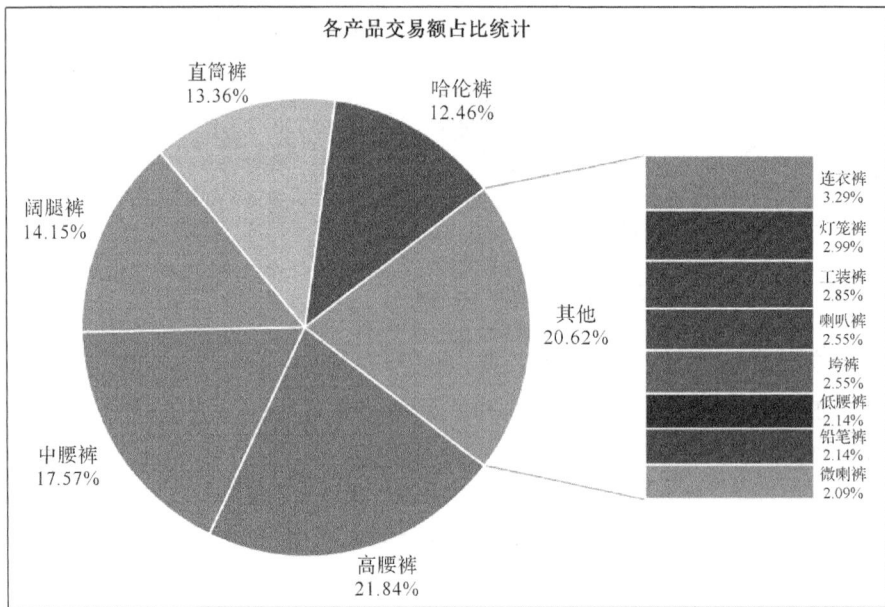

图6-25 复合饼图最终效果

6.4 项目实训——制作本校学生的生活费用统计图

6.4.1 实训背景

本次实训，同学们以调查工作小组为单位，每个小组分别对100名本校在校大一和大二学生的每月生活费进行调查，以了解本校学生的生活费用分布情况。本次调查以不记名的方式进行，在1天内完成调查，调查结果最终通过统计图展示。

6.4.2　实训思路

本次实训中，同学们可将调查工作小组分为两个组，每组分别调查 50 个对象，为避免重复调查，两组分别调查不同的年级，男女生的比例为 1:1。接下来，各组可制作并打印"调查资料登记表"，如表 6-5 所示，用于现场登记调查资料。本次调查的生活费分为 4 组，即 1 000 元以下，1 000 ~ 2 000 元，2 001 ~ 3 000 元，3 000 元以上，为方便资料输入，分别以 1，2，3，4 表示 1 000 元以下，1 000 ~ 2 000 元，2 001 ~ 3 000 元，3 000 元以上。然后各组即可实施调查，调查在 1 天内完成。完成调查后，各组将调查的数据汇总结果录入 Excel，并制作统计图。

表 6-5　调查资料登记表

被调查者编号	生活费	被调查者编号	生活费	被调查者编号	生活费
001	2				
002	1				
003	3				
004	2				
005	2				
006	4				
……	……				

6.4.3　实训实施

（1）分配好两组的调查人员，构思好访问措辞，准备好调查资料登记表、笔、手表等相关工具。

（2）两组分别行动，实施调查。调查人员应主动向被调查者说明此次调查的目的，希望取得他们的理解和支持，并在调查过程中做好数据记录。

（3）完成调查后，两组汇总数据，将汇总结果录入 Excel。

（4）调查小组根据汇总数据制作统计图，用以说明本校学生的生活费用分布情况。

6.5　课后习题

1. 市场调查资料的处理主要包括哪些内容？

2. 市场调查资料的审核包括哪些内容？如何处理不合格的资料？

3. 统计表按内容组织形式的不同，可以分为哪些类型？

4. 简述柱形图、条形图、折线图和饼图的特点及适用场景。

5. 根据调查问卷的部分内容（配套资源：素材 \ 第 6 章 \ 广告效果调查问卷 .docx），设计编码明细表。

6. 将自己最近一周使用手机的时间录入 Excel，并创建柱形图来对比分析每天的使用情况。

7. 利用采集到的图 6-26 所示的会员数据（配套资源：素材 \ 第 6 章 \ 会员分析 .xlsx），对会员的年龄和地域情况进行可视化展示，要求展示出不同年龄的会员占比以及不同地域的会员数量对比情况。

	会员级别	性别	年龄(岁)	城市	交易总额(元)	交易笔数(笔)
1						
2	一级会员	女	22	合肥	8.011	4
3	普通会员	女	30	武汉	2.670	7
4	普通会员	女	38	广州	8.239	9
5	普通会员	女	25	北京	5.341	7
6	普通会员	男	28	上海	6.189	3
7	普通会员	女	27	苏州	8.239	5
8	二级会员	女	27	青岛	8.011	7
9	一级会员	女	41	合肥	6.189	5
10	普通会员	女	25	成都	2.670	7
11	普通会员	女	30	贵州	8.011	3
12	普通会员	女	23	深圳	8.239	7
13	普通会员	女	41	杭州	8.077	3
14	普通会员	女	28	杭州	4.119	7
15	二级会员	男	30	北京	2.049	4
16	一级会员	女	45	上海	8.239	9
17	普通会员	女	25	深圳	8.011	7
18	普通会员	女	41	苏州	2.670	3
19	普通会员	女	27	广州	8.158	6
20	二级会员	女	28	上海	2.670	7
21	普通会员	女	25	上海	2.670	7
22	一级会员	女	23	北京	8.011	5
23	普通会员	女	25	广州	8.239	5
24	普通会员	女	30	深圳	8.239	7
25	二级会员	女	25	杭州	2.670	7
26	普通会员	女	33	上海	4.119	3
27	一级会员	女	30	成都	7.618	9
28	普通会员	女	33	北京	2.670	5
29	普通会员	女	23	南京	4.119	7
30	普通会员	女	23	杭州	2.670	4
31	二级会员	女	23	北京	8.239	7
32	普通会员	女	22	北京	4.119	4
33	二级会员	男	22	成都	8.239	9
34	普通会员	女	22	合肥	6.189	4
35	一级会员	女	27	上海	4.119	3
36	普通会员	女	33	广州	8.011	3
37	普通会员	女	26	深圳	4.039	4
38	普通会员	女	28	北京	2.670	7
39	二级会员	男	28	北京	6.189	3
40	普通会员	女	41	杭州	21.818	4
41	普通会员	女	30	深圳	4.099	6
42	一级会员	男	30	成都	8.239	9
43	普通会员	女	22	深圳	8.239	7
44	普通会员	女	33	上海	2.670	5
45	普通会员	女	33	上海	8.239	4
46	二级会员	男	28	北京	2.670	4
47	二级会员	女	22	杭州	8.239	7
48	普通会员	男	21	广州	2.049	7
49	普通会员	女	21	上海	8.239	7
50	普通会员	女	22	杭州	10.681	9
51	普通会员	女	38	广州	8.239	9
52	普通会员	女	23	杭州	2.670	7
53	普通会员	女	28	长沙	4.119	7
54	一级会员	男	45	上海	14.159	7
55	一级会员	女	21	北京	13.352	6
56	普通会员	女	45	青岛	2.049	3
57	普通会员	女	21	北京	8.239	7
58	一级会员	女	38	广州	6.189	7
59	一级会员	女	25	广州	4.119	5
60	二级会员	女	23	南京	6.189	7
61	普通会员	女	23	北京	2.670	5
62						
63						
64						
65						

图 6-26 会员数据

8. 阅读以下材料并回答问题。

某企业正在实施一项市场调查，问卷中涉及给某些指标打分或者给出好、一般、不好等评价的题目，这些题目数目较多，会占用被调查者较长的时间。在调查人员开展调查时，有的被调查者表现出了明显的不耐烦。因而，其中部分调查人员为了缩短访问时间就会跳过这些题目，提问其他题目，待访问结束时，这部分调查人员会随意圈选或者按照配额的要求伪造答案。

思考： 你认为上述案例中，调查人员伪造答案的做法是否正确；实际调查中，难免遇到有调查人员伪造答案的情形，那么审核人员在审核资料时应注意哪些问题。

⭐ **管理工具推荐**

1. 象形图

象形图使用与现象相关的象形符号来显示统计资料，可以更加直观和形象地将复杂的统计数据表现出来，主要用于不同时间、不同地区或不同条件下的统计指标的对比。象形图一般用一系列大小相同的象形符号代表一定比例的统计资料，如 1 张眼镜图片代表 10 000 副眼镜，如果数据是 20 000 副，则用 2 张眼镜的图片表示，如图 6-27 所示。

2. 数据展示报表工具

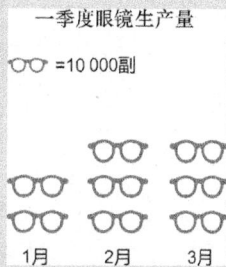

图 6-27　象形图示例

FineReport 是一款集数据展示和数据录入功能于一体的 Web 报表工具。FineReport 分为免费试用版和商用版，免费试用版享有全部功能，并且无使用期限，但限制 2 个并发，而商用版则无此限制。并发指的是可以同时访问报表的 IP 个数，简单来说就是免费试用版最多允许 2 个人同时访问报表系统。

FineReport 的工作界面与 Excel 类似。图 6-28 所示为 FineReport（Windows 64 位版）的工作界面，在工具栏中单击"插入图表"按钮 ∎∎，打开"图表类型"对话框，即可制作各类统计图。

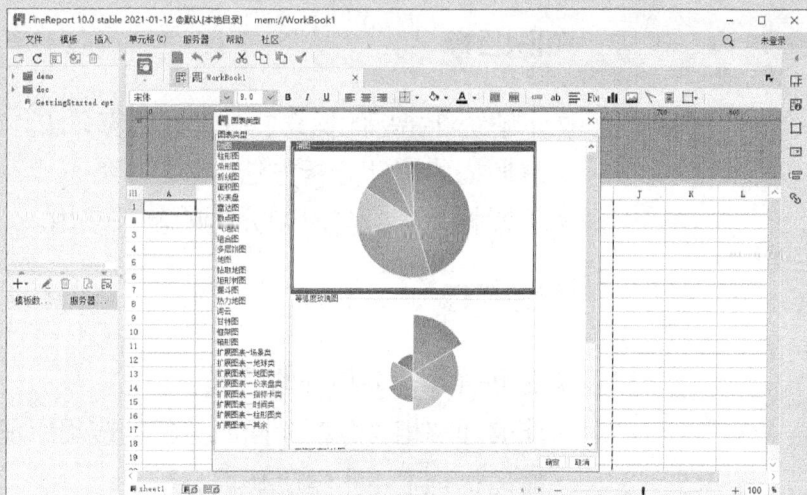

图 6-28　FineReport 的工作界面

第 **7** 章

市场统计分析

● **重要概念**

总量指标、相对指标、平均指标、描述统计、
相关系数、回归系数、斜率

● **知识目标**

/ 了解统计指标的概念、分类和计算方法。
/ 掌握描述统计分析方法。
/ 掌握相关分析与回归分析的基础应用。

● **能力目标**

/ 能够解释各类指标的含义。
/ 能够理解相关分析与回归分析的应用原理。
/ 能够借助 Excel 完成数据分析。

扫一扫

知识结构图

引导案例

2020—2025 年中国新能源汽车行业市场分析及投资前景报告（节选）

新能源又称非常规能源，是指传统能源之外的各种能源形式，例如，太阳能、地热能、风能、海洋能、生物质能和核聚变能等。从经济学的角度来看，新能源汽车产业是从事新能源汽车生产与应用的行业。新能源汽车是指除由汽油、柴油发动之外的其他能源汽车，被认为能减少空气污染和缓解能源短缺。在当今提倡全球环保的背景下，新能源汽车产业必将成为未来汽车产业发展的方向与目标。

2019 年，我国新能源汽车产销分别完成 124.2 万辆和 120.6 万辆。其中，纯电动汽车产销分别完成 102 万辆和 97.2 万辆；插电式混合动力汽车产销分别完成 22 万辆和 23.2 万辆；燃料电池汽车产销分别完成 2833 辆和 2737 辆。

2020 年 1—2 月，市场环境对新能源汽车市场冲击比较大，我国新能源汽车产销量均呈大幅度下降趋势。新能源汽车产销分别完成 53 840 辆和 59 705 辆，同比分别下降 63.8% 和 59.5%。分车型看，纯电动汽车产销分别完成 38 946 辆和 44 557 辆，同比分别下降 64.4% 和 60.7%；插电式混合动力汽车产销分别完成 14 749 辆和 14 977 辆，同比分别下降 62.2% 和 55.7%；燃料电池汽车产销分别完成 145 辆和 171 辆，同比分别下降 24.5% 和 8.6%。

2019 年 12 月，《新能源汽车产业发展规划（2021—2035 年）》（征求意见稿）提出，到 2025 年，新能源汽车市场竞争力明显提高，动力电池、驱动电机、车载操作系统等关键技术取得重大突破。新能源汽车新车销量占比达到 25% 左右，智能网汽车新车销量占比达到 30%，高度自动驾驶智能网联汽车实现限定区域和特定场景商业化应用。

2020 年 4 月初，国务院明确将原本 2020 年年底到期的新能源汽车购置补贴和免征购置税政策延长两年。这一政策的实施有助于拉动我国汽车市场的消费。目前，我国汽车保有量大约在 2.6 亿辆左右，千人汽车保有量为 180 多辆，与发达国家的千人汽车保有量相比，我国新能源汽车仍有增长空间。（资料来源：中商产业研究院）

【思考】

（1）上述案例中的数据从何而来？

（2）你能否对其中的概念及数据进行解析？

7.1　统计指标分析

情景导入

张雷手里拿着厚厚的一沓资料，向主管问道："完成市场调查资料的收集、整理后，是不是可以开始数据的统计分析了？""当然。"主管说道，"统计分析是指对调查所得数据进行定量分析，提取有价值的信息，以揭示事物内在的数量关系规律和发展趋势。你要想完成统计分析工作，就要熟悉各种统计分析方法的理论知识并能灵活运用。"

7.1.1 统计指标的分类

统计指标分析是根据一定时期的资料，对总体的各种数量特征，例如，总体的规模、结构、水平、比例关系等进行分析的方法。其中，统计指标是指反映总体的数量特征的概念和具体数值。通常，一个完整的统计指标包含指标名称和指标数值两部分（实际工作中，人们有时只把指标名称称作指标，而不将指标数值包含在内），例如，工业总产值 10 000 亿元，产品零售总额 5000 万元等。

视　频

综合指数分析

一般，按照统计指标反映的内容或数值表现形式划分，其可分为总量指标、相对指标和平均指标。

7.1.2 总量指标

总量指标是反映总体在一定时间、空间条件下的规模或水平的统计指标，通常以绝对数表示，因此又称绝对数指标。它是人们认识总体的基础指标。有时，总量指标也表示同一总体在不同的时间、空间条件下的差数。例如，2019 年某企业产品总产量为 40 000 件，2020 年该企业产品总产量比 2019 年增加了 8000 件，这 8000 件的增加量也是总量指标。

总量指标按其反映的时间状态不同可以分为时期指标和时点指标。

（1）时期指标。时期指标又称时期数，反映的是总体在一段时间内的总量。例如，产品产量、产品销售额、产品销售收入、国民生产总值等，都属于时期指标。

（2）时点指标。时点指标反映的是总体在某一时点上的总量。例如，年末人口数、企业库存额、银行存款余额、产品库存量等，都属于时点指标。

时期指标与时点指标的区别如下。

（1）不同时期的时期指标的数值具有可加性，相加后表示某一事物在较长时期中的总的发展水平。例如，将一年内 12 个月的钢产量相加就得到全年的钢产量；而不同时点指标的数值不具有可加性，即时点指标相加无实际意义。

（2）时期指标的数值大小与时期长短有直接关系，一般情况下，时期越长，指标数值越大，时期越短，指标数值越小；而时点指标的数值大小与其时间间隔长短无直接关系。

（3）时期指标数值是连续登记、累计的结果。例如，年产量是将 12 个月的产量累计相加得到的；而时点指标数值是间断计数的结果。

时期指标和时点指标的不同特点决定了二者在统计处理与应用上的不同，统计分析人员在运用时期指标和时点指标时，应注意同一类指标若从不同的角度考虑，其性质将不同。例如，年末人口数和年初人口数是时点指标，年末人口数减去年初人口数可以得到人口净增数，而人口净增数是时期指标。

7.1.3 相对指标

相对指标是两个有联系的总量指标的比值，例如，产品合格率、经济增长率、同比发展速度、环比发展速度、固定资产增长率等，用以表现两个指标之间的相互关系或差异程度，也能够为原本不能直接进行对比的指标找到比较的基础。相对指标的计量形式有百分数、千分数、倍数、系数等，计量形式的选择需要根据相对指标所反映的具体内容而定。

按反映的内容不同，相对指标可分为完成程度相对指标、结构相对指标、比例相对指标、比较相对指标、动态相对指标等。

1. 完成程度相对指标

完成程度相对指标是指将某种现象在某一段时间内的实际完成量与计划完成量进行对比得到的

比值，一般用百分数表示。

完成程度相对指标的计算公式如下。

$$完成程度相对指标 = \frac{实际完成量}{计划完成量} \times 100\%$$

完成程度相对指标可以检查计划的完成情况，分析计划完成或未完成的原因，找出存在的问题，提出解决问题的措施，保证按时或超额完成计划。例如，某企业某年计划销售额为 5000 万元，当年该企业实际销售额为 5500 万元，则该企业的完成程度相对指标 =5500÷5000×100%=110%。计算结果表明，该企业当年的产值超额完成 10%。

2. 结构相对指标

结构相对指标又称结构相对数，是指在统计分组的基础上，总体中某组的数值与总体数值的比值，可以说明其在总体中所占的比重，一般用百分数表示。

结构相对指标的计算公式如下。

$$结构相对指标 = \frac{总体中某组的数值}{总体数值} \times 100\%$$

例如，表 7-1 所示为 2020 年某企业收入来源及构成情况，表中第 3 列的数据就是结构相对指标。

表 7-1　某企业收入来源及构成情况

收入来源	金额 / 万元	占比
广告	1000	10.0%
金融服务	2000	20.0%
增值服务	5000	50.0%
技术服务	1500	15.0%
其他	500	5.0%

由表 7-1 可知，结构相对指标中各结构相对指标的数值小于 1，各结构相对指标的数值之和等于 1。运用结构相对指标能揭示现象的特征，反映人力、物力、财力的利用程度。持续测量不同时间的结构相对指标，可反映事物内部构成的变化过程和趋势。例如，用产品合格率说明工作质量的高低，产品合格率越高，则工作质量越高。

3. 比例相对指标

比例相对指标是指在统计分组的基础上，总体中某组的指标数值与总体中另一组的指标数值的比值，可以反映总体内不同部分之间的比例关系，一般用比值、百分数或倍数表示。

比例相对指标的计算公式如下。

$$比例相对指标 = \frac{总体中某组的指标数值}{总体中另一组的指标数值} \times 100\%$$

例如，某 App 的男女用户数比例 =1200（万人）：1000（万人）=1.2：1，这也表示该 App 的男性用户数是女性用户数的 120%。

4. 比较相对指标

比较相对指标是指将同一时期内，某种同类现象在不同空间上（如不同地区、部门、单位）的指标数值进行对比，以反映现象之间的差别程度或比例关系，一般用比值、百分数或倍数表示。

比较相对指标的计算公式如下。

$$比较相对指标 = \frac{甲地区（部门、单位）的某一指标数值}{乙地区（部门、单位）的同类指标数值} \times 100\%$$

例如，将 2020 年 A 企业钢产量和 B 企业钢产量进行比较，A 企业钢产量为 2000 吨，B 企业钢产量为 1000 吨，则 A 企业钢产量是 B 企业钢产量的 2 倍，或 B 企业钢产量为 A 企业钢产量的 50%，这就比较鲜明地反映出了二者之间的差别程度。通过比较相对指标，企业可以了解自身的发展在行业内处于什么样的位置，自身的哪些指标是领先的，哪些指标是落后的，进而找出下一步发展的方向和目标。

比例相对指标和比较相对指标的区别：比例相对指标是同一个总体内的不同组成部分的指标数值的对比，说明的是总体内部的比例关系；比较相对指标是同一时期同类指标在空间上的对比，说明的是同类现象发展的不均衡程度。

5. 动态相对指标

动态相对指标是指某种现象在不同时期内的同类指标数值的比值，反映总体在不同时间的发展变化情况，因此也叫发展速度，通常用百分数表示。

同比发展速度和环比发展速度的计算公式分别如下。

$$同比发展速度 = \frac{报告期指标数值}{上年同期指标数值} \times 100\%$$

$$环比发展速度 = \frac{报告期指标数值}{上一期指标数值} \times 100\%$$

例如，2019 年某平台"双 11"的单日销售总额为 100 亿元，2020 年该平台"双 11"的单日销售总额为 220 亿元，则 2020 年该平台单日销售总额的同比发展速度为 220%，或表示为同比增长 120%。

又如，某企业 2020 年 11 月的销售额为 200 万元，12 月的销售额为 300 万元，则 2020 年 12 月销售额的环比发展速度为 300÷200×100%=150%，或表示为环比增长 50%；如果该企业 2019 年 12 月的销售额为 150 万元，则 2020 年 12 月销售额的同比发展速度为 300÷150×100%=200%，或表示为同比增长 100%。

动态相对指标和比较相对指标评价的都是现象的发展程度，区别在于，比较相对指标是同类现象在不同空间的对比，反映的是某种现象在同一时期内不同空间条件下发展的不均衡程度，是横向比较。动态相对指标反映的是同一现象在不同时间的发展变化关系，是纵向比较。

7.1.4 平均指标

平均指标又称平均数，是反映总体各单位某一数量标志值在一定时间、地点、条件下的一般水平或代表性水平的指标。平均指标可以消除因总体范围不同而产生的总体数量差异，使不同总体具有可比性，可以说明现象的总体发展变化趋势，分析现象之间的依存关系等。平均指标的应用比较广泛，例如，2020 年某市居民人均月收入为 6500 元，某企业员工培训考核的平均成绩为 85 分，某食品加工厂每天的平均产量达到 500 箱等，都用到了平均指标。

按计算方法和应用条件的不同，平均指标可以分为算术平均数、几何平均数、调和平均数、中位数和众数等。

7.2 描述统计分析

情景导入

　　应公司要求，张雷和同事对附近某小区居民每月的人均收入进行了调查。他们随机访问了小区的 100 位居民。现在，张雷需要根据收集的数据进行描述统计分析，用于描述该小区居民的人均收入水平。

7.2.1 描述统计分析的内容

　　市场数据的统计方法多种多样，描述统计分析是一种十分常用的初级的数据分析方法。描述统计可以对总体数据做出统计性描述，以揭示数据的基本特征和分布规律。描述统计分析对数据的可靠性、准确性以及量表的选择有一定要求，其分析结果注重数量水平的描述，但不具有推断性质。描述统计分析的内容包括数据的集中趋势分析、数据的离散程度分析和数据的分布形态分析等。

7.2.2 数据的集中趋势分析

　　描述统计分析的第一个维度就是数据的集中趋势分析。数据的集中趋势反映了一组数据中心点所在的位置。通过分析数据分布的集中趋势，统计分析人员不仅可以找到数据的中心值或一般水平的代表值，还可以发现数据向其中心值靠拢的倾向和程度。例如，人均国内生产总值（Gross Domestic Product，GDP）就是一个集中趋势指标，反映的是人均国内生产总值的情况。虽然每个人对 GDP 的贡献度不同，但人均 GDP 能够反映一个国家的经济发展水平。

视　频

集中趋势分析

　　常用的分析数据的集中趋势的统计指标包括平均数、中位数和众数等。

拓展知识

　　除算术平均数外，调和平均数和几何平均数也可以用来描述数据的集中趋势。扫描右侧二维码，即可了解相关内容。

扫一扫

调和平均数和几何
平均数

1. 平均数

　　平均数是一组数据相加后除以数据个数的结果，它可以反映一组数据的平均水平。例如，人均 GDP。该指标的优点在于利用了所有数据的信息，缺点则是容易受极端值的影响，导致分析结果不具代表性。

　　根据所计算的数据是否分组，平均数有简单算术平均数和加权算术平均数之分。

　　简单算术平均数是对未经分组的数据计算得出的平均数。假设一组数据有 n 个变量值，分别为 $x_1, x_2, \cdots, x_n$，则这组数据的简单算术平均数的计算公式如下。

$$\bar{x} = \frac{x_1 + x_2 + \cdots + x_n}{n} = \frac{1}{n}\sum_{i=1}^{n} x_i$$

在 Excel 中，AVERAGE 函数可用于计算某一组数据的简单算术平均数，例如，A1:A20 单元格区域中包含不同的数值，则输入 "=AVERAGE(A1:A20)"，按下【Enter】键将返回这些数值的简单算术平均数。该函数等效于公式 "=SUM(A1:A20)/COUNT(A1:A20)"，其中，COUNT 函数用于统计数据的个数。

加权算术平均数则是对已分组的数据计算得出的平均数。若将一组数据分为 k 组，各组的简单算术平均数表示为 $\bar{x}_1, \bar{x}_2, \cdots, \bar{x}_k$，每组数据的个数为各组数据的权数，分别为 $f_1, f_2, \cdots, f_k$，则这组数据的加权算术平均数的计算公式如下。

$$\bar{x} = \frac{f_1\bar{x}_1 + f_2\bar{x}_2 + \cdots + f_k\bar{x}_k}{n} = \frac{1}{n}\sum_{i=1}^{k} f_i\bar{x}_i$$

在 Excel 中，SUMPRODUCT 函数可用于计算加权算术平均数公式中的分子部分。该函数可以返回对应区域的乘积之和，例如，输入公式 "=SUMPRODUCT(A1:A5,B1:B5)"，返回的结果等同于 "=A1*B1+A2*B2+A3*B3+A4*B4+A5*B5"。

案例分析——计算西红柿试验田的平均产量

某农场为了从 3 种不同的西红柿品种中选取高产稳产的一种，分别在 3 块试验田上试种，每块试验田的面积均为 5000 平方米，具体产量如表 7-2 所示，现要计算试验田的平均产量。

表 7-2　西红柿试验田产量汇总　　　　　　　　　　　　　单位：千克

品种	第 1 试验田产量	第 2 试验田产量	第 3 试验田产量
A	27.5	20.4	22
B	27.3	18.9	18.9
C	17.8	23.3	27.4

分析： 本例使用 Excel 进行计算分析，具体步骤如下。

（1）打开 "平均数 .xlsx" 工作簿（配套资源：素材 \ 第 7 章 \ 平均数 .xlsx），选择 F2 单元格，在编辑栏中输入 "=AVERAGE(B2:D2)"，计算 A 品种西红柿的平均产量。

（2）按【Enter】键返回计算结果，拖曳 F2 单元格右下角的填充句柄至 F4 单元格，计算其他品种西红柿的平均产量。

（3）选择 G2 单元格，在编辑栏中输入 "=COUNT(B2:D2)"，计算 A 品种西红柿的权数。

扫一扫

分析西红柿试验田的平均产量

（4）按【Enter】键返回计算结果，拖曳 G2 单元格右下角的填充句柄至 G4 单元格，计算其他品种西红柿的权数。

（5）选择 B7 单元格，在编辑栏中输入 "=SUMPRODUCT(F2:F4,G2:G4)"，算出对应的加权算术平均数计算公式的分子部分。

（6）在 B7 单元格编辑栏的公式右侧输入 "/SUM(G2:G4)"，这对应的是加权算术平均数计算公式的分母部分。按【Enter】键计算所有西红柿产量的加权算术平均数，结果如图 7-1 所示。

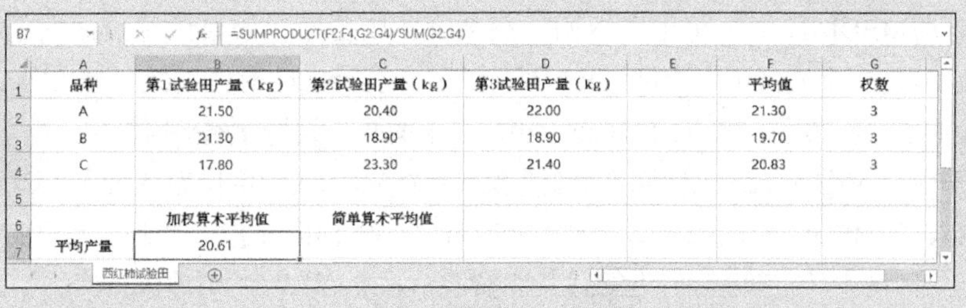

B7　=SUMPRODUCT(F2:F4,G2:G4)/SUM(G2:G4)

	A	B	C	D	E	F	G
1	品种	第1试验田产量（kg）	第2试验田产量（kg）	第3试验田产量（kg）		平均值	权数
2	A	21.50	20.40	22.00		21.30	3
3	B	21.30	18.90	18.90		19.70	3
4	C	17.80	23.30	21.40		20.83	3
5							
6		加权算术平均值	简单算术平均值				
7	平均产量	20.61					

西红柿试验田

图 7-1　计算加权算术平均数

（7）选择 C7 单元格，在编辑栏中输入“=AVERAGE(B2:D4)”，按【Enter】键计算简单算术平均数（配套资源：效果 \ 第 7 章 \ 平均数 .xlsx），如图 7-2 所示。由此可知，简单算术平均数为加权算术平均数的特殊形式。当所有数值的权数都为 1，即所有数值的重要性相同时，简单算术平均数与加权算术平均数是相等的。

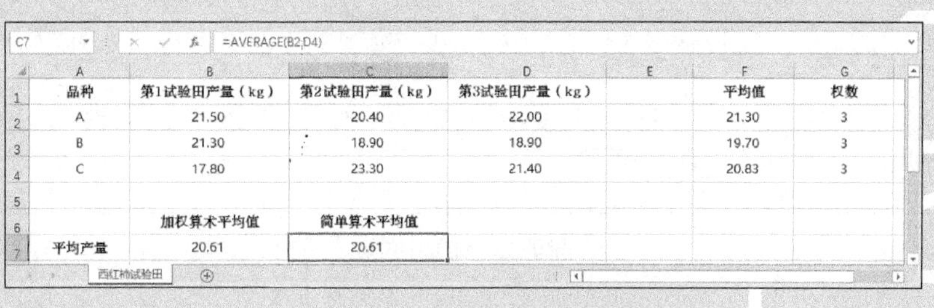

C7　=AVERAGE(B2:D4)

	A	B	C	D	E	F	G
1	品种	第1试验田产量（kg）	第2试验田产量（kg）	第3试验田产量（kg）		平均值	权数
2	A	21.50	20.40	22.00		21.30	3
3	B	21.30	18.90	18.90		19.70	3
4	C	17.80	23.30	21.40		20.83	3
5							
6		加权算术平均值	简单算术平均值				
7	平均产量	20.61	20.61				

西红柿试验田

图 7-2　计算简单算术平均数

实战演练——计算小区居民人均收入

根据本节“情景导入”的内容，张雷现将该小区居民的人均收入水平按 0 ～ 3000 元、3001 ～ 5000 元、50001 ～ 8000 元、8001 ～ 10 000 元、10 001 ～ 20 000 元、20 001 ～ 30 000 元分组。根据汇总结果，在张雷调查的 100 位居民中，月收入为 0 ～ 3000 元的有 15 人、3001 ～ 5000 元的有 36 人、5001 ～ 8000 元的有 26 人、8001 ～ 10 000 元的有 12 人、10 001 ～ 20 000 元的有 8 人、20 001 ～ 30 000 元的有 3 人。假设各分组的平均数分别为 1500 元、4000 元、6500 元、9000 元、15 000 元、25 000 元。下面分别利用公式计算该小区居民收入水平的加权算术平均数，大家也可在 Excel 中打开“加权算术平均数 .xlsx”工作簿（配套资源：素材 \ 第 7 章 \ 加权算术平均数 .xlsx），采用相应公式计算出该小区居民的人均收入（配套资源：效果 \ 第 7 章 \ 加权算术平均数 .xlsx）。

扫一扫

计算小区居民人均收入操作提示

2. 中位数

中位数是指将一组数据按从小到大或从大到小的顺序排列后，处于中间位置上的数据。当一组数据中含有极端值时，中位数比平均数更具有代表性。例如，在调查小区居民收入水平时，总体中存在极高收入者或极低收入者，这时该小区居民收入的中位数更能反映出居民收入的一般水平。

需要注意的是，当该组数据的个数 n 为奇数时，中位数就是位于 $(n+1)/2$ 位置上的数值，例如，当 $n=13$ 时，中位数就是第 7 位数值；当该组数据的个数 n 为偶数时，中位数就是位于 $n/2$ 和 $n/2+1$

位置上数值的算术平均数，例如，当 n=14 时，中位数就是第 7 位和第 8 位数值的算术平均数。

在 Excel 中，MEDIAN 函数可用于返回一组数据的中位数，如果该组数据的个数为偶数，则 MEDIAN 函数将自动返回位于中间的两个数的算术平均数，例如，输入公式“=MEDIAN(A1:A20)”，将返回该区域中位于第 10 位和第 11 位（按大小排序）的两个数的算术平均数。

例如，打开“中位数 .xlsx”工作簿（配套资源：素材 \ 第 7 章 \ 中位数 .xlsx），选择 B13 单元格，在编辑栏中输入“=MEDIAN(B2:B11,D2:D11,F2:F11)”，按【Enter】键，即可计算 B2:B11、D2:D11 和 F2:F11 单元格区域中所有数据的中位数（配套资源：效果 \ 第 7 章 \ 中位数 .xlsx），如图 7-3 所示。

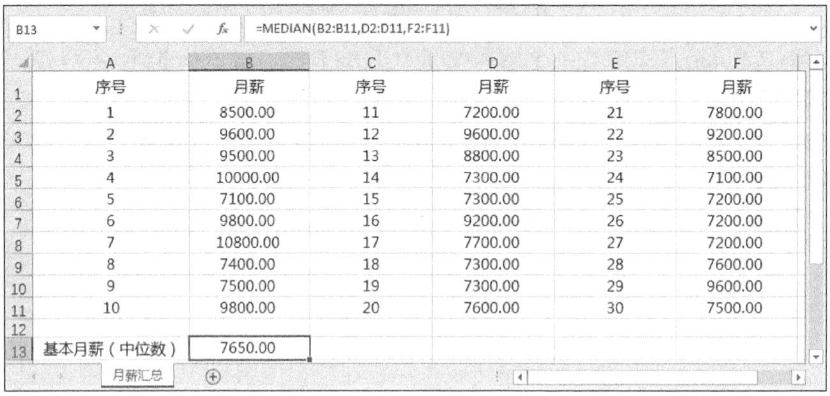
B13 =MEDIAN(B2:B11,D2:D11,F2:F11)

	A	B	C	D	E	F
1	序号	月薪	序号	月薪	序号	月薪
2	1	8500.00	11	7200.00	21	7800.00
3	2	9600.00	12	9600.00	22	9200.00
4	3	9500.00	13	8800.00	23	8500.00
5	4	10000.00	14	7300.00	24	7100.00
6	5	7100.00	15	7300.00	25	7200.00
7	6	9800.00	16	9200.00	26	7200.00
8	7	10800.00	17	7700.00	27	7200.00
9	8	7400.00	18	7300.00	28	7600.00
10	9	7500.00	19	7300.00	29	9600.00
11	10	9800.00	20	7600.00	30	7500.00
12						
13	基本月薪（中位数）	7650.00				

月薪汇总

图 7-3 计算中位数

案例分析——分析消费者对某超市的满意度

在某项调查中，调查人员要求被调查的消费者指出他们对某超市服务质量的满意度，其中：1 表示非常不满意；2 表示不满意；3 表示稍感不满；4 表示既无不满，也不满意；5 表示稍感满意；6 表示满意；7 表示非常满意。若此次调查抽选了 200 位调查者，最终调查结果汇总如表 7-3 所示。现在，要求以中位数反映消费者对超市的满意度。

表 7-3 消费者对某超市的满意度调查结果汇总

满意度	人数	百分比	累计百分比
1	5	2.50%	2.50%
2	25	12.50%	15.00%
3	30	15.00%	30.00%
4	42	21.00%	51.00%
5	61	30.50%	81.50%
6	22	11.00%	92.50%
7	15	7.50%	100.00%
总计	200	100.00%	

分析：在本案例中，样本量为 200 个，可知中位数处在第 100 位和 101 位上。在表 7-3 中，按照被调查者对于超市的满意度排序，根据人数汇总情况可得到第 100 位和 101 位上的满意度均为 4，因此，中位数为（4+4）/2=4。

3. 众数

众数是指一组数据中出现频率最高的数值，这个指标对定类数据、定序数据、定距数据和定比数据都适用，用以表示一组数据的集中趋势。

如果总体包含的数据足够多，且数据具有明显的集中趋势，就可以使用众数来反映该组数据的集中趋势。例如，一个班级共有 50 位学生，其中 45 位学生的年龄为 14 岁，3 位学生的年龄为 13 岁，2 位学生的年龄为 15 岁，则可以用 14 岁作为该班级学生的代表年龄。

需要注意的是，如果在一组数据中，只有一个数值出现的次数最多，就称这个数值为该组数据的众数；如果有两个或多个数值的出现次数并列最多，则称这两个或多个数值都是该组数据的众数；如果所有数值出现的次数都相同，则称该组数据没有众数。

在 Excel 中，MODE.SNGL 函数可用于返回一组数据的众数，例如，输入公式"=MODE.SNGL(A1:A20)"，将返回该区域中出现频率最高的数值。

7.2.3　数据的离散程度分析

在统计学中，把反映总体中各个个体之间差异程度的指标称为离散程度，也称离中趋势。数据的离散程度可以通过极差、四分位差、平均差、方差与标准差、变异系数等描述，使用这些指标，结合集中趋势的描述，我们就能对一组数据有更深入、更全面的认识。

一般而言，在同类离散指标的比较中，离散指标的数值越小，说明该组数据的波动（变异）程度越小；离散指标的数值越大，则说明该组数据的波动（变异）程度越大。

1. 极差

极差又称范围误差或全距，通常以 R 表示，反映的是一组数据中最大值与最小值之间的差值，其计算公式如下。

$$R = x_{max} - x_{min}$$

由于极差是一组数据中最大值与最小值之差，该组数据中任意两个变量之差都不会超过极差。这一特性使极差能够体现出一组数据波动的范围。也就是说，一组数据的极差越大，该组数据的离散程度越大；极差越小，则离散程度越小。

需要注意的是，极差只能反映一组数据的最大离散范围，极差未能利用该组数据的所有信息，不能反映中间数据的分布情况，同时极差也易受极端值的影响。

在 Excel 中，MAX 函数和 MIN 函数可用来计算极差。其中，MAX 函数为最大值函数，可以返回指定区域中的最大值；MIN 函数为最小值函数，可以返回指定区域中的最小值。二者的语法格式分别为"=MAX(number1，[number2]，…)"和"=MIN(number1，[number2]，…)"。

2. 四分位差

如果将一组数据按从小到大或从大到小的顺序排列后等分为 4 份，则处于该组数据 25% 位置上的数据称为下四分位数 Q_L，处于 50% 位置上的数据称为中位数，处于 75% 位置上的数据称为下四分位数 Q_U，如图 7-4 所示。四分位差 Q_d 则指的是上四分位数 Q_U 与下四分位数 Q_L 之差，即 $Q_d = Q_U - Q_L$。

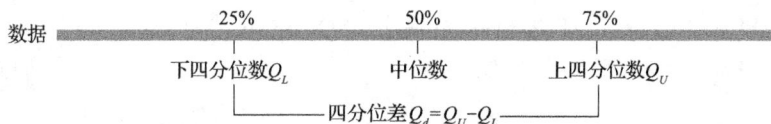

图 7-4　四分位数及四分位差示意图

从图 7-4 中可以发现，约有 50% 的数据包含在下四分位数 Q_L 和上四分位数 Q_U 之间，说明四分位差可以表示占全部数据一半的中间数据的离散程度。四分位差越大，表示该部分数据的离散程度越大；四分位差越小，表示该部分数据的离散程度越小。四分位差不受极值的影响，适用于描述顺序数据和数值型数据的离散程度。此外，由于中位数处于数据的中间位置，四分位差的大小在一定程度上也说明了中位数对一组数据的代表程度。尤其是当用中位数测度数据分布的集中趋势时，就特别适合用四分位差来描述数据的离散程度。

在 Excel 中，QUARTILE.INC 函数可用来计算四分位差。该函数的语法格式为“=QUARTILE.INC(array,quart)”。其中，参数 array 为需要返回的四分位数值所在的单元格区域；参数 quart 为返回的具体值，取值范围为 0 ～ 4 的整数，各取值对应的含义如表 7-4 所示。

表 7-4　参数 quart 的取值范围

取值	返回的值
0	最小值
1	下四分位数
2	中位数
3	上四分位数
4	最大值

案例分析——利用四分位差分析员工培训考核成绩

某企业统计了新员工的培训考核成绩，如图 7-5 所示（配套资源：素材\第 7 章\四分位差.xlsx）。下面在 Excel 中利用四分位差来分析本次培训考核的成绩。

	A	B	C	D
1	48位新员工培训考核成绩汇总			
2	69	93	62	63
3	72	80	75	50
4	72	63	84	65
5	54	55	85	53
6	64	71	68	53
7	55	68	54	70
8	84	93	79	67
9	67	68	55	50
10	70	98	68	77
11	85	74	74	96
12	69	51	75	67
13	50	65	62	86

考核成绩

图 7-5　新员工培训考核成绩

分析：具体步骤如下。

（1）打开“四分位差.xlsx”工作簿，选择 G2 单元格，在编辑栏中输入“=QUARTILE.INC(A2:D13,3)”，按【Enter】键计算上四分位数。

（2）选择 G3 单元格，在编辑栏中输入“=QUARTILE.INC(A2:D13,1)”，按【Enter】键计算下四分位数。

扫一扫

利用四分位差分析员工培训考核成绩

（3）选择 G4 单元格，在编辑栏中输入“=G2-G3”，按【Enter】键计算四分位差（配套资源：效果 \ 第 7 章 \ 四分位差 .xlsx），如图 7-6 所示。由此可见，本次培训考核中，有 50% 的员工的考核成绩集中在 62 ～ 75.5 分，在该范围中的最大差距为 13.5 分。如果本次考核的难度较大，则超过 75% 以上的及格率是可以接受的；但如果考核比较简单，则至少有 75% 的员工的分数在 80 分以下，则表示培训效果不太理想。

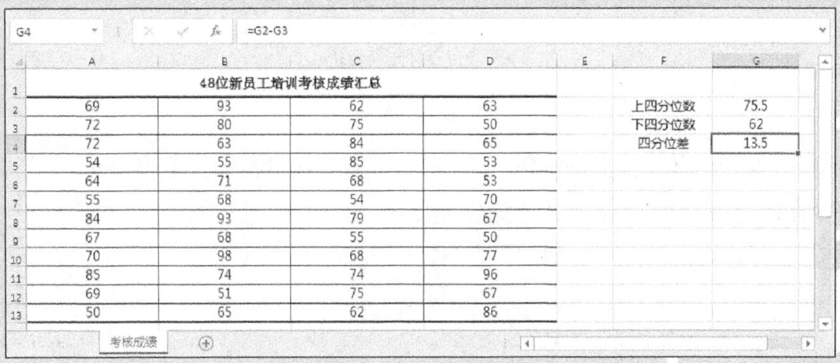

G4　=G2-G3

	A	B	C	D	E	F	G
1	48位新员工培训考核成绩汇总						
2	69	93	62	63		上四分位数	75.5
3	72	80	75	50		下四分位数	62
4	72	63	84	65		四分位差	13.5
5	54	55	85	53			
6	64	71	68	53			
7	55	68	54	70			
8	84	93	79	67			
9	67	68	55	50			
10	70	98	68	77			
11	85	74	74	96			
12	69	51	75	67			
13	50	65	62	86			

考核成绩

图 7-6　计算四分位差

3. 平均差

平均差是各个变量值与其算术平均数的离差绝对值的算术平均数，可以用“*A.D*”或“*M.D*”表示。其中，离差就是偏差，是某个变量值与全部数据的算术平均数之差。由于各个变量与其算术平均数的离差之和等于 0，这样就无法反映平均差的情况。为此，需要取离差的绝对值进行计算。

假设一组数据有 n 个变量值，分别为 $x_1, x_2, \cdots, x_n$，其算术平均数为 $\bar{x}$，则平均差的计算公式如下。

$$A.D = \frac{\sum_{i=1}^{n} |x_i - \bar{x}|}{n}$$

例如，一组数据包含的数值为 20、40、60、80、100，则该组数据的平均差的计算过程如下。

$$A.D = \frac{\sum_{i=1}^{n} |x_i - \bar{x}|}{n} = \frac{|20-60| + |40-60| + |60-60| + |80-60| + |100-60|}{5} = 24$$

平均差越大，说明各变量与算术平均数的差异程度越大，该算术平均数的代表性就越小；平均差越小，说明各变量与算术平均数的差异程度越小，该算术平均数的代表性就越大。

在 Excel 中，AVEDEV 函数可用于快速计算出指定区域的平均差，其语法格式为“=AVEDEV(number1,[number2],…)”，其用法与 SUM 函数、AVERAGE 函数等函数的用法相同。

4. 方差与标准差

平均差通过绝对值消除离差的正负号，从而保证离差总和不为 0。在数学上，还有一种方法比使用绝对值来处理该问题更为合理，即对离差进行平方，得到方差，方差即是各变量值与其算术平均数的差的平方。考虑到方差是经过平方处理的，其单位与数据单位就不会相同，因此为了更好地比较和分析数据，可以对方差开平方根，得到标准差。方差与标准差是测量离散程度的重要指标，其数值越大，表示组中的各个数据越离散，算术平均数的代表性越差；反之，各个数据就越集中在算术平均数附近，算术平均数的代表性就越好。

假设一组数据有 N 个变量值，分别为 $x_1, x_2, \cdots, x_N$，σ^2 为总体方差，μ 为总体的均值，则总体方差的计算公式如下。

$$\sigma^2 = \frac{\sum_{i=1}^{N}(x_i - \mu)^2}{N}$$

总体标准差 σ 的计算公式如下。

$$\sigma = \sqrt{\frac{\sum_{i=1}^{N}(x_i - \mu)^2}{N}}$$

实际工作中，如果总体均值无法得到，则可以使用样本统计量代替总体参数。假设样本量为 n，样本量的均值为 $\bar{x}$，此时样本方差 s^2 的计算公式如下。

$$s^2 = \frac{\sum_{i=1}^{n}(x_i - \bar{x})^2}{n-1}$$

样本标准差 s 的计算公式如下。

$$s = \sqrt{\frac{\sum_{i=1}^{n}(x_i - \bar{x})^2}{n-1}}$$

在 Excel 中，如果采集到的是总体的所有数据，可以使用 STDEV.P 函数计算总体标准差，对结果进行平方（Excel 中，平方的语法为 "^2"，开平方根的语法为 "^(1/2)"），则能得到总体方差；如果采集到的是总体的部分样本数据，可以使用 STDEV.S 函数计算样本标准差，对结果进行平方，则能得到样本方差。

5. 变异系数

无论是极差、平均差或是标准差，这些指标实际上都是以绝对值的形式来反映数据的离散指标的，它们不仅都有计量单位，而且其计量单位与算术平均数的计量单位相同。因此，如果两组数据的计量单位相同且平均水平相当时，就可以用上述绝对值形式的离散指标对这两组数据进行对比。

但是，如果两组数据的计量单位不同或平均水平差距较大，使用上述离散指标在不同总体之间进行比较就缺乏可比性，这时就需要计算相对值形式的离散指标，即变异系数（也称离散系数）。

变异系数是用绝对值形式的离散指标与平均值相除的结果，是用比率的形式反映离散程度的一种指标，通常用标准差除以算术平均数的百分数来表示。

总体的变异系数计算公式如下。

$$V_\sigma = \frac{\sigma}{\mu} \times 100\%$$

样本的变异系数计算公式如下。

$$V_s = \frac{s}{\bar{x}} \times 100\%$$

需要注意的是，变异系数是无单位指标，它不仅可以说明同类数据的相对离散程度，还可以说明不同类型数据的相对离散程度。例如，比较一群人的收入离散程度和忠诚度离散程度，因为收入与忠诚度的单位不一致，所以其他的离散指标都不适用，而变异系数则能够用于两者的比较，因为它消除了单位的影响。

案例分析——分析衣柜与五金件的价格波动幅度

　　某公司随机抽取了 12 种型号的成品衣柜及对应的五金件，其价格如图 7-7 所示（配套资源：素材 \ 第 7 章 \ 变异系数 .xlsx），该公司希望通过 Excel 对这些样品的价格进行分析来比较二者的价格波动幅度。

	A	B	C	D	E	F	G	H	I	J	K	L	M
1	型号	1	2	3	4	5	6	7	8	9	10	11	12
2	成品衣柜	4200.00	2800.00	4000.00	1500.00	2700.00	2700.00	4800.00	1400.00	1500.00	1400.00	4500.00	3100.00
3	五金件	35.00	49.00	69.00	51.00	52.00	51.00	68.00	69.00	21.00	29.00	57.00	65.00

变异系数

图 7-7　成品衣柜及对应的五金件价目表

　　分析：具体步骤如下。

　　（1）打开"变异系数 .xlsx"工作簿，选择 B6 单元格，在编辑栏中输入"=STDEV.S(B2:M2)"，按【Enter】键计算出成品衣柜的样本标准差。

　　（2）选择 B7 单元格，在编辑栏中输入"=STDEV.S(B3:M3)"，按【Enter】键计算出五金件的样本标准差。

扫一扫

分析衣柜与五金件
的价格波动幅度

　　（3）利用 AVERAGE 函数分别计算出成品衣柜和五金件的算术平均数。

　　（4）选择 D6 单元格，在编辑栏中输入"=B6/C6*100%"，按【Enter】键计算出成品衣柜的变异系数。

　　（5）选择 D7 单元格，在编辑栏中输入"=B7/C7*100%"，按【Enter】键计算出五金件的变异系数（配套资源：效果 \ 第 7 章 \ 变异系数 .xlsx），如图 7-8 所示。由此可见，成品衣柜的价格变异系数大于五金件的价格变异系数，说明成品衣柜的价格波动幅度更大。

D7　　　　fx　=B7/C7*100%

	A	B	C	D	E	F	G	H	I	J	K	L	M
1	型号	1	2	3	4	5	6	7	8	9	10	11	12
2	成品衣柜	4200.00	2800.00	4000.00	1500.00	2700.00	2700.00	4800.00	1400.00	1500.00	1400.00	4500.00	3100.00
3	五金件	35.00	49.00	69.00	51.00	52.00	51.00	68.00	69.00	21.00	29.00	57.00	65.00
4													
5		标准差	算术平均值	变异系数									
6	成品衣柜	1265.51	2883.33	43.89%									
7	五金件	15.99	51.33	31.15%									

变异系数

图 7-8　计算变异系数

　　7.2.3 节介绍了 6 种离散指标。其中，极差是最简单的离散程度分析指标，但其只能粗略地说明数据的变动范围；四分位差则可以反映占总体数据一半的中间数据的离散程度；平均差和方差分别通过绝对值和平方等数学处理手段，控制各变量与算术平均数离差总和不为 0，从而反映数据内部各变量的离散情况；标准差则是在方差的基础上，解决了方差单位与数据单位不一致，而无法衡量数据情况的问题；变异系数则进一步解决了不同类型数据之间比较离散程度的问题。这些变量各有优缺点，大家可根据实际情况选择使用。

7.2.4 数据的分布形态分析

对于任意两组数据而言，即使它们的集中趋势和离散程度都相同，但表现出来的分布特征也有可能不同，其原因在于决定数据分布特征的除了集中趋势和离散程度外，还包括分布形态。数据的分布形态并没有确切的定义，但作为数据描述的第3个维度，它是最为形象的一种数据描述方式，分析者可以用各种统计图将数据的分布形态形象地展现出来，使数据的各种分布特征一目了然。

在统计分析中，通常要假设样本分布属于正态分布，因此需要用偏度和峰度两个指标来检查样本是否符合正态分布。

1. 偏度

偏度描述的是样本分布曲线的偏斜方向和程度，偏度系数则是以正态分布为标准来描述数据对称性的指标。如果偏度系数大于0，则样本分布曲线的高峰向左偏移，长尾向右延伸，称为正偏态分布；如果偏度系数等于0，则为正态分布；如果偏度系数小于0，则样本分布曲线的高峰向右偏移，长尾向左延伸，称为负偏态分布，如图7-9所示。

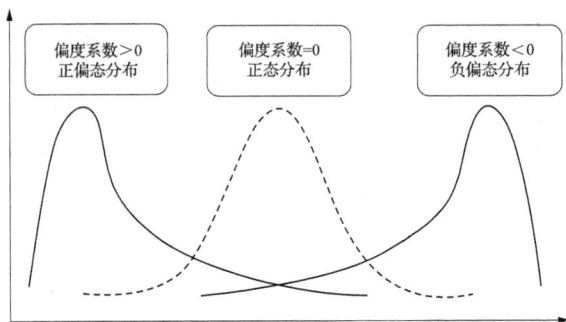

图7-9　不同偏度系数对应的分布曲线

2. 峰度

峰度描述的是样本分布曲线的尖峰程度，峰度系数则是以正态分布为标准来描述样本分布曲线峰顶尖峭程度的指标。如果峰度系数大于0，则两侧极端数据较少，样本分布比正态分布更高更窄，呈尖峭峰分布；如果峰度系数等于0，则为正态分布；如果峰度系数小于0，则两侧极端数据较多，样本分布比正态分布更低更宽，呈平阔峰分布，如图7-10所示。

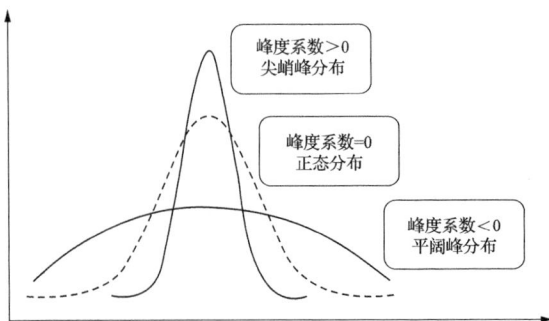

图7-10　不同峰度系数对应的分布曲线

7.3　相关分析与回归分析

情景导入

　　某企业收集了全年各月的销售收入与每月投入的广告费用等数据，张雷需要利用这些数据分析销售收入与广告费用的相关关系。

　　显然利用单变量的描述统计分析无法解决此问题，因为这里涉及了销售收入与广告费用两个变量，要分析两者的相关关系，就需要运用多变量统计分析方法。在市场调查与分析中，研究者分析两个或两个以上变量之间的关系的常用方法是相关分析与回归分析。

7.3.1　相关分析

相关分析是分析两个或两个以上变量之间的相关程度及其大小的一种统计方法，其目的是揭示变量之间是否存在相关关系，并确定相关关系的性质、方向和密切程度。

1. 相关关系与函数关系

相关关系是指变量之间的某种数量关系，与之对应的是函数关系，下面首先说明变量的函数关系，这样大家能更容易理解变量的相关关系。

（1）函数关系。假设有两个变量 x 和 y，函数关系就是指这两个变量的一一对应关系，即一个变量的数值完全由另外一个变量的数值所决定，记为 $y = f(x)$。例如，产品单价与销售额的关系、产品销售额与销量的关系等。

视　频

相关分析

（2）相关关系。相关关系可以反映变量之间存在的一种不确定的依存关系，即一个变量发生变化时，另一个变量也会发生变化，但变化的具体数量不确定。例如，产品销量与居民收入的关系、产品销量与地区人口数的关系等。

2. 相关关系的类型

变量之间的相关关系可以从不同的角度进行分类。

（1）按涉及的变量数量的多少，相关关系分为单相关和复相关两种。单相关也称一元相关，指两个变量之间的相关关系；复相关也称多元相关，指多个变量之间的相关关系。

（2）按表现出的形式不同，相关关系分为线性相关和非线性相关。线性相关也称直线相关，指具有相关关系的变量之间的变动在坐标轴中表现得近似一条直线；非线性相关也称曲线相关，指具有相关关系的变量之间的变动在坐标轴中表现得近似一条曲线。

（3）如果变量之间存在线性相关（直线相关）的关系，则按照相关方向的不同，线性相关可分为正相关和负相关。正相关指两个变量的变动方向相同，即一个变量的数值增加（或减少），另一个变量的数值也随之增加（或减少）；负相关指两个变量的变动方向相反，即一个变量的数值增加（或减少），另一个变量的数值会随之减少（或增加）。

（4）按相关程度的不同，相关关系分为完全相关、相关和不相关。完全相关指一个变量的取值完全依赖于另一个变量，此时的相关关系等效于函数关系；相关也称不完全相关，其相关关系的程度介于完全相关和不相关之间，从总体来看，观测点会分布在一条直线的周围；不相关指变量之间不存在相关关系，无规律可循。

图 7-11 所示的散点图（也称相关图）反映了不同相关关系的类型，我们可以直观地查看变量之间的大致关系。在坐标系中，横轴代表变量 x，纵轴代表变量 y，每组数据 (x, y) 便形成坐标系中的一个点。

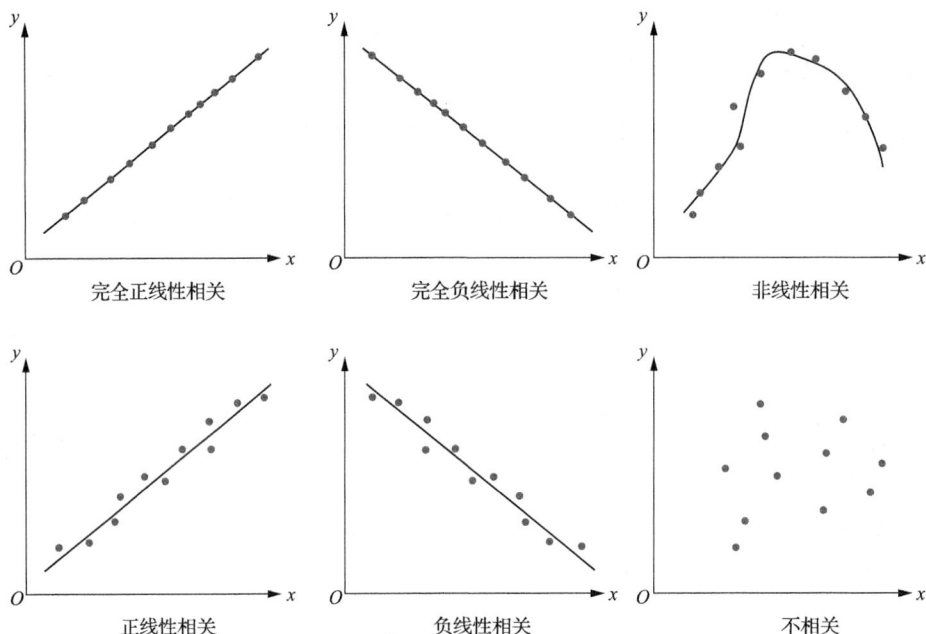

图 7-11　各种相关关系示意图

3. 相关系数

当两个变量线性相关时，可用相关系数测量两个变量之间的相关方向和相关程度。如果相关系数是根据总体全部数据计算出来的，则称为总体相关系数，记为 ρ；如果相关系数是根据样本数据计算出来的，则称为样本相关系数，简称相关系数，记为 r。

（1）相关系数的计算公式。

样本相关系数的计算公式如下。

$$r = \frac{\sigma_{xy}^2}{\sigma_x \cdot \sigma_y}$$

上式中，σ_{xy}^2 为变量 x 和 y 的协方差，协方差表示的是两个变量的总体误差，方差是协方差的一种特殊情况，当两个变量相同时，两个变量就变为一个变量，此时的协方差就等效于方差。σ_x 为变量 x 的标准差，σ_y 为变量 y 的标准差。因此，上式可以转化为如下公式。

$$r = \frac{\sum(x-\bar{y})(y-\bar{y})}{\sqrt{\sum(x-\bar{x})^2} \cdot \sqrt{\sum(y-\bar{y})^2}}$$

此外，计算样本相关系数还可采用简单公式，如下所示。

$$r = \frac{n\sum x_i y_i - \sum x_i \sum y_i}{\sqrt{n\sum x_i^2 - (\sum x_i)^2} \cdot \sqrt{n\sum y_i^2 - (\sum y_i)^2}}$$

上式中，n 为变量 x 和 y 的数量，x_i 为变量 x 的实际观察值，y_i 为变量 y 的实际观察值。

（2）相关系数的取值范围。

相关系数的取值能准确说明相关关系的具体情况。相关系数 r 的取值范围为 [-1,1]，如图 7-12 所示。当 $|r|$ 越接近 1 时，两个变量之间的直线相关程度就越高；当 $|r|$ 越接近于 0 时，两个变量之间的直线相关程度就越低。

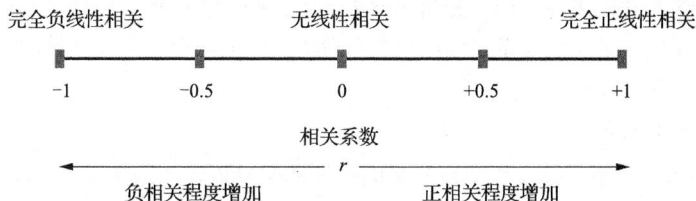

图 7-12　相关系数的取值范围

在实际应用中，通过相关系数 r 判断变量之间相关关系的强弱的一般标准如下。

当 $|r|$ =0 时，说明变量之间不存在线性相关关系，但不能说明它们不存在相关关系。

当 $0 < |r| \leqslant 0.3$ 时，说明两个变量之间存在微弱线性相关关系。

当 $0.3 < |r| \leqslant 0.5$ 时，说明两个变量之间存在低度线性相关关系。

当 $0.5 < |r| \leqslant 0.8$ 时，说明两个变量之间存在中度（或显著）线性相关关系。

当 $0.8 < |r| < 1$ 时，说明两个变量之间存在高度线性相关关系。

当 $|r|$ =1 时，说明两个变量之间呈完全线性相关。

案例分析——分析产品产量与单位成本之间的关系

某企业在 2020 年上半年研发并生产了一种新型产品，每个月该产品的产量和单位成本的相关数据汇总在表 7-5 中。现要利用相关系数分析产品产量与单位成本之间的关系。

表 7-5　产量与单位成本数据汇总

月份	产量（千件）x	单位成本（元 / 件）y	x^2	y^2	xy
1	2	73	4	5329	146
2	3	72	9	5184	216
3	4	71	16	5041	284
4	3	73	9	4761	219
5	4	69	16	5329	276
6	5	68	25	4624	340
合计	21	426	79	30 268	1481

分析：单位成本与产量的相关系数为

$$r = \frac{n\sum x_i y_i - \sum x_i \sum y_i}{\sqrt{n\sum x_i^2 - (\sum x_i)^2} \cdot \sqrt{n\sum y_i^2 - (\sum y_i)^2}} = \frac{6 \times 1481 - 21 \times 426}{\sqrt{6 \times 79 - 21^2} \times \sqrt{6 \times 30\,268 - 426^2}} = -0.909$$

本例中计算出的该产品的产量与单位成本之间的相关系数为 -0.909，说明二者的关系为高度负相关。

7.3.2 回归分析

回归分析是把具有相关关系的变量之间的不确定的数量关系平均化、函数化，它可以将具有相关关系的变量之间不确定的数量关系通过函数表达式表现出来，用以说明变量之间的数量依存关系。

按照涉及的变量数量的多少，回归分析可分为一元回归分析和多元回归分析；按照自变量和因变量之间的关系类型，回归分析可分为线性回归分析和非线性回归分析。本书重点介绍线性回归。

1. 一元线性回归分析

一元线性回归分析是指仅涉及一个自变量的线性回归分析，且因变量与自变量之间为线性相关关系。

（1）一元线性回归方程。

描述因变量 y 的平均值或期望值如何依赖于自变量 x 的方程称为一元线性回归方程，其公式如下。

$$E(y) = \beta_0 + \beta_1 x$$

一元线性回归方程在坐标轴中表现为一条直线，因此也称直线回归方程，这条直线称为回归直线。其中，β_0 是回归直线在 y 轴上的截距，β_1 是回归直线的斜率，称为回归系数，表示当自变量 x 变动一个单位时，因变量 y 的平均变动值。

如果总体回归参数 β_0 和 β_1 是未知的，此时就用样本统计量 $\hat{\beta}_0$ 和 $\hat{\beta}_1$ 代替一元线性回归方程中的未知参数 β_0 和 β_1，可得到估计的一元线性回归方程，其公式如下。

$$E(y) = \hat{\beta}_0 + \hat{\beta}_1 x$$

该公式可转化为更为常见的形式，表示如下。

$$\hat{y} = a + bx$$

其中，a 是回归直线在 y 轴上的截距，b 是回归系数，即回归直线的斜率，$\hat{y}$ 是 y 的估计值，也表示自变量 x 变动一个单位时，因变量 y 的平均变动值。

（2）最小二乘估计。

最小二乘（二乘就是平方）估计是指采用最小二乘法使因变量 x 的观察值与估计值之间的误差平方和达到最小，以此来求得参数 a 和 b 的方法，表示如下。

$$Q = \sum e^2 = \sum (y - \hat{y})^2 = \sum (y - a - bx)^2$$

上式中，e 表示观察值与实际值之差，称为估计误差，Q 表示误差平方和，用来度量观察值与实际值之间的偏离程度。

之所以采用最小二乘法来估计参数 a 和 b，是因为用最小二乘法拟合的直线来代表 x 和 y 之间的关系与用实际数据拟合的直线的误差比用其他任何方法得到的都小。图 7-13 所示为最小二乘法示意图，即散点图中的点与该直线之间的距离的平方和，该数值小于散点图中的点与任何其他拟合直线之间距离的平方和。

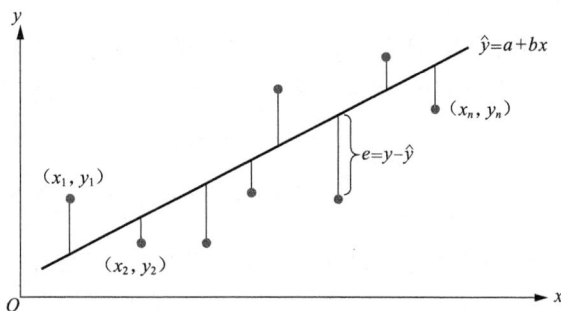

图 7-13　最小二乘法示意图

拓展知识

　　根据总体或样本数据建立一元线性回归方程，需要通过统计学意义上的检验与判断才能决定该方程能否用于对变量进行预测与控制，是否具备较高的准确性。扫描右侧二维码，即可查看一元线性回归方程的检验方法。

扫一扫
一元线性回归方程
的检验方法

　　由此，利用最小二乘法可以求得参数 a 和 b，其计算方程组如下。

$$\frac{\partial Q}{\partial a} = 2\sum (y - a - bx)(-1) = 0$$

$$\frac{\partial Q}{\partial b} = 2\sum (y - a - bx)(-x) = 0$$

　　求解上述方程组，可得参数 a 和 b 的值分别如下。

$$a = \bar{a} + b\bar{x}$$

$$b = \frac{n\sum xy - \sum x\sum y}{n\sum x^2 - (\sum x)^2}$$

案例分析——利用回归分析预测单位成本

　　以上一个案例为例，根据表 7-5 所示的企业上半年产量与单位成本的数据，建立一元线性回归方程，说明回归系数的经济含义，并根据该方程预测产量在 6 千件时的单位成本。

　　分析： 由于产量与单位成本数据属于样本数据，因此我们可利用估计的一元线性回归方程 $\hat{y} = a + bx$ 来计算参数的值。该方程中因变量 $\hat{y}$ 代表单位成本，自变量 x 代表产量。

$$b = \frac{n\sum xy - \sum x\sum y}{n\sum x^2 - (\sum x)^2} = \frac{6\times 1481 - 21\times 426}{6\times 79 - 21^2} \approx -1.818$$

$$a = \bar{a} + b\bar{x} = \frac{\sum y}{n} - b\frac{\sum x}{n} = \frac{426}{6} - (-1.818)\times \frac{21}{6} = 77.363$$

　　其中，"-1.818"即回归系数，它表示产量每增加 1 千件，单位成本平均会减少 1.818 元。如果需要预测 6 千件产量的单位成本，直接将其代入公式计算，则

$$\hat{y} = a + bx = 77.363 - 1.818\times 6 = 66.455$$

　　说明当产量为 6 千件时，单位成本约为 66.455 元。

2. 多元线性回归分析

现实生活中，某一现象的出现往往是受多个因素共同影响的结果，如果某个现象与多个影响因素之间呈线性关系，要分析它们之间相关关系的程度，就属于多元线性回归分析的范畴。

拓展知识

扫描右侧二维码，可查看多元线性回归拟合优度检验和显著性检验的相关内容。

扫一扫

多元线性回归检验

描述因变量 y 的平均值或期望值如何依赖于自变量 $x_1, x_2, \cdots, x_k$ 的方程称为多元线性回归方程，其公式表示如下。

$$\hat{y} = b_0 + b_1 x_1 + b_2 x_2 + \cdots + b_k x_k$$

上式中，$\hat{y}$ 表示因变量的估计值；$x_1, x_2, \cdots, x_k$ 表示 k 个自变量；b_0 为常数项，是回归直线在 y 轴上的截距；$b_1, b_2, \cdots, b_k$ 表示 k 个回归系数，即回归直线的斜率，表示当其他自变量取值不变时，自变量 $x_i(i=1, 2, \cdots, k)$ 每改变一个单位所导致的 $\hat{y}$ 的平均变动量。

视 频

方差分析

7.4 常见统计软件的应用

情景导入

古语云"工欲善其事，必先利其器"，在数据资料的统计分析阶段，只熟悉各种统计分析方法还不够，还需要掌握各种数据分析软件的操作方法。二者相结合，才能进行高效、精准的统计分析。对此，张雷深有体会。

7.4.1 Excel

可以进行统计分析的软件有很多，例如，SPSS、SAS 等，但使用这些软件不仅需要具备一定的专业技术，还要支付一些费用。而对于个人或中小企业而言，Excel 是一款非常适用于统计分析的软件，它虽不如 SPSS、SAS 的功能强大，但在日常学习和工作中的应用也十分广泛。并且，Excel 所提供的函数计算、图表绘制、数据分析及电子表格等功能，可以很好地满足非统计专业的教学和工作需要。

本书主要使用 Excel 2016 作为进行数据统计分析的软件，该软件不仅简单易学、使用便捷，而且能够解决大多数的数据分析问题。

1. 使用 Excel 的"描述统计"功能

Excel 自带了描述统计功能，使用该功能，可以快速实现对数据的集中趋势、离散程度和分布形态等特征的分析。

例如，某企业为了了解其店铺的农产品 6 月的销售情况，选取了 6 月 5 日至 6 月 27 日的销量数据，下面借助 Excel 的描述统计功能对该组数据进行分析，

扫一扫

使用 Excel 的"描述统计"功能

具体操作如下。

（1）打开"描述统计 .xlsx"工作簿（配套资源：素材 \ 第 7 章 \ 描述统计 .xlsx），在【数据】/
【分析】组中单击"数据分析"按钮，打开"数据分析"对话框，在"分析工具"列表框中选择"描
述统计"选项，单击"确定"按钮，如图 7-14 所示。

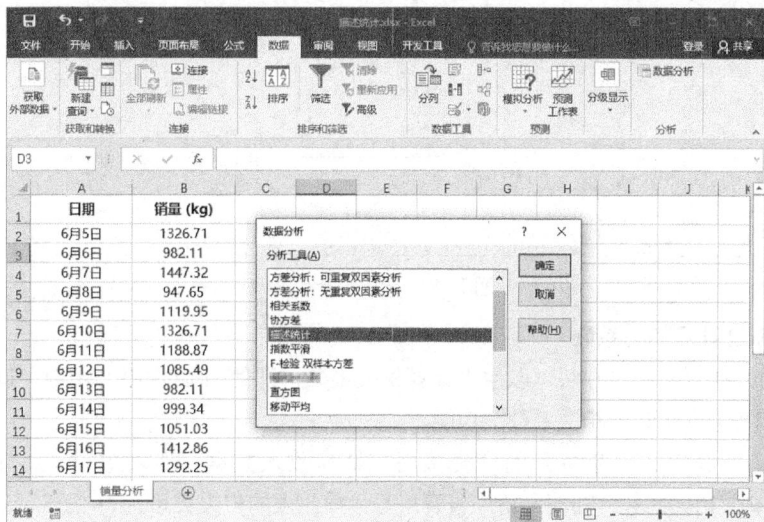

图 7-14　选择分析工具

（2）打开"描述统计"对话框，将"输入区域"指定为 B1:B24 单元格区域，单击选中"逐列"
单选项，选中"标志位于第一行"复选框。将"输出区域"指定为 E1 单元格，选中"汇总统计"复
选框和"平均数置信度"复选框，并将"平均数置信度"设置为"95%"，单击"确定"按钮，如
图 7-15 所示。

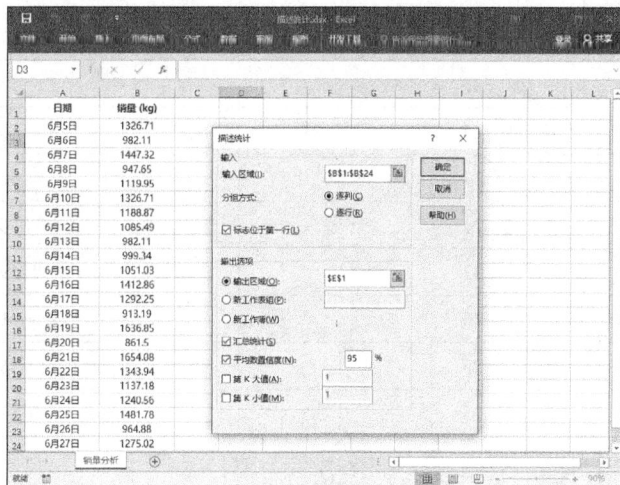

图 7-15　设置描述统计参数

（3）在指定输出区域返回分析结果，如图 7-16 所示（配套资源：效果 \ 第 7 章 \ 描述统
计 .xlsx）。数据表明，在该段时期，企业农产品的平均销量为 1203.10kg，中位数为 1188.87kg，众
数为 1326.71kg。由于峰度小于 0，偏度大于 0，数据的分布形态呈平阔峰的正偏态分布，说明产品
销量在后期有所下降。

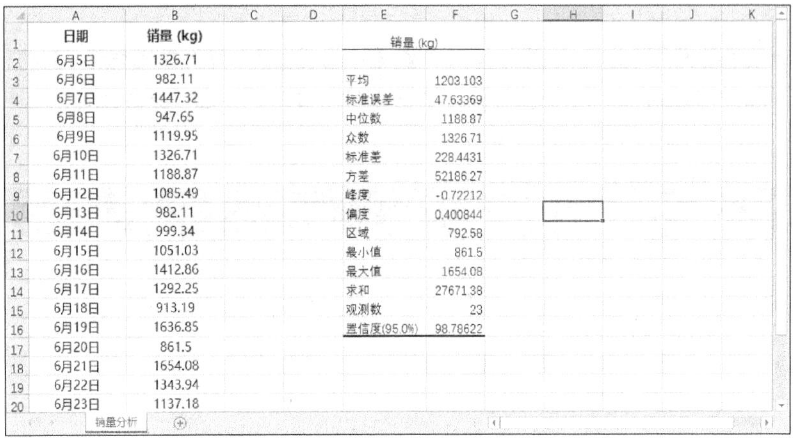

日期	销量 (kg)		销量 (kg)	
6月5日	1326.71			
6月6日	982.11		平均	1203.103
6月7日	1447.32		标准误差	47.63369
6月8日	947.65		中位数	1188.87
6月9日	1119.95		众数	1326.71
6月10日	1326.71		标准差	228.4431
6月11日	1188.87		方差	52186.27
6月12日	1085.49		峰度	-0.72212
6月13日	982.11		偏度	0.400844
6月14日	999.34		区域	792.58
6月15日	1051.03		最小值	861.5
6月16日	1412.86		最大值	1654.08
6月17日	1292.25		求和	27671.38
6月18日	913.19		观测数	23
6月19日	1636.85		置信度(95.0%)	98.78622
6月20日	861.5			
6月21日	1654.08			
6月22日	1343.94			
6月23日	1137.18			

图 7-16　分析统计结果

2. 使用 Excel 计算相关系数

在 Excel 中，有两种常用方法可以用来计算相关系数，即使用 CORREL 函数（返回指定的两个单元格区域的相关系数）和“相关系数”功能。

例如，某企业收集了全年各月的广告费用与销售收入数据，如表 7-6 所示，下面分别使用 CORREL 函数和 “相关系数”功能分析广告费用与销售收入的相关关系。

表 7-6　某企业全年各月广告费用与销售收入数据汇总

月份	广告费用 / 万元	销售收入 / 万元
1	35	650
2	30	591
3	28	570
4	18	540
5	21	570
6	24	564
7	17	520
8	21	565
9	32	595
10	30	610
11	25	560
12	25	570

（1）使用 CORREL 函数计算相关系数，具体操作如下。

① 打开“相关系数.xlsx”工作簿（配套资源：素材\第 7 章\相关系数.xlsx），选择 B15 单元格，输入 “=CORREL(B2:B13,C2:C13)” ，按【Enter】键。

② 返回函数计算结果，如图 7-17 所示（配套资源：效果\第 7 章\相关系数.xlsx）。广告费用与销售收入的相关系数约为 0.907 408 389，说明二者之间存在高度的正相关关系，即广告费用投入的增加使得销售收入得以增长。

扫一扫

使用 CORREL 函数计算相关系数

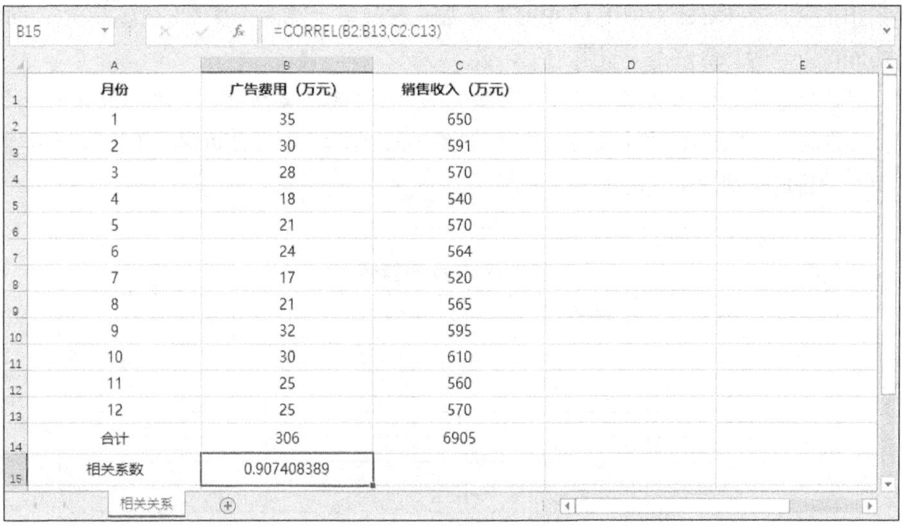

B15　=CORREL(B2:B13,C2:C13)

	A	B	C	D	E
1	月份	广告费用（万元）	销售收入（万元）		
2	1	35	650		
3	2	30	591		
4	3	28	570		
5	4	18	540		
6	5	21	570		
7	6	24	564		
8	7	17	520		
9	8	21	565		
10	9	32	595		
11	10	30	610		
12	11	25	560		
13	12	25	570		
14	合计	306	6905		
15	相关系数	0.907408389			

相关关系

图 7-17　相关系数计算结果

（2）使用“相关系数”功能计算相关系数，具体操作如下。

① 打开“相关系数.xlsx”工作簿，在【数据】/【分析】组中单击“数据分析”按钮，打开“数据分析”对话框，在“分析工具”列表框中选择“相关系数”选项，单击“确定”按钮。

② 打开“相关系数”对话框，将要分析的数据区域设置为 B1:C13 单元格区域；选中“逐列”单选项，以每列单元格区域为数据源进行分析因为数据区域的第一行是标志，所以选中下面的“标志位于第一行”复选框；将“输出区域”指定为 B15 单元格，单击“确定”按钮，如图 7-18 所示。

扫一扫

使用“相关系数”功能计算相关系数

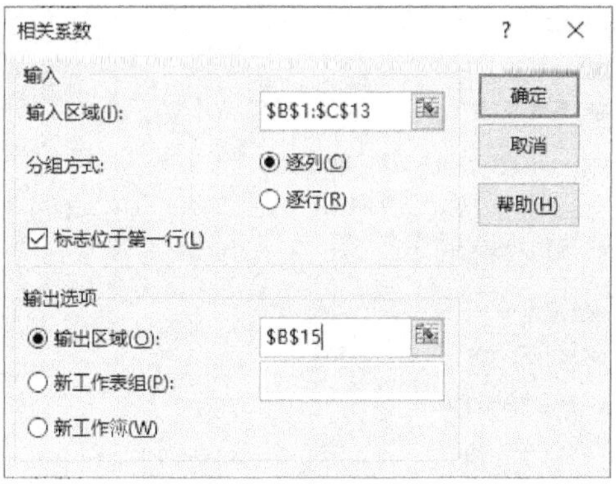

图 7-18　“相关系数”对话框

③ 计算结果如图 7-19 所示（配套资源：效果\第 7 章\相关系数 1.xlsx），相关系数约为 0.907 408 389，与用 CORREL 函数计算的结果一致。

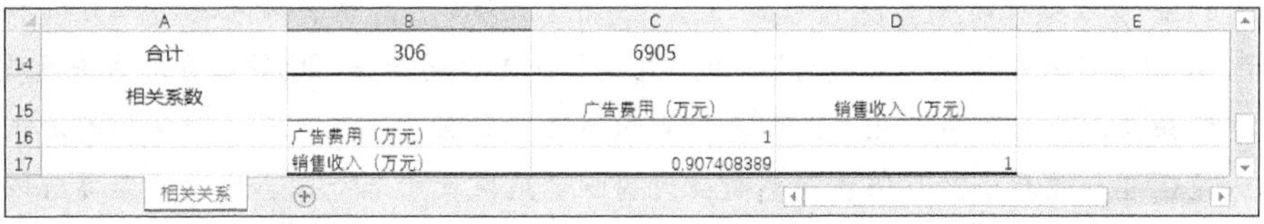

	A	B	C	D	E
14	合计	306	6905		
15	相关系数		广告费用（万元）	销售收入（万元）	
16		广告费用（万元）	1		
17		销售收入（万元）	0.907408389	1	

相关关系

图 7-19　相关系数计算结果

需要指出的是，在 Excel 中使用 CORREL 函数一次只能计算两个变量的相关系数，而使用“相关系数”功能可以同时计算多个变量的相关系数。

例如，某连锁超市在市内有多家卖场，各卖场的月销售额与卖场面积、地理位置（1 表示一类地段、2 表示二类地段、3 表示三类地段）的数据如图 7-20 所示，下面分析卖场销售额与卖场面积的相关关系，卖场销售额与地理位置的相关关系。

某连锁超市月销售情况

卖场编号	月销售额（百万元）	卖场面积（百平方米）	地理位置
1	25	3.2	2
2	35	4.8	1
3	19	1.8	3
4	28	2.8	1
5	22	2.1	2
6	16	1.6	3
7	20	2.4	2

销售情况

图 7-20　某连锁超市月销售情况

① 打开“相关系数 2.xlsx”工作簿（配套资源：素材 \ 第 7 章 \ 相关系数 2.xlsx），在【数据】/【分析】组中单击“数据分析”按钮，打开“数据分析”对话框，在“分析工具”列表框中选择“相关系数”选项，单击“确定”按钮。

扫一扫

计算多个变量的相关系数

② 打开“相关系数”对话框，将要分析的数据区域设置为 B2:D9 单元格区域；选中“标志位于第一行”复选框；将“输出区域”指定为 A10 单元格，单击“确定”按钮，如图 7-21 所示。

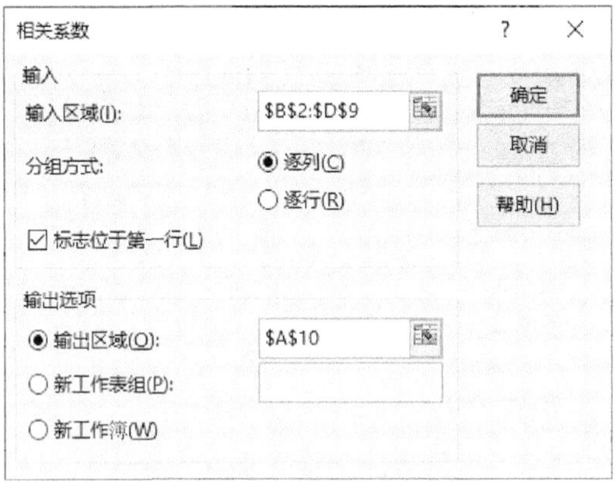

图 7-21　“相关系数”对话框

③ 计算结果如图 7-22 所示（配套资源：效果 \ 第 7 章 \ 相关系数 2.xlsx）。从图 7-22 中可知，卖场月销售额与卖场面积的相关系数约为 0.946 153 014，月销售额与地理位置的相关系数约为 -0.893 126 205，绝对值均大于 0.8，因此卖场月销售额与卖场面积、地理位置均为高度线性相关。其中，月销售额与卖场面积为正相关，即卖场面积越大月销售额越高；而月销售额与地理位置为负相关，即地理位置数值越小，月销售额越高，说明一类地段优于二、三类地段，二类地段优于三类地段。

图 7-22　多变量相关系数计算结果

3. 使用 Excel 进行回归分析

利用 Excel 中的回归分析工具可进行回归分析，包括一元线性回归分析和多元线性回归分析。

（1）一元线性回归分析。

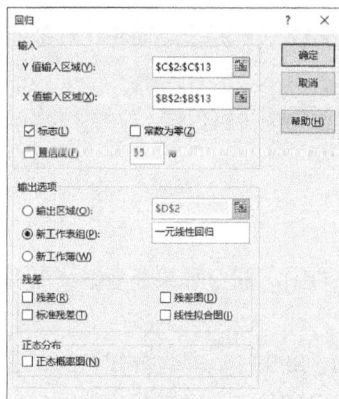

对 7.4.1 节表 7-6 某企业全年各月广告费用与销售收入数据进行一元线性回归分析，并根据回归方程预测当广告费用投入为 50 万元时，销售收入约为多少，具体操作如下。

① 打开"一元线性回归 .xlsx"工作簿（配套资源：素材 \ 第 7 章 \ 一元线性回归 .xlsx），在【数据】/【分析】组中单击"数据分析"按钮，打开"数据分析"对话框，在"分析工具"列表框中选择"回归"选项，单击"确定"按钮。

② 在"回归"对话框中，设置销售收入"Y 值输入区域"为 \$C\$2:\$C\$13，广告费用"X 值输入区域"为 \$B\$2:\$B\$13；选中"标志"复选框；单击"新工作表组"单选项，在右侧文本框中输入"一元线性回归"，单击"确定"按钮，如图 7-23 所示。

③ 得到的分析结果如图 7-24 所示。

图 7-23　设置一元线性回归参数

图 7-24　一元线性回归分析结果

图 7-24 中第一组数据的前 3 个数据分别为 Multiple R（相关系数）、R Square（决定系数）、Adjusted R Square（校正决定系数），都是用于反映模型拟合度的系数；第 4 个数据是标准误差，反映的是拟合平均数对实际平均数的变异程度；第 5 个数据为观测值（数据的个数）。

第三组数据的第 1 个数据（460.300，此处保留 3 位小数）是回归直线的截距 a，第 2 个数据（4.397）是回归系数，即回归直线的斜率 b。所以，回归直线的方程为 $\hat{y}=460.300+4.397x$。该模型的决定系数约为 0.787，比较接近于 1，说明用直线"$\hat{y}=460.300+4.397x$"模拟该企业各月广告费用与销售收入的关系效果较好。

把 $x=50$ 代入回归方程，得 $\hat{y}=460.300+4.397\times50=680.150$。也就是说，该企业投入 50 万元广告费用，销售收入约为 680 150 万元。

（2）多元线性回归分析。

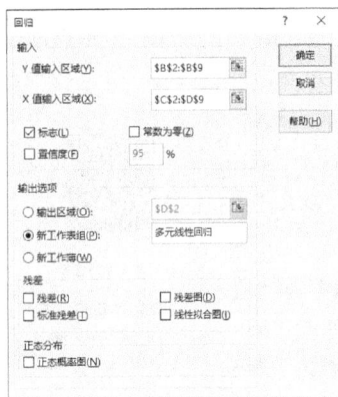

下面用回归分析法分析7.4.1节某连锁超市各卖场的月销售额与卖场面积、地理位置之间的关系，并根据回归方程预测一家面积为 500 平方米、在一类地段的卖场的月销售额将会是多少，具体操作如下。

扫一扫

多元线性回归分析

① 打开"多元线性回归.xlsx"工作簿（配套资源：素材 \ 第 7 章 \ 多元线性回归.xlsx），在【数据】/【分析】组中单击"数据分析"按钮，打开"数据分析"对话框，在"分析工具"列表框中选择"回归"选项，单击"确定"按钮。

② 打开"回归"对话框，参数设置如图 7-25 所示，单击"确定"按钮。

③ 得到的回归结果如图 7-26 所示（配套资源：效果 \ 第 7 章 \ 多元线性回归.xlsx）。

图 7-25　设置多元线性回归参数

图 7-26　多元线性回归分析结果

根据图 7-26 的结果可知，回归直线方程为 $\hat{y}=19.682+3.749x_1-3.063x_2$（$x_1$ 是卖场面积、x_2 是地理位置，此处保留 3 位小数）。

如果某卖场面积为 500 平方米（x_1=5）、在一类地段（x_2=1），则该卖场的月销售额（百万元）为：

$$\hat{y}=19.682+3.749\times5-3.063\times1=35.364。$$

7.4.2　SPSS

对于初学者而言，熟练地掌握 Excel 就可以完成数据分析的大部分工作。但是如果还要继续深入分析，则需要学习并掌握其他专业的统计软件，如 SPSS。

统计产品与服务解决方案（Statistical Product and Service Solutions，SPSS），是世界知名的专业数据统计分析软件之一。它的操作较简便，功能非常全面，广泛应用于统计学、经济学、数学、心理学、农业、林业等领域。SPSS 在全球 500 强企业中的普及率较高，主要用于市场调研。SPSS 能够读取及输出多种格式的文件；例如，由 dBASE、FoxBASE、Fox Pro 生成的 .dbf 文件，由文本编辑器软件生成的 ASC Ⅱ 数据文件；由 Excel 生成的 .xlsx 文件等。SPSS 不仅支持 Excel、文本、Access、SAS 等格式的文件的读取，还可将数据分析结果输出为 .txt、.docx、.pptx 及 html 格式的文件。SPSS 除了具有数据处理和统计分析功能，还可以输出数据分析结果的统计图形。

在计算机中安装 SPSS 后，在"开始"菜单中展开"IBM SPSS Statistics"程序组文件夹，选择"SPSS Statistics 24"选项，即可启动 SPSS（本书使用的是 SPSS Statistics 24 版本）。启动 SPSS 后，进入主界面，即"数据编辑器"窗口，如图 7-27 所示。"数据编辑器"窗口与 Excel 的主界面类似，上方是菜单栏和工具栏，下方是数据编辑区域。

图 7-27　SPSS 的 "数据编辑器" 窗口

下面在 SPSS 中导入 7.4.1 节中的 "描述统计 .xlsx" 数据文件，进行数据的描述统计分析，以此简要介绍使用 SPSS 进行数据统计分析的方法，具体操作如下。

（1）在 SPSS 的 "数据编辑器" 窗口中选择【文件】/【导入数据】/【Excel】命令，如图 7-28 所示。

扫一扫

SPSS 描述统计分析

图 7-28　导入 Excel 数据

（2）打开 "打开数据" 对话框，选择 "描述统计 .xlsx" 工作簿，单击 "打开" 按钮，如图 7-29 所示。

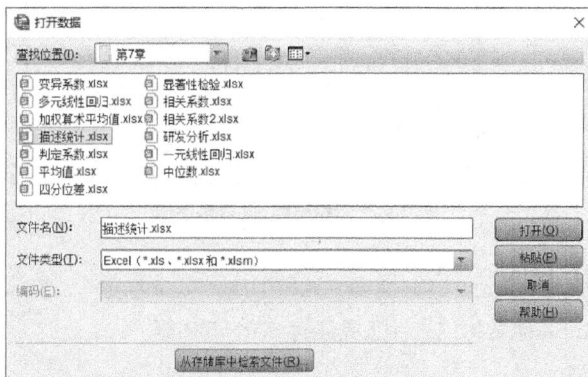

图 7-29　选择要导入的工作簿

（3）在打开的"读取 Excel 文件"对话框中单击"确定"按钮。导入数据后，选择【分析】/【描述统计】/【描述】命令，如图 7-30 所示。

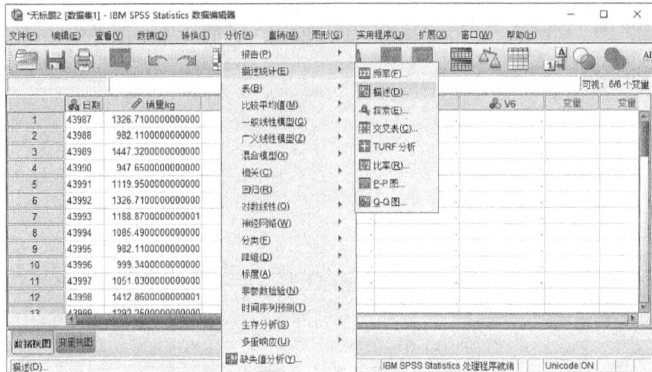

图 7-30　选择"描述"命令

（4）打开"描述"对话框，将左侧列表框中的 [销量 kg] 字段添加到右侧的"变量"列表框中，单击"确定"按钮，如图 7-31 所示。

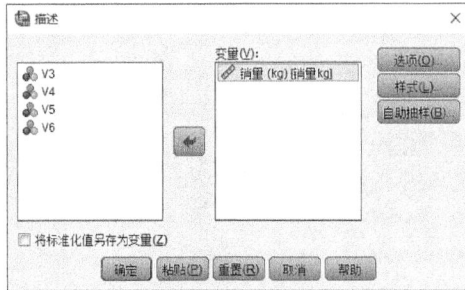

图 7-31　添加字段

（5）描述统计的分析结果将呈现在打开的"查看器"窗口中，如图 7-32 所示。

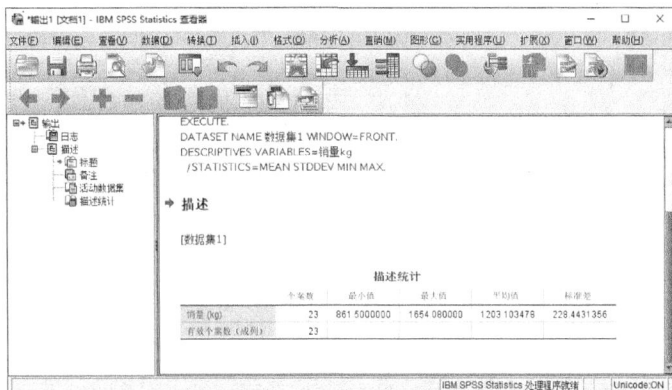

图 7-32　描述统计的分析结果

7.4.3　其他统计工具

除了 Excel 和 SPSS，其他常见的统计工具还有 SAS 和 R 等。

1．SAS

统计分析系统（Statistical Analysis System，SAS），1966 年由美国北卡罗来纳州立大学开发，1976 年 SAS 软件研究所成立。SAS 提供了统计分析、经济计量分析、时间序列分析、决策分析、财务分析和全面质量管理等工具，具有完备的数据访问、数据管理和数据分析功能，与 SPSS 并称为目前两大权威统计软件。由于 SAS 以编程统计分析为主，是专业研究人员使用的标准软件，对于不是统计专业出身的使用者，系统地学习和掌握 SAS 需要花费一定的时间和精力。

2. R

R 是一个免费开源软件，可以从其官方网站上免费下载，在多种操作系统下均可使用，如 Windows、Linux、UNIX 等。R 提供了包括数据存储和处理、数组运算、统计分析工具、统计制图等功能。R 的优势是占用空间小、免费、功能丰富，但因为是通过编程语言（类似于 C 语言）进行控制和操作的，所以学习和掌握起来较困难。

7.5 项目实训——分析研发与销售的关系

7.5.1 实训背景

某企业研发中心对产品的研发投入进行了 20 次抽样，并将产品的研发投入和销售额数据进行了汇总，如图 7-33 所示（配套资源：素材 \ 第 7 章 \ 研发分析 .xlsx），希望找出二者之间存在的关系。同时，该企业还想根据回归方程预测在研发投入为 15 万元时的产品销售额。

	A	B	C
1	产品研发投入与销售额数据（单位：万元）		
2	序号	研发投入	产品销售额
3	1	9.50	21.58
4	2	5.70	17.85
5	3	5.70	16.45
6	4	7.10	19.27
7	5	7.40	19.75
8	6	6.80	18.79
9	7	9.10	24.66
10	8	5.60	15.44
11	9	8.50	19.87
12	10	9.70	21.88
13	11	5.00	14.98
14	12	6.10	17.67
15	13	7.00	19.11
16	14	9.10	25.88
17	15	6.30	17.99
18	16	9.70	25.78
19	17	7.90	20.54
20	18	9.10	22.35
21	19	7.40	19.75
22	20	6.20	18.79

图 7-33　产品的研发投入与销售额数据

7.5.2 实训思路

本次实训将使用 Excel 完成数据分析工作，包含相关分析和回归分析两方面的内容。同学们首先应进行相关分析，判定研发投入和产品销售额的相关程度。然后进行回归分析，由于本实训只涉及两个变量，可根据回归分析结果建立一元线性回归方程，预测产品销售额。

7.5.3 实训实施

（1）在 Excel 中打开"研发分析 .xlsx"工作簿，使用 CORREL 函数计算相关系数。

（2）使用回归分析工具进行回归分析，"Y 值输入区域"设置为 $C$2:$C$22，"X 值输入区域"设置为 $B$2:$B$22。

扫一扫

分析研发与销售
的关系

（3）根据回归分析结果建立一元线性回归方程，计算研发投入费用为 15 万元时，产品销售额的预测数据。（结果参见配套资源：效果 \ 第 7 章 \ 研发分析 .xlsx）。

7.6 课后习题

1. 时期指标和时点指标有何区别？

2. 比例相对指标和比较相对指标有何区别？

3. 集中趋势、离散程度和分布形态分别统计的是数据的哪种特征？

4. 既然存在方差这个指标，为什么还需要使用标准差来描述数据的离散程度？

5. 变异系数是什么？该指标较其他离散指标有什么优势？

6. 按相关程度的不同，相关关系可以分为哪些类别？

7. 相关系数的取值范围是多少？中度线性相关的取值范围是多少？

8. 如何理解使用最小二乘法来计算一元线性回归方程的参数？

9. 某产品在 4 个超市的价格分别是 70 元、72 元、72.5 元、75 元，计算该产品的平均价格。

10. 现有某产品 500 件，其中 A 产品 300 件，B 产品 200 件，计算 A、B 产品的结构相对指标及 A 产品与 B 产品的比例相对指标。

11. 某企业 2019—2020 年各月销售额资料如表 7-7 所示，计算该企业在 2020 年 12 月的同比发展速度和环比发展速度。

表 7-7　某企业 2019—2020 年各月销售额资料　　　　　　　　　　单位：万元

年份	月份											
	1	2	3	4	5	6	7	8	9	10	11	12
2019	230	253	176	205	172	152	141	136	171	244	248	286
2020	240	270	198	205	176	150	158	165	176	251	270	350

12. 某公司 11 年来销售收入和广告费的数据如表 7-8 所示。请建立一元线性回归方程，说明广告费每增加 1 万元，销售收入预计的平均变化情况。

表 7-8　销售收入与广告费数据汇总

序号	年份	销售收入 / 万元	广告费 / 万元
1	2010	40	13
2	2011	58	14
3	2012	33	12
4	2013	65	20
5	2014	80	28

序号	年份	销售收入 / 万元	广告费 / 万元
6	2015	80	26
7	2016	56	18
8	2017	30	12
9	2018	33	12
10	2019	90	30
11	2020	72	22

★ 管理工具推荐

1. 对比分析

对比分析也称比较分析，是把客观事物放在一起加以比较，以认识事物的本质和规律，并做出正确的判断或评价。对比分析通常是对两个及两个以上相互联系的指标数据进行比较，从数量上展示和说明研究对象规模的大小、水平的高低、速度的快慢，以及各种关系是否协调。在对比分析中，只有选择了合适的对比标准才能做出客观的评价。

常见的对比分析有纵向对比与横向对比，对比结果可通过统计图表展示。

（1）纵向对比。纵向对比是指对事物的不同发展阶段进行比较。例如，对比分析某企业2015—2020 年的销售额，从而判断该企业的发展状况。

（2）横向对比。横向对比是对同类的两个或两个以上的事物进行比较。例如，对比分析某企业不同产品的收益。

2. 漏斗分析

漏斗分析是一套流程式的数据分析，它是能够科学反映用户行为状态，以及从起点到终点各阶段用户转化率情况的重要分析模型，广泛应用于网站用户行为分析和 App 用户行为分析的流量监控、产品目标转化等日常数据运营与数据分析等工作。

例如，在一个直播服务平台中，用户从安装直播 App 开始到产生花费，其消费路径一般为安装 App、注册账号、进入直播间、与主播互动、赠送礼物几个阶段，漏斗分析能够展现出各个阶段的转化率，通过各环节相关数据的比较，直观地发现和说明问题，从而找到产品的优化方向。

3. 方差分析

方差分析是一种数据统计分析方法，用于了解调查数据中自变量的变异（不同水平）是否对因变量产生重要影响。方差分析包括单因素方差分析、多因素方差分析和协方差分析。在 Excel中，单因素方差分析与单相关分析的操作相似：在【数据】/【分析】组中单击"数据分析"按钮，打开"数据分析"对话框，在"分析工具"列表框中选择"方差分析：单因素方差分析"选项，单击"确定"按钮，打开"描述统计"对话框，将要分析的数据（自变量和因变量）设置为输入区域，单击"确定"按钮。在返回的分析结果中，如果 $F > F_{crit}$，表示自变量的变异对因变量有显著影响；如果 $F \leqslant F_{crit}$，表示自变量的变异对因变量不产生影响或产生的影响不大。

第 8 章

市场发展趋势预测

重要概念

定性预测和定量预测的方法

知识目标

/ 理解市场预测的概念、作用、原理和程序。
/ 掌握定性预测的主要方法。
/ 掌握定量预测的主要方法。

能力目标

/ 能够理解定性预测方法的应用原理，并能对预测
  数据进行预测分析。
/ 熟悉常用的定量预测方法的适用范围，并能根据相
  关的预测模型完成数据预测。

扫一扫

知识结构图

引导案例

某食品加工厂副食品销量预测

某食品加工厂要开发投产一种新型副食品，为了摸清该产品的市场销路，该食品加工厂决定对该副食品投放市场后的年销量进行预测。

首先，该食品加工厂成立了预测小组，选择了包括食品设计专家、技术人员、推销人员、消费者代表等在内的 11 名专家作为调查征询对象。

然后，预测组织者将该副食品的特点、样品及相似种类产品的销售情况等资料分别给小组成员做了介绍，请每位成员提出意见并做出个人的判断预测。汇总整理预测小组的第一轮意见，得出结论。

接着，预测组织者将第一轮汇总整理的意见和预测结果反馈给预测小组，请小组成员进一步修正预测结果。

经过 4 轮反馈、修正和汇总，预测小组中的每位成员都决定不再修改自己的意见，于是得出最终的预测值：年销售量将达到 36 吨。该食品加工厂基于此预测值对生产规模和产品品种等进行控制，最终取得了良好的效益。

由此可见，利用专家的经验及主观判断分析，可以预测事物未来的状态。

【思考】

（1）该食品加工厂运用了什么市场预测方法？

（2）市场预测有何作用？

（3）市场预测的一般程序是怎样的？

8.1　市场预测概述

情景导入

主管问张雷："假如你现在开设了一家企业，根据调查，你知道某一家与你的企业规模相当的企业，它每月所需要的原材料大约为 50 吨。按照你的计划，本月你的企业的产品生产量是这家企业的一半，那么你该采购多少原材料？""这很容易呀，"张雷说道，"生产量是它的一半，那所需要的原材料也是它的一半，该月我只需要采购 25 吨原材料就可以了。"

8.1.1　市场预测的概念及作用

市场预测是指企业在通过市场调查获得一定资料的基础上，针对自身的实际需要以及相关的现实环境因素，运用已有的知识、经验和科学方法，对企业和市场未来发展变化的趋势做出适当的判断和估算，为企业的经营活动提供可靠依据的一种活动。

视　频

认识市场预测

市场预测并不是独立于市场调查的一种活动，它是市场调查的延续。事物总是按照过去、现在、未来的阶段不断发展变化，如果市场调查主要是认识市场的过去与现在，那么市场预测则是根据过去和现在对市场的未来进行探测与判断，它的具体作用体现在以下几个方面。

（1）预见市场未来的发展趋势，为企业确定生产经营方向、制订生产经营发展计划提供依据，降低决策的盲目性和风险性。

（2）可获知消费者消费心理变化、购买力增减、产品需求结构变化等信息，然后企业可结合自身条件，分析优势与劣势，寻求可行的解决方案。

（3）摸清竞争对手状况，制定相应策略，从而克"敌"制胜。

（4）了解与企业有关的市场环境的变化情况，有针对性地制定适当的措施和策略，以提高企业适应市场环境变化的能力，确保企业生产经营的顺利开展。

（5）预测市场变化可能引起的企业管理变革。

8.1.2　市场预测的原理

市场预测的原理有很多，预测人员只有了解了这些原理，才能够有效地认识市场和预测市场，才能够不断提高市场预测的准确性和可靠性，最大限度地减小预测误差。

1. 惯性原理

事物的发展变化过程常常表现出惯性特征，即在一定时间、一定条件下保持原来的趋势和状态。根据惯性原理预测事物的未来，需要预测人员在了解事物过去和现在的基础上，从大量历史的、现实的信息中，找出事物发展变化的规律。因此，运用惯性原理要满足以下两个条件。

（1）被预测事物的发展变化具有规律。

（2）对规律起作用的客观条件应保持不变，否则该规律将随条件的变化而变化，从而导致事物的发展变化不具有连贯性。

2. 相关原理

任何事物的发展变化都不是孤立的，事物之间是相互促进或相互制约的，即一个事物的发展变化必然会影响到其他相关事物的发展变化。例如，原材料价格的上涨导致产品价格上升，居民人均收入增加引起人均消费水平的上升，资源政策、环保政策的出台导致"一次性资源"替代品的出现等。因此，预测人员通过分析事物之间的相关性，可以推知事物未来的发展趋势。

3. 类推原理

很多事物在结构、发展模式等方面存在相似性，因此，预测人员可以通过寻找并分析事物的相似性，根据已知事物的发展规律类推另一种事物未来的状态。例如，某乡镇需要 3 台收割机，其所属县有 50 个类似的乡镇，可以初步估计该县收割机的市场容量为 150 台。

4. 概率推断原理

概率表示某种事件发生的可能性。预测人员可以通过市场调查，对获得的统计资料进行分析，预估某事件发生的概率，并根据该概率采取对应措施，或对市场营销活动可能产生的效果进行预测。

8.1.3　市场预测的类型

按照不同标准，市场预测可以分为以下不同的类型。

1. 按预测方法分类

市场预测的方法多种多样，大致上可以分为定性预测和定量预测两类。

（1）定性预测。

定性预测主要依靠预测人员所掌握的信息、知识和实践经验，预测市场未来的发展趋势。定性预测方法主要包括集合意见法、专家会议法、德尔菲法等。定性预测操作简单，易于掌握，适用于在难以获取全面资料的条件下进行分析预测的情况。但定性预测受预测人员主观因素的影响，预测的准确度难免会受到影响。

（2）定量预测。

定量预测是利用充分的统计数据和市场信息，运用统计方法和数学模型，对市场未来的发展趋势进行预测。定量预测依靠实际的观测数据进行量化推断，较少受预测人员的经验和分析判断能力的影响，所以预测结果相对客观、准确。常用的定量预测方法有简单平均法、移动平均法、指数平滑法、季节指数法等。

2. 按预测时间分类

按预测时间划分，市场预测可分为长期预测、中期预测和短期预测。一般而言，长期预测指 5 年以上的市场发展趋势的预测；中期预测指 1 年以上 5 年以下的市场发展趋势的预测；短期预测指 1 年以下的市场发展趋势的预测。

3. 按预测空间分类

按预测的空间划分，市场预测可分为国际市场预测和国内市场预测。

（1）国际市场预测。

国际市场预测是对世界范围内的市场动态及各国进出口贸易行情的预测。

（2）国内市场预测。

国内市场预测是对我国的市场发展趋势所做的预测，它又分为全国性市场预测和地域性市场预测。

4. 按预测范围分类

按预测的范围分类，市场预测可分为宏观市场预测和微观市场预测。

（1）宏观市场预测。

宏观市场预测是指从宏观经济管理的角度出发，对市场总体供求关系的变化和运行态势做出的综合性预测，通常由国家经济管理部门进行。例如，社会产品购买力与社会产品供应量及其平衡状况的预测就属于宏观市场预测。

（2）微观市场预测。

微观市场预测指从事生产、流通、服务等不同产业领域的企业，对其经营的各种产品或劳务市场的发展趋势做出估计和判断，从而为生产经营决策提供依据。

8.1.4　市场预测的程序

市场预测应遵循一定的程序，使预测工作有序化、系统化，具体内容如图 8-1 所示。

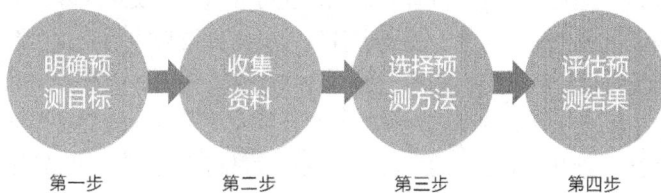

明确预测目标	收集资料	选择预测方法	评估预测结果
第一步	第二步	第三步	第四步

图 8-1　市场预测的程序

1. 明确预测目标

明确预测目标是开展市场预测工作的第一步，预测目标不同，预测的内容、所需要的资料和所运用的方法都会有所不同。明确预测目标即明确通过预测要解决什么问题，进而明确预测的对象、预测的内容、预测的期限等。例如，要预测市场上某种产品的需求在一定时期内的变动趋势，预测的内容可以是这种产品在规定时期内的总需求量，以及不同品种、规格、型号等的产品的需求量等。

需要注意的是，预测目标要明确、具体，例如，确定是对某一种产品还是某几种产品的销量进行预测等。

2. 收集资料

市场预测以市场调查收集的资料为基础，收集资料的过程就是市场调查的过程。只有具备了充分的资料，才能为市场预测的分析、判断提供可靠的依据。市场预测资料的收集应力求系统、完整，具有适用性和可靠性。市场预测资料可分为两类：预测对象本身的历史和现实资料，预测对象的影响因素的历史和现实资料。

3. 选择预测方法

预测人员应根据预测目标和收集的资料选择适当的预测方法，因为预测方法不同，预测结果也会有所差异。此外，预测方法的选择还要考虑预测经费和对预测精度的要求。当然，有时在收集资料之前，预测人员就会确定预测方法，因为预测方法不同，所需收集的资料也会不同，例如，如果只是进行定性预测，可能就没有必要花费大量的时间去收集量化数据。

4. 评估预测结果

预测人员选择合适的预测方法进行预测后，通常还需要根据最新获得的信息和相关经验评估预测结果，判断预测结果与实际情况可能产生的误差及其原因，并对预测结果进行修正。

8.2 定性预测方法

情景导入

张雷刚放下手头的工作，就被主管叫住，主管让张雷去会议室布置会场。张雷到了会议室，向同事打听，才知道原来是某企业需要在这间会议室召开会议，使用"集合意见法"对下一年度产品的销售额进行预测，并希望获得本公司的帮助。张雷决定借着这个机会好好学习一下预测方法的实际应用。

8.2.1 集合意见法

集合意见法是指集合企业内部的经营管理人员、业务人员，以及企业外部的业务人员或用户等各类人员进行座谈讨论，并要求各类人员结合自身实践经验，相互交换意见，共同对市场发展趋势做出预测的一种方法。这种方法简便易行、注重发挥集体智慧，克服了个人直观判断的局限性和片面性，并且由于企业的管理人员和业务人员通过日常经营活动积累了丰富的经验，掌握着大量可靠的资料，比较熟悉市场需求及其变化情况，所以他们往往能预测出市场的实际发展趋向。

视　频

集合意见（经验）
分析预测

1. 集合意见法的实施步骤

集合意见法的实施步骤如下。

（1）预测组织者选定预测人员后，根据企业经营管理的要求，向预测人员提出预测目标和预测期限等要求，并尽可能提供有关的背景资料。

（2）预测人员根据预测要求，凭个人经验和分析判断能力，提出各自的预测结果，并说明产生

预测结果的理由。为了使预测结果尽量客观，预测人员在进行预测时，可主观判断各种可能状态出现的概率（各种可能状态出现的概率之和等于 1），以及每种状态下可能达到的具体值（状态值）。

（3）在分析讨论的基础上，预测人员可以重新调整其给出的预测结果。

（4）预测组织者计算出每个预测人员的预测期望值。预测期望值等于各种可能状态的主观概率与状态值乘积之和。

（5）对预测人员进行分类，如经理类、业务人员类等，计算各类预测人员的综合期望值。由于各预测人员对市场的了解程度及实践经验等不同，各预测人员对最终预测结果的影响作用也不同。为体现这种差异，可分别给予预测人员不同的权数（一般情况下，权威人员的权数大一些），最后采用加权平均法获得各类预测人员的综合期望值。若给予每个预测人员相同的权数，则表示各预测人员的重要性相同。综合期望值可直接采用算术平均法获得。

（6）预测组织者使用加权平均法计算各类预测人员的综合期望值，得出最后的预测值。

2. 集合意见法的实践应用

某企业计划运用集合意见法对下一年度产品的销量进行预测，具体实施步骤如下。

（1）预测组织者选定预测人员，包括 2 名经理、3 名主管、4 名业务骨干，并向其提出预测要求。

（2）预测人员根据预测要求，提出各自的预测结果，预测过程包括定性分析和定量描述。定性分析包括以下几个方面的内容：①产品的历史生产和销售趋势；②目前该产品的市场动态；③竞争产品的销售情况及供应情况；④消费者的心理变化；⑤企业的资金及其运用情况等。

预测人员在定性分析的基础上，对自己的判断结果做出定量描述。定量描述包括以下几项内容：①确定未来市场可能出现的几种销售状态，包括好、一般、差；②确定各种可能状态出现的概率；③确定每种状态下的产品销量。

本例中，预测人员对下一年度的产品销售状态和销量做出的预测结果见表 8-1 ～表 8-3。

表 8-1　经理的预测结果

经理	销售状态	销量预测值 / 吨	概率
1	好	800	30%
	一般	680	50%
	差	520	20%
2	好	920	40%
	一般	760	40%
	差	600	20%

表 8-2　主管的预测结果

主管	销售状态	销量预测值 / 吨	概率
1	好	1000	50%
	一般	860	20%
	差	750	30%
2	好	1040	40%
	一般	900	30%
	差	790	30%
3	好	1100	30%
	一般	950	50%
	差	790	20%

表 8-3　业务骨干的预测结果

业务骨干	销售状态	销量预测值 / 吨	概率
1	好	980	50%
	一般	750	20%
	差	500	30%
2	好	880	30%
	一般	660	30%
	差	550	40%
3	好	1020	30%
	一般	880	40%
	差	700	30%
4	好	950	30%
	一般	830	40%
	差	680	30%

（3）分别计算各经理、主管和业务骨干的预测期望值。计算方法为预测期望值 = 销售好的预测值 × 概率 + 销售一般的预测值 × 概率 + 销售差的预测值 × 概率。例如，经理 1 的预测期望值 =800×30%+680×50%+520×20%=684，经理 2 的预测期望值 =920×40%+760×40%+600×20%=792，以此类推，具体结果见表 8-4。

（4）计算各类预测人员的综合期望值，本例中，由于各预测人员对业务的熟悉程度、判断能力各不相同，因而依预测人员个人的综合能力赋予其不同的权数。经理、主管和业务骨干的预测期望值及权数如表 8-4 所示。

表 8-4　预测人员的预测期望值及权数

预测人员		预测期望值 / 吨	权数
经理	1	684	0.4
	2	792	0.6
主管	3	897	0.3
	4	923	0.3
	5	963	0.4
业务骨干	6	790	0.2
	7	682	0.2
	8	868	0.3
	9	821	0.3

各类预测人员的综合期望值分别如下。经理人员综合期望值 =684×0.4+792×0.6=748.8。

主管人员综合期望值 =897×0.3+923×0.3+963×0.4=931.2。

业务骨干人员综合期望值 =790×0.2+682×0.2+868×0.3+821×0.3=801.1。

（5）在综合 3 类人员的预测值时，仍采用加权平均法。假设经理、主管和业务骨干的权数分别为 0.6、0.3 和 0.1，则最终预测值 = 748.8×0.6 + 931.2×0.3 + 801.1×0.1= 808.75，所以，该企业下一年度的产品销量预计为 808.75 吨。当然，在实际的企业管理过程中，决策者还可以根据企业的实际情况，对产品销量的预测值加以适当调整。

8.2.2 专家会议法

专家会议法也称专家座谈法，是指根据市场预测的目的和要求，企业邀请有关方面的专家进行座谈讨论，在提供被预测对象相关资料的基础上，对某个问题、决策、产品、技术及其发展前景等进行评价。预测人员在专家分析判断结果的基础上，综合各位专家的意见，对该企业或产品的市场需求及其变动趋势做出预测。

1. 专家会议法的优缺点

专家会议法建立在专家较高的学识水平的基础之上。因此，借助专家的经验、能力可以取得较好的预测结果。同时，会议的形式有助于专家们交换意见，专家们通过互相启发，弥补个人意见的不足，在较短时间内就能取得富有成效的创造性成果。但是，专家会议法也有一些弊端，具体表现在以下几个方面：①由于参加会议的专家人数有限，所以结果的代表性不强；②有些专家可能受到感情、时间及利益等因素的影响，不会充分或真实地表明自己的判断；③有些专家出于个人原因不愿现场修改已发表过的、考虑不充分的意见；④有时会议易受个别专家的左右，形成意见一边倒的现象等。

2. 专家会议法的实施步骤

专家会议法的实施步骤如下。

（1）选择专家，确定专家数目，邀请专家参加会议。选择专家、确定专家数目是决定预测结果的可靠性和全面性的关键一步。所谓专家，一般是指在某些专业领域积累了丰富的知识、经验，并具有解决该专业问题能力的人。选择的专家要具有代表性，以能够解决预测问题为标准。邀请参加会议的专家的人数要适中，一般以 10 ～ 15 人为宜，要包括各个方面的专家。例如，某企业准备投放新产品，生产部门和销售部门对该产品的销售前景产生分歧，是否进行批量生产未有定论。为了解决这一问题，该企业邀请了各方面的专家举行座谈会，包括产品生产和设计专家、营销专家以及市场调研专家等，并让他们提出有关意见。

（2）会议主持人提出会议主题，要求与会专家发表意见。主持人的职责包括：①营造宽松的会议气氛，征询专家的意见；②保持中立，对专家所提出的各种方案和意见，不应持否定或赞同态度；③不发表自己的看法或想法，以免影响专家的思路。

（3）会议结束后，有关人员对各种预测方案进行比较、评价、归类，确定预测结论。

3. 实施专家会议法应注意的问题

采用专家会议法进行市场预测应注意以下几点。

（1）如果与会专家相互认识，最好从同一职位（职称或级别）的人员中选取与会专家，领导人员不应参加会议，否则领导人员可能会对其他与会者造成某种压力。

（2）如果与会专家互不认识，可从不同职位（职称或级别）的人员中选取与会专家，同时不论成员的职称或级别的高低，都应同等对待。

（3）精心选择会议主持人，会议主持人要能够调动与会专家的热情，使其充分发表意见。

8.2.3 德尔菲法

德尔菲法是专家会议法的改进和发展，这种方法主要是按规定的程序，采用函询的方式，使专家"背靠背"地对预测对象做出分析判断，来代替面对面的会议，使专家的不同意见得到充分表达，并经过几轮的反复征询和反馈，最终得到一个趋于一致、较为可靠的预测结果。

视 频
专家会议法

视 频
德尔菲法

经典理论

"德尔菲"意指高超的预见能力，德尔菲法由此得名。1946 年，美国兰德公司为避免集体讨论存在的屈从于权威或盲目服从多数的缺陷，首次采用德尔菲法进行定性预测。之后，这种方法逐渐被应用于市场预测等领域。

1. 德尔菲法的特点

德尔菲法的特点包括匿名性、反馈性和统计性。

（1）匿名性。

参加预测的专家彼此间不知道有哪些人参与预测，他们互不联系，在匿名的情况下进行交流，他们通过反馈知道对方提出了各种意见，但不知道持各种意见的是什么人。这样，参加预测的专家不会受领导、权威的约束和能言善辩者的言辞的影响，不会产生不必要的心理压力，也不需要为顾全面子而固执己见，可以自由地发表自己不同的意见，表述自己的观点。

（2）反馈性。

德尔菲法中的征询过程表现为"征询—答复—反馈"的循环，每循环一次，专家都吸收了新的信息，并对预测对象有了更深刻、更全面的认识，由此可以不断修正自己的预测，预测结果的精确性也逐轮提高。

（3）统计性。

德尔菲法要求在每一轮的意见征询后，针对不同类型的预测问题采用相应的数理统计方法，对专家意见和预测结果进行量化的统计处理，从而提高预测的科学性和准确性。

德尔菲法能够克服面对面讨论的不足之处，因此，德尔菲法是市场定性预测中应用得十分广泛和有效的一种方法，可用于预测产品供求关系变化、产品销售、市场占有率等。尤其是在缺少必要的历史数据，采用其他方法进行预测有困难时，采用德尔菲法能得到较好的预测效果。

2. 德尔菲法的实施步骤

德尔菲法的实施步骤如下。

（1）选择专家。

预测组织者根据预测目的和要求选择业务精通、见多识广、熟悉行情，且具有较强分析能力和预见能力的专家。预测组织者可先在企业内部选择专家，然后在企业内部专家的协助下了解和选择其他专家。选择的专家人数不宜过多或过少，人数过少，人选没有代表性，会影响预测的精确度和可靠性；而人数过多时，对人员进行组织管理较为困难，且增加了征询意见的统计处理的工作量，一般专家人数为 10 ~ 30 位为宜（对于一些重大的预测问题可能会选择 100 位以上的专家）。

（2）制定意见征询表。

意见征询表类似于问卷，但其无固定的格式要求。意见征询表用于根据预测目的和要求，向与会专家提出问题。在设计意见征询表中的问题时，设计人员应注意以下几个方面：①问题简单明确，易于理解，便于回答和征询问题的统计处理；②问题要集中，有针对性，可"先易后难""先整体后局部"，以引起专家的回答兴趣；③尽量采用选择题和填空题，避免过多地使用陈述题；④问题数量适中，问题简单时，数量可多一些，问题较难时，数量应少一些，一般为 10 ~ 25 道题。

（3）采用匿名方式进行多轮征询。

第一轮，请专家做出初步判断。预测组织者将意见征询表和预测项目的背景材料寄给每位专家，请他们在互不联系的情况下对所征询的问题做出初步判断，并在规定期限内寄回。

第二轮，请专家修改初次判断。预测组织者对专家寄回的第一次预测结论进行汇总，并将汇总意见及新的预测要求等资料再寄给专家，请专家比较自己与别人的不同意见，保留或修改第一次的预测结论，做出第二次预测，并按期寄回。

如此反复修改多次，直到各专家对自己的预测结论不再修改时为止。征询的轮次不能一概而论，需视预测的复杂程度和专家意见的离散程度而定，一般情况下，经过 3 ~ 5 次反馈修改，预测意见就趋于稳定了。

（4）确定预测值。

在专家的预测意见比较稳定的基础上，运用统计方法对最后一轮的预测意见加以归纳处理，然后由预测组织者对预测结论做出分析评价，得出最终的预测结论。

3. 德尔菲法的实践应用

某企业研制出一款新型测量仪器，为了确定该测量仪器的具体生产量，需要对其投入市场后的年销量进行预测。于是，该企业聘请了 10 位专家，应用德尔菲法预测该仪器的年销量，经过 3 轮征询汇总，得到的数据如表 8-5 所示。

表 8-5 产品年销量预测　　　　　　　　　　　　　　　　　　　单位：万台

专家	第一轮征询预测值		第二轮征询预测值		第三轮征询预测值	
	最高销量	最低销量	最高销量	最低销量	最高销量	最低销量
1	35	22	45	27	45	27
2	40	28	50	35	46	35
3	45	25	46	32	50	33
4	42	30	38	26	40	30
5	38	20	42	28	42	30
6	50	33	46	30	46	30
7	56	35	50	36	46	32
8	46	29	46	33	50	36
9	38	20	45	30	40	30
10	40	24	40	30	42	28
平均值	43	26.6	44.8	30.7	44.7	31.1

（1）平均值预测。

如果按照 10 位专家第三轮预测的平均值计算，则该产品的预测销量为（44.7+31.1）÷2=37.9（万台）。

（2）加权平均预测。

如果将最高销量和最低销量分别按 40% 和 60% 的权数加权平均，则产品的预测销量为 44.7×0.4+31.1×0.6=36.54（万台）。

（3）中位数预测。

将第三轮的预测值由低到高排列，最高销量排列如下：40，40，42，42，45，46，46，46，50，50。最低销量排列如下：27，28，30，30，30，30，32，33，35，36。则最高销量的中位数为（45+46）÷2=45.5（万台），最低销量的中位数为（30+30）÷2=30（万台）。如果以平均值计算，产品的预测销量为（45.5+30）÷2=37.75（万台）；如果将最高销量和最低销量分别按 40% 和 60% 的权数加权平均，则产品的预测销量为（45.5×0.4+30×0.6）=36.2（万台）。

8.3 定量预测方法

8.3.1 简单平均法

　　简单平均法即把若干历史时期的统计数值作为观察值，求出观察值的算术平均数作为下期预测值。简单平均法基于近期数据和远期数据等同化和平均化得到预测结果，运算过程比较简单，因此适用于事物变化不大的趋势预测，一般用于近期或短期预测。如果事物呈现出某种强烈的上升或下降趋势，就不宜采用这种方法。

视　频

时间序列预测法
——平均数预测法

　　常用的简单平均法包括简单算术平均法、加权算术平均法和几何平均法。

1. 简单算术平均法

　　简单算术平均法是用一定观察期内预测目标的历史数据的简单算术平均数作为预测值的预测方法。在简单算术平均法中，历史数据的极差越小、方差越小，简单算术平均数作为预测值的代表性就越好。

　　简单算术平均法的预测模型如下。

$$\bar{x} = \frac{x_1 + x_2 + \cdots + x_n}{n} = \frac{1}{n}\sum_{i=1}^{n} x_i$$

　　例如，某产品 1—6 月的销量分别为 40 吨、38 吨、50 吨、43 吨、55 吨、38 吨，将简单算术平均数作为预测值，则第 7 个月的产品销量如下。

$$\bar{x} = \frac{40 + 38 + 50 + 43 + 55 + 38}{6} = 44 \ (吨)$$

2. 加权算术平均法

　　加权算术平均法是将历史数据的加权算术平均数作为预测值的预测方法。在按时间顺序排列的一组历史数据中，每个历史数据的重要性不同，一般离预测期近的数据更重要，影响程度更明显。因此，加权算术平均法是一种比简单算术平均法更理想的预测方法。

　　假如有 n 个观察值 $x_1, x_2, \cdots, x_n$，$f_1, f_2, \cdots, f_n$ 为对应的权数，则加权算术平均法的预测模型如下。

$$x = \frac{x_1f_1 + x_2f_2 + \cdots + x_nf_n}{f_1 + f_2 + \cdots + f_n} = \frac{\sum\limits_{i=1}^{n} x_i f_i}{\sum\limits_{i=1}^{n} f_i}$$

　　例如，将上例中某产品 1—6 月的销量分别给予 1, 1, 2, 2, 3, 4 的权数，将加权算术平均数作为预

测值，则第 7 个月的产品销量如下。

$$\bar{x} = \frac{40 \times 1 + 38 \times 1 + 50 \times 2 + 43 \times 2 + 55 \times 3 + 38 \times 4}{1 + 1 + 2 + 2 + 3 + 4} \approx 44.69（吨）$$

3. 几何平均法

几何平均法是将历史数据的几何平均数作为预测值的预测方法。几何平均数能消除历史数据的起伏波动，反映事物发展的总体水平，常被用于计算事物的平均发展速度，进而对其未来的发展趋势做出预测。

应用几何平均法预测的主要步骤如下。

（1）计算历史数据的环比发展速度。

（2）根据环比发展速度计算几何平均数，作为平均发展速度（用最后观察期的数值除以第一期的观察值，再开期数次根，也可以计算出平均发展速度）。

（3）以最后观察期的数据为基数乘以平均发展速度作为预测值，其预测模型为 $\bar{x}_{n+T} = x_n R^T$，其中，$\bar{x}_{n+T}$ 为 $n + T$ 期的预测值，x_n 为第 n 期（最后观察期）的数据，R 为平均发展速度，T 为预测期与最后观察期的间隔期数。

案例分析——预测 2021 年与 2022 年的产品销量

　　某企业 2017—2020 年的产品销量如表 8-6 所示，下面计算该企业产品销量的平均发展速度，并预测该企业 2021、2022 年的产品销量。

表 8-6　某企业 2017—2020 年的产品销量

年份	产品销量 / 箱
2017 年	5300
2018 年	5800
2019 年	6000
2020 年	6400

　　分析： 首先，计算 2017—2020 年的环比发展速度，分别为 $\frac{5800}{5300} \approx 1.094$，$\frac{6000}{5800} \approx 1.034$，$\frac{6400}{6000} \approx 1.067$。然后计算平均发展速度，为 $\sqrt[3]{1.094 \times 1.034 \times 1.067} \approx 1.065$（或 $\sqrt[3]{\frac{6400}{5300}} \approx 1.065$）。最后计算预测值，2021 年的预测值为 $6400 \times 1.065^1 = 6816$（箱）；2022 年的预测值为 $6400 \times 1.065^2 = 7259.04$（箱）。

8.3.2　移动平均法

移动平均法是根据时间序列资料逐项推移的特点，依次计算包含一定项数的序时平均值，以反映长期趋势的方法。常用的移动平均法有一次移动平均法和二次移动平均法。这两种方法分别适用于水平型和线性趋势变化的历史数据分析。

1. 一次移动平均法

一次移动平均法是以本期（t 期）移动平均值作为下期（$t + 1$ 期）预测值的预测方法。一次移动平均法的预测模型如下。

$$M_{t+1} = \frac{x_t + x_{t-1} + \cdots + x_{t-n+1}}{n}$$

上式中，M_{t+1} 为第 $t+1$ 期的移动平均预测值；x_t 为本期的数据；n 为跨越期数，即参与移动平均的数据的个数。

案例分析——预测 2021 年的销售额

某商场 2009—2020 年的销售额如表 8-7 所示，下面利用一次移动平均法对该商场 2021 年的销售额进行预测。

表 8-7 某商场 2009—2020 年的销售额汇总　　　　　　　　　　　　　单位：万元

2009 年	2010 年	2011 年	2012 年	2013 年	2014 年	2015 年	2016 年	2017 年	2018 年	2019 年	2020 年
208	200	198	186	220	195	200	190	230	205	198	202

分析： 已知 2009—2020 年的销售额共有 12 期数据，因此 $t=12$，x_t 为 2020 年的数据，x_{t-1} 为 2019 年的数据，以此类推。根据一次移动平均法的预测模型，当 $n=3$ 时，2021 年（第 13 期）的销售额预测值如下。

$$\frac{202 + 198 + 205}{3} \approx 201.67 \text{（万元）}$$

当 $n=4$ 时，2021 年的年销售额预测值如下。

$$\frac{202 + 198 + 205 + 230}{4} = 208.75 \text{（万元）}$$

从上述案例可以知道，跨越期数 n 的取值不同，同样的一组数据可能会产生不同的预测结果，这说明了 n 的取值的重要性，n 的取值不同将直接影响预测效果。一般来说，如果时间序列少时，n 的取值可以适当小一些，反之，n 的取值可以大一些。如果某现象的时间序列存在周期波动，则 n 的取值应等于周期的长度。例如，在上述案例中，历史数据大致以 4 个年度的销售额为周期变化，所以 n 的取值为 4 时，预测效果会更好一些。

2. 二次移动平均法

二次移动平均法是指在一次移动平均的基础上再进行一次移动平均，并根据一次移动平均值和二次移动平均值之间的滞后关系，建立预测模型进行预测的方法（二次移动平均值存在滞后的偏差，因此该值不能作为预测值，需要建立预测模型进行预测）。二次移动平均法弥补了一次移动平均法的不足，适用于时间序列数据呈线性变化时的预测，它的预测模型如下。

$$\widehat{Y}_{t+T} = a_t + b_t T$$

上式中，$\widehat{Y}_{t+T}$ 为第 $t+T$ 期的移动平均预测值，t 为本期；T 为本期与预测期的间隔期数；a_t、b_t 为待定参数。a_t、b_t 的计算公式如下。

$$a_t = 2M_1(t) - M_2(t)$$

$$b_t = \frac{2}{n-1}[M_1(t) - M_2(t)]$$

其中，$M_1(t)$ 为一次移动平均值，$M_2(t)$ 为二次移动平均值，计算公式如下。

$$M_1(t) = M_{t+1} = \frac{x_t + x_{t-1} + \cdots + x_{t-n+1}}{n}$$

$$M_2(t) = \frac{M_1(t) + M_1(t-1) + \cdots + M_1(t-n+1)}{n}$$

案例分析——预测幼儿园在 2021 年的报名人数

某幼儿园近 10 年报名人数如表 8-8 所示，现利用二次移动平均法预测该幼儿园在 2021 年的报名人数。

表 8-8　幼儿园近 10 年报名人数汇总　　　　　　　　　　　　　单位：人

2011 年	2012 年	2013 年	2014 年	2015 年	2016 年	2017 年	2018 年	2019 年	2020 年
245	258	264	266	276	280	292	300	302	310

分析： 取 $n=3$，计算 2021 年、2020 年、2019 年的一次移动平均值为 $\frac{310+302+300}{3}=304$，$\frac{302+300+292}{3}=298$，$\frac{300+292+280}{3}\approx291$（四舍五入取整数），则 2020 年的二次移动平均值为 $\frac{304+298+291}{3}\approx298$，$a_t = 2 \times 304 - 298 = 310$，$b_t = \frac{2}{3-1} \times (304-298) = 6$。根据二次移动平均法的预测模型计算该幼儿园在 2021 年的报名人数为 $a_t + b_t T = 310 + 6 \times 1 = 316$（人）。

8.3.3　指数平滑法

指数平滑法是通过对历史数据进行加权平均来预测的一种方法，是在移动平均法的基础上发展起来的一种时间序列预测法。它是通过计算指数平滑值，配合一定的时间序列预测模型对现象进行预测，是预测中短期经济发展趋势的一种常用方法。指数平滑法有一次指数平滑法、二次指数平滑法、多次指数平滑法之分，这里仅介绍一次指数平滑法。一次指数平滑法以本期观察值和本期预测值为基数，分别赋予二者不同的权数，以求出指数平滑值来作为下一期的预测值，其预测模型如下。

视　频

时间序列预测法
——指数平滑法

$$\widehat{Y}_{t+1} = \alpha Y_t + (1-\alpha)\widehat{Y}_t$$

上式中，$\widehat{Y}_{t+1}$ 代表第 $t+1$ 期的预测值，也是第 t 期的指数平滑值；Y_t 代表第 t 期的实际观察值；$\widehat{Y}_t$ 代表第 t 期的预测值，也是第 $t-1$ 期的指数平滑值。当 $t=1$ 时，$\widehat{Y}_1$（即第 1 期的预测值）的值一般可以取之前几期的平均值或当期值；α 代表平滑系数，其取值范围为 $[0,1]$。

经典理论

指数平滑法由布朗（Robert G.Brown）提出。布朗认为，时间序列的态势具有稳定性或规则性，所以时间序列可被合理地顺势推延，最近的过去态势在某种程度上会持续到未来，所以权数由近至远按指数规律递减，对较近的数据给予较大的权数，同时在不舍弃历史数据的前提下，给予历史数据较小的权数，达到逐渐减弱对现在预测的影响的目的。

拓展知识

一般来说，当数据波动较大时，α的值应大一些，以增加近期数据对预测结果的影响。如果数据波动较小，α的值应小一些。扫描右侧二维码，查看α值的选取方法。

扫一扫

α值的选取

案例分析——预测餐馆第 11 周的销售额

某餐馆近 10 周的销售额如表 8-9 所示，现利用指数平滑法预测餐馆第 11 周的销售额。

表 8-9　餐馆近 10 周的销售额汇总　　　　　　　　　　　　　　单位：万元

第1周	第2周	第3周	第4周	第5周	第6周	第7周	第8周	第9周	第10周
3.5	4.2	4.0	4.8	5.2	5.5	5.6	7.0	7.4	7.8

分析： 本例先用多个 α 试算，然后利用均方误差来判断更合适的义值。该餐馆的具体计算数据如表 8-10 所示，计算数值只保留 1 位小数。

表 8-10　餐馆销售额预测　　　　　　　　　　　　　　单位：万元

周次	销售额 Y	指数平滑预测值			均方误差 $(Y-\hat{Y})^2$		
		$\alpha=0.1$	$\alpha=0.5$	$\alpha=0.9$	$\alpha=0.1$	$\alpha=0.5$	$\alpha=0.9$
1	3.5	—	—	—	—	—	—
2	4.2	3.9	3.7	3.5	0.1	0.3	0.4
3	4.0	3.9	4.0	4.2	0.0	0.0	0.0
4	4.8	3.9	3.9	4.0	0.8	0.7	0.7
5	5.2	4.0	4.4	4.7	1.5	0.7	0.2
6	5.5	4.1	4.6	5.1	1.9	0.8	0.2
7	5.6	4.3	4.8	5.4	1.8	0.6	0.1
8	7.0	4.4	4.9	5.5	6.8	4.3	2.4
9	7.4	4.6	5.7	6.7	7.6	2.9	0.4
10	7.8	4.9	6.0	7.1	8.3	3.2	0.5
11	—	5.2	6.4	7.5	—	—	—
合计	—	—	—	—	28.8	13.5	4.8
平均	—	—	—	—	3.2	1.5	0.5

由上表可见，在平滑指数 α 取不同的值时，该餐馆第 11 周的预计销售额各不相同，结合均方误差的结果来看，当 α=0.9 时，均方误差的值最小，因此应当取 7.5 万元作为该餐馆第 11 周的预测销售额。

8.3.4　季节指数法

季节指数法是指反映季节变动对销售量影响的一种预测方法，可以用来预测原材料的储备、生产、销售等的季节性变动。总体随着季节的变化而产生的比较有规律的波动叫作季节变动。例如，在市场销售中，电风扇、空调、冷饮、四季服装等产品往往受季节的影响会出现销售的淡季和旺季。季节变动的特点是，观察期各年同期（季或月）具有相同的变动方向，且变动的幅度相差不大，即不考虑长期趋势的影响。

采用季节指数法进行预测时，一般需准备至少连续 3 年的分季度（或月）数据，才能比较客观地描述现象的季节变动。采用季节指数法进行预测的主要步骤如下。

（1）根据历年数据计算出同季度（或同月）的平均数。

（2）根据历年数据计算出所有季度（或月）的平均数，即同季度（或同月）的平均数之和的平均数。

（3）计算出历年各季度（或各月）的季节指数，季节指数$=\dfrac{\text{同季度（或同月）的平均数}}{\text{所有季度（或月）的平均数}}\times 100\%$。

（4）利用季节指数计算出各期的预测值。各期预测值＝上年的平均水平 × 各期的季节指数。如果已知新年度的计划，则各季度的平均数为该数值除 4，则各季度的预测值为各季度平均数乘以各季节指数。

显然，季节指数是一个相对指标，它的平均数为 100%。季节变动表现为各期的季节指数围绕着 100% 上下波动。例如，某种产品第一季度的季节指数为 115%，表明该产品第一季度的销量高于年平均数 15%，第一季度属于旺季；若第二季度的季节指数为 85%，则表明该产品第二季度的销量低于年平均数 15%，第二季度属于淡季。需要注意的是，如果在计算时四舍五入导致各季度（或各月）的季节指数之和不等于 400%（或 1200%），则需要对季节指数进行修正，修正后的季节指数为修正前的季节指数乘以 400%（或 1200%）与修正前季节指数之和的比值。

案例分析——预测空调销量

某商场 2017—2020 年每季度的空调销量如表 8-11 所示，已知 2021 年第一季度的空调销量为 60 台，现利用季节指数法预测其他 3 个季度的空调销量。

表 8-11　某商场 2017—2020 年每季度的空调销量　　　　　　　单位：台

年份	季度				全年合计
	第一季度	第二季度	第三季度	第四季度	
2017	50	98	156	56	360
2018	48	107	162	58	375
2019	56	112	185	64	417
2020	58	123	197	70	448

分析： 计算各季度的销量平均数，分别为 $\dfrac{50+48+56+58}{4}=53$，$\dfrac{98+107+112+123}{4}=110$，$\dfrac{156+162+185+197}{4}=175$，$\dfrac{56+58+64+70}{4}=62$。

计算所有季度的销量平均数：$\dfrac{53+110+175+62}{4}=100$。

计算各季度的季节指数，分别为 $\dfrac{53}{100}\times 100\%=53\%$，$\dfrac{110}{100}\times 100\%=110\%$，$\dfrac{175}{100}\times 100\%=175\%$，$\dfrac{62}{100}\times 100\%=62\%$。数据汇总如表 8-12 所示。

表 8-12　平均数和季节指数汇总

	第一季度	第二季度	第三季度	第四季度	所有季度
平均数	53	110	175	62	100
季节指数	53%	110%	175%	62%	400%

现在已知 2021 年第一季度的销售量为 60 台，则 2021 年的季度平均数为 $60 \div 53\% \approx 113$（四舍五入为整数）、第二季度的销售量为 $113 \times 110\% \approx 124$（台）、第三季度的销售量为 $113 \times 175\% \approx 198$（台）、第四季度的销售量为 $113 \times 62\% \approx 70$（台）。

8.3.5　趋势外推法

移动平均法和指数平滑法等方法均适用于无明显趋势变化的平稳型时间序列的中短期预测，而对于存在趋势变动的趋势型时间序列，使用趋势外推法可以更好地对其进行长期预测。根据时间序列具有的直线型或曲线型趋势，趋势外推法可分为直线型趋势预测和曲线型趋势预测，这里主要介绍直线型趋势预测。

视　频
时间序列预测法
——趋势外推法

直线型趋势预测实际上就是利用线性回归的方法，结合最小二乘法的原理，建立如下所示的预测模型。

$$\hat{y} = a + bt$$

然后计算出参数 a 和 b 的值，公式如下。

$$b = \frac{n\sum ty - \sum t \sum y}{n\sum t^2 - (\sum t)^2}$$
$$a = \bar{y} - b\bar{t}$$

最后将计算出的 a 和 b 的值代入直线型趋势预测模型中进行预测，其中 t 为按自然顺序编号的时间序数（期数）。

案例分析——分析人工成本变动趋势

某家装行业近 20 年的人工成本如表 8-13 所示，现利用直线型趋势预测法预测该行业 2021—2023 年的人工成本。

表 8-13　某家装行业近 20 年的人工成本汇总　　　　　　单位：元 / 平方米

2001 年	2002 年	2003 年	2004 年	2005 年	2006 年	2007 年	2008 年	2009 年	2010 年
22	20	18	18	16	18	16	15	15	15
2011 年	2012 年	2013 年	2014 年	2015 年	2016 年	2017 年	2018 年	2019 年	2020 年
16	15	14	14	15	14	13	12	12	11

分析： 首先需要计算出直线型趋势方程中参数 a 和 b 的值。利用已知的期数 t 和实际值 y，可求出 t^2 和 ty 的值，然后再将 t^2 和 ty 的值代入方程，即可预测 2021—2023 年的人工成本。该家装行业人工成本预测的具体计算数据如表 8-14 所示。

表 8-14　人工成本预测　　　　　　单位：元 / 平方米

年份	期数 t	人工成本 y	t^2	ty
2001	1	22	1	22
2002	2	20	4	40

续表

年份	期数 t	人工成本 y	t^2	ty
2003	3	18	9	54
2004	4	18	16	72
2005	5	16	25	80
2006	6	18	36	108
2007	7	16	49	112
2008	8	15	64	120
2009	9	15	81	135
2010	10	15	100	150
2011	11	16	121	176
2012	12	15	144	180
2013	13	14	169	182
2014	14	14	196	196
2015	15	15	225	225
2016	16	14	256	224
2017	17	13	289	221
2018	18	12	324	216
2019	19	12	361	228
2020	20	11	400	220
合计	210	309	2 870	2 961

根据参数 a 和 b 的计算公式，计算出两个参数的结果如下。

$$b = \frac{n\sum ty - \sum t\sum y}{n\sum t^2 - (\sum t)^2} = \frac{20 \times 2916 - 210 \times 309}{20 \times 2870 - 210^2} \approx -0.49$$

$$a = \bar{y} - b\bar{t} = \frac{309}{20} - (-0.49) \times \frac{210}{20} \approx 20.60$$

分别将 $t = 21$，$t = 22$，$t = 23$ 代入 $\hat{y} = a + b \cdot t$ 方程中，即可预测出 2021—2023 年人工成本的结果，具体如下。

$$\hat{y}_{2021} = 20.60 - 0.49 \times 21 = 10.31（元）$$

$$\hat{y}_{2022} = 20.60 - 0.49 \times 22 = 9.82（元）$$

$$\hat{y}_{2023} = 20.60 - 0.49 \times 23 = 9.33（元）$$

8.3.6　比例关系推算法

比例关系推算法是利用现象之间存在的比例关系进行预测的方法。例如，在配套产品中根据主件和配件的比例关系，在主件需求量可知的情况下，可预测出配件的需求量。这种预测方法计算简单，预测人员可以迅速地在统计资料中找出相应的比例关系来推算出所需结果，前提是无论现象总体上呈现出上升或下降的趋势，相应的比例关系都维持在稳定的水平。

例如，某企业生产 A、B、C 这 3 种配套产品，虽然企业的销售额逐年增长，但是 A、B、C 这 3 种产品的销售比例是基本固定的。由近 5 年的销售数据资料可知，A、B、C 这 3 种产品的年销售额比例大致为 52%、33% 和 15%。已知 2020 年该企业的销售收入为 3000 万元，现计划 2021 年实现销售收入 3800 万元，根据以往 A、B、C 这 3 种产品的年销售额比例可求得，A 产品的销售额为 3800×52%=1976 万元，B 产品的销售额为 3800×33%=1254 万元，C 产品的销售额为 3800×15%=570 万元，然后该企业可根据 A、B、C 这 3 种产品的销售额确定各产品的计划生产量。

本书所提到的预测方法中，回归分析预测法和比例关系推算法属于因果关系预测法，即根据事物之间的因果关系来推测相应结果，即知因测果。其他预测方法则属于时间序列预测法，即以时间序列反映的现象的发展过程和规律进行引伸外推，预测其发展趋势。时间序列是指同一变量按事件发生的先后顺序排列起来的一组观察值或记录值。构成时间序列的要素有两个：一是时间，二是与时间相对应的变量水平。时间序列预测法的应用前提是假定事物过去和现在的发展变化趋势会延续到未来。

8.4 项目实训——分析与预测企业发展情况

8.4.1 实训背景

某企业近 15 年的总产值数据采集到 Excel 表格中，如图 8-2 所示（配套资源：素材 \ 第 8 章 \ 总产值 .xlsx），现在需要分析了解该企业总产值的发展与增长情况，同时对该企业 2025 年的总产值进行预测。

	A	B	C	D	E
1	企业总产值汇总情况（单位：万元）				
2	年份	总产值	时期	t^2	ty
3	2006	5739.0	1		
4	2007	6288.0	2		
5	2008	6435.0	3		
6	2009	7015.0	4		
7	2010	7429.0	5		
8	2011	9338.0	6		
9	2012	10375.0	7		
10	2013	14243.0	8		
11	2014	18937.0	9		
12	2015	21041.0	10		
13	2016	22703.0	11		
14	2017	25109.0	12		
15	2018	27637.0	13		
16	2019	27906.0	14		
17	2020	32071.0	15		
18	合计				
19	2020年环比发展速度		参数a		
20	平均发展速度		参数b		
21	2020年环比增长速度		2025年总产值		

图 8-2　某企业总产值汇总情况

8.4.2 实训思路

本次实训包含两方面的内容，一是分析该企业总产值的发展与增长状况，二是预测该企业 2025 年的总产值。企业总产值的发展与增长状况可以通过 2020 年环比发展速度、2020 年环比增长速度、平均发展速度反映；该企业 2025 年的总产值则可通过趋势外推法进行预测。

8.4.3 实训实施

（1）分别计算该企业总产值 2020 年的环比发展速度、2020 年环比增长速度、平均发展速度。

（2）根据"年份"和"总产值"数据列创建折线图或散点图，判断数据的线性特征，可得出总产值的变化呈直线型趋势增长，因此可利用 $\hat{y} = a + bt$

扫一扫
分析与预测企业
发展情况

模型预测该企业 2025 年的总产值。

（3）计算 t^2、ty 以及参数 a 和 b 的值，然后将所得数据代入方程 $\hat{y}=a+bt$，求得该企业 2025 年总产值的预测值（配套资源：效果 \ 第 8 章 \ 总产值.xlsx）。

8.5　课后习题

1. 市场预测所依据的原理有哪些?

2. 简述市场预测的分类。

3. 简述集合意见法的实施步骤。

4. 实施专家会议法有哪些注意事项?

5. 德尔菲法有哪些特点?

6. 一家企业运用德尔菲法对某型号抽油烟机投放市场后的年销量进行预测。预测前，该企业聘请了 12 位专家，分别向他们发出意见征询表，经过 3 轮征询反馈，第三轮的判断意见如表 8-15 所示。

请根据下列数据完成以下操作：（1）通过平均值预测抽油烟机的年销量；（2）最低销量、最可能销量和最高销量分别按 20%、50% 和 30% 的权数进行加权平均，使用加权平均值预测抽油烟机的年销量。

表 8-15　抽油烟机年销量第三轮判断意见　　　　　　　　　　　　单位：万台

预测值 \ 序号	1	2	3	4	5	6	7	8	9	10	11	12
最低销量	20	18	18	16	14	16	15	15	15	20	22	16
最可能销量	50	46	50	46	42	38	40	40	38	48	52	49
最高销量	60	56	66	50	52	52	55	61	54	68	66	53

7. 某企业近 10 年建立了合作关系的客户数如表 8-16 所示，请使用一次移动平均法（取 n=3）来预测该企业 2021 年能建立合作关系的客户数。

表 8-16　具有合作关系的客户数　　　　　　　　　　　　　　　单位：人

2011 年	2012 年	2013 年	2014 年	2015 年	2016 年	2017 年	2018 年	2019 年	2020 年
5	36	98	204	468	514	564	865	1006	1546

8. 某企业一年中前 11 个月的销售额数据如表 8-17 所示。请利用指数平滑法预测该企业 12 月的销售额，其中第 1 月的预测值为 7 万元。

表 8-17　企业前 11 个月的销售额　　　　　　　　　　　　　　单位：万元

1 月	2 月	3 月	4 月	5 月	6 月	7 月	8 月	9 月	10 月	11 月
7.1	8.5	9.2	8.0	7.8	11.2	10.9	11.5	9.8	5.6	9.0

9. 某企业 2016—2020 年各季的销量统计如表 8-18 所示，请用季节指数法计算各季的季节指数，并根据季节指数预测该企业 2021 年各季的销量。

表 8-18　某企业 2016—2020 年各季的销量统计　　　　　　　　　　　单位：吨

年份	季度				全年平均
	第一季度	第二季度	第三季度	第四季度	
2016 年	19	40	52	27	34.5
2017 年	20	43	58	28	37.25
2018 年	21	42	60	29	38
2019 年	22	45	62	28	39.25
2020 年	23	48	65	30	41.5

10. 阅读以下材料并回答问题。

某市一家电器厂商在对该市区的空调市场需求的市场调查中，抽样调查了 400 个家庭，被调查家庭的购买意向如表 8-19 所示。

表 8-19　空调购买意向统计表

购买意向	调查家庭数 / 户	比重
一定会买	150	37.50%
可能会买	65	16.25%
不能决定购买	85	21.25%
可能不会买	60	15.00%
可定不会买	40	10.00%
总计	400	100.00%

该厂商考虑到有的被调查家庭可能出于配合调查人员的工作或者没有仔细考虑等原因，使调查结果中包含失真或夸大的成分。因此，厂商对于上述的调查答案进行了加权处理，对每一种选择赋予适当的购买权数。例如，对"一定会买"赋予 0.7 的权数，对"可能会买"赋予 0.1 的权数，具体如表 8-20 所示。

表 8-20　购买意向指定权数统计表

答案选项	比重	指定权数	权数比重
一定会买	37.50%	0.7	26.25%
可能会买	16.25%	0.1	1.625%
不能决定购买	21.25%	0.1	2.125%
可能不会买	15.00%	0.05	0.75%
可定不会买	10.00%	0.05	0.50%

数据表明，平均购买可能性 =26.25%+1.625%+2.125%+0.75%+0.5%=31.25%。已知该市共有家庭 150 万户，则该市空调未来的可能购买量为 1 500 000×31.25%=468 750（台）。

思考： 这家厂商使用了什么方法对该市空调未来的购买量进行预测，所预测的结果是否可信？

⭐ 管理工具推荐

1. Excel 的"指数平滑"分析工具

在 Excel 中，可以使用"指数平滑"分析工具对数据快速地做出预测。将时间序列数据录入 Excel 后，在【数据】/【分析】组中单击"数据分析"按钮，打开"数据分析"对话框，在"分析工具"列表框中选择"指数平滑"选项，单击"确定"按钮。打开"指数平滑"对话框，设置"输入区域"、"阻尼系数"（阻尼系数 = 1 - 平滑指数），指定分析结果的输出区域，单击"确定"按钮即可，如图 8-3 所示。另外，在"指数平滑"对话框中选中"图表输出"和"标准误差"复选框，可输出分析图表和标准误差值。同时预测人员可通过设置多个阻尼系数得到不同的标准误差，选择标准误差最小的阻尼系数来进行数据预测。

图 8-3　设置指数平滑参数

2. 曲线型趋势预测模型

趋势外推法可分为直线型趋势预测和曲线型趋势预测，其中曲线型趋势预测模型分为很多种。表 8-21 是一些常用的曲线型趋势预测模型。

表 8-21　常用的曲线型预测趋势模型

曲线特征	趋势预测模型	说明
二次曲线	$\hat{y} = a + bt + ct^2$	
三次曲线	$\hat{y} = a + bt + ct^2 + dt^3$	
n 次曲线	$\hat{y} = a + bt + ct^2 + dt^3 + et^4 + \cdots$	a，b，c，d 为待定参数（参数）；t 为自变量，表现为按自然顺序编号的时间序数；k 为变量 $\hat{y}$ 的极限值。
普通指数曲线	$\hat{y} = ab^t$	
简单修正指数曲线	$\hat{y} = a + bc^t$	
幂函数曲线	$\hat{y} = at^b$	
龚伯兹曲线	$\hat{y} = ka^{bt}$	

第 **9** 章

市场调查报告

● 重要概念

市场调查报告、扉页、摘要、前言

● 知识目标

/ 了解市场调查报告的作用和类型。
/ 熟悉市场调查报告的内容及撰写流程、原则与技巧。
/ 掌握陈述与演示市场调查报告的方法。

● 能力目标

/ 能够正确运用市场调查报告的理论与实务知识研究相关案例。
/ 具备整理资料、拟定提纲与撰写市场调查报告的能力。

扫一扫

知识结构图

引导案例

一次失败的市场调查报告陈述

　　某调查机构受一家糖果商委托，经过 3 个月的调查后，准备了一篇长达 150 页的市场调查报告。在向公司决策者做口头汇报时，汇报人员信心百倍，自以为报告中列举了多项重大发现，包括若干个可开发的新细分市场和若干条创新的产品理念等。然而，在听了一个小时的充满事实、数据与图表的汇报后，该糖果商的总经理站起来说："先暂停吧，我听了一个多小时枯燥无聊的报告，已经完全糊涂了，我想我并不需要一份比字典还厚的报告。明天早晨 8 点以前务必把一份只有 5 页纸的摘要放到我的办公桌上。"说完他就离开了房间。该调查机构因此得到了深刻的教训。

　　【思考】

　　（1）市场调查报告有何作用？

　　（2）撰写市场调查报告有哪些要求和技巧？

9.1　市场调查报告概述

情景导入

　　张雷在实习过程中不断成长，也积累了一定的市场调查与分析的实践经验。现在，撰写市场调查报告又成了他面临的新挑战。市场调查报告好比年终工作总结，自己的经历、发现和收获不能仅存放在心中，还要通过书面形式呈现出来，这样公司领导才能直观地看到数据和事实。

9.1.1　市场调查报告的作用

　　撰写市场调查报告是市场调查与分析工作的最后环节。调查机构对调查资料进行整理和分析，做出符合实际的结论和建议后，还要形成某种形式的报告，提交给市场调查活动的组织者或委托方。它的具体作用体现为以下 3 个方面。

1. 展示调查与分析成果

　　市场调查报告是对整个调查过程的总结与呈现，是市场调查与分析工作最终成果的集中体现。

2. 为管理和决策部门提供依据

　　市场调查报告是一种沟通交流形式，能够将市场调查的结果、可行性建议及其他有价值的信息传递给决策者，从而让决策者做出正确的理解、判断和决策，指导市场实践活动。

3. 作为二手资料使用

　　当一项市场调查活动完成之后，市场调查报告可作为二手资料，在企业研究其他市场问题时提供参考，从而可降低调查成本。

视　频

市场调查报告的含义及特点

视　频

市场调查报告的意义及原则

9.1.2 市场调查报告的类型

根据涉及的主体内容的不同，市场调查报告可以分为以下 4 种较常见的类型。

（1）行业市场的调查报告。

这类市场调查报告主要反映某个行业的市场环境、市场规模与供需现状，同时对行业未来的发展前景做出科学的预测，使企业对行业市场有清楚的认识，有助于企业未来的生存与发展。

（2）消费者情况的调查报告。

这类市场调查报告主要反映购买某类或某种产品的消费者的数量及地区分布状况；消费者的个人特征，包括消费者的性别、年龄、职业、收入、文化程度等；消费者的购买动机、购买数量、购买习惯及影响消费者购买决策的因素等。

（3）产品销售情况的调查报告。

这类市场调查报告，一是反映产品在市场上的占有率、销售人员的销售能力和影响产品销售的因素，销售渠道是否畅通、合理及中间商的销售情况，产品储存和运输情况，不同促销方式的促销效果等；二是反映消费者对产品的包装、质量、价格、使用状况与售后服务等方面的评价、建议和要求。

（4）市场竞争的调查报告。

这类市场调查报告主要反映竞争对手的数量及其实力，竞争对手产品的市场占有率和市场覆盖率，竞争对手所采用的产品策略、价格策略、渠道策略和促销策略等。

市场调查报告内容广泛，凡是直接和间接地影响企业市场营销活动的情报资料，都在其收集和研究范围之内。市场调查报告的写作材料来自市场调查，市场调查报告写作材料的收集过程，实际上就是实施市场调查的过程。需要指出的是，完成了市场调查报告不一定意味着市场调查活动就此终结，有时调查人员还需追踪调查结果，通过市场实践活动进一步验证市场分析、预测是否准确，所提意见或建议是否可行、效果如何等，并通过经验总结提高市场调查水平。

9.2 撰写市场调查报告

🔍 **情景导入**

张雷的同事们都认为，撰写市场调查报告是市场调查与分析工作中最让人头疼的一件事。因为公司要求比较严格，他们不仅要在完成一项市场调查后，迅速写完市场调查报告，还要写得有吸引力、说服力。所以，大家在撰写市场调查报告的环节花了很多心思。

9.2.1 市场调查报告的基本内容

由于市场调查的范围、要求和主题不同，市场调查报告的基本内容也有所不同，但是一般情况下，市场调查报告的基本内容都包括扉页（标题页）、目录、摘要、前言、正文、结论与建议、附件等。

1. 扉页

扉页通常单独占一页，内容一般包括：①调查报告的标题（应简明扼要地概括

视 频

市场调查报告的基本内容

调查的主题）；②委托方的单位名称；③调查机构的单位名称、地址、电话等；④报告日期等内容。
图 9-1 所示为扉页示例。

2. 目录

当报告的内容和页数较多时，应在目录中列出报告全部章节
的标题、附件及其对应页码（有的市场调查报告还会单独列出图
表目录，图 9-2 所示为一份市场调查报告的图表目录示例），以
便使用者对报告的内容有一个大体的了解，并能快速找到报告中
资料的位置。

视　频
标题的撰写

视　频
目录与摘要的撰写

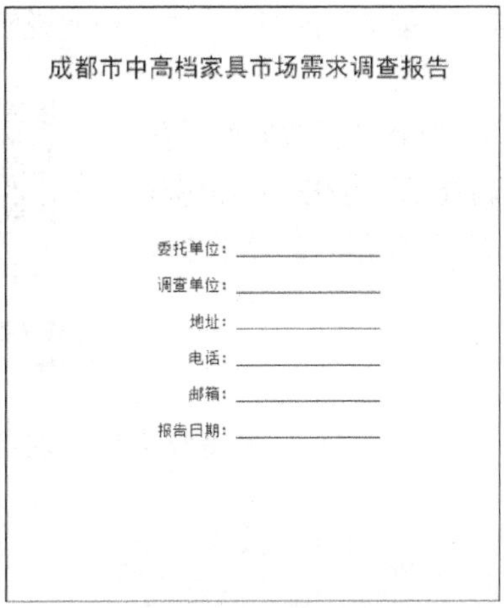

成都市中高档家具市场需求调查报告

委托单位：＿＿＿＿＿＿＿

调查单位：＿＿＿＿＿＿＿

地　址：＿＿＿＿＿＿＿

电　话：＿＿＿＿＿＿＿

邮　箱：＿＿＿＿＿＿＿

报告日期：＿＿＿＿＿＿＿

图 9-1　扉页示例

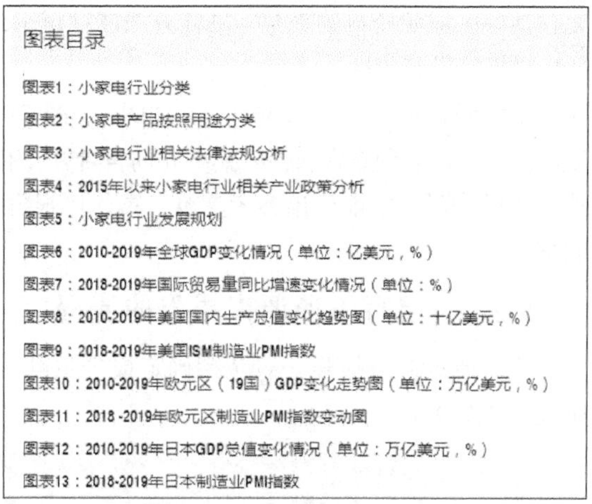

图表目录

图表1：小家电行业分类

图表2：小家电产品按照用途分类

图表3：小家电行业相关法律法规分析

图表4：2015年以来小家电行业相关产业政策分析

图表5：小家电行业发展规划

图表6：2010-2019年全球GDP变化情况（单位：亿美元，%）

图表7：2018-2019年国际贸易量同比增速变化情况（单位：%）

图表8：2010-2019年美国国内生产总值变化趋势图（单位：十亿美元，%）

图表9：2018-2019年美国ISM制造业PMI指数

图表10：2010-2019年欧元区（19国）GDP变化走势图（单位：万亿美元，%）

图表11：2018 -2019年欧元区制造业PMI指数变动图

图表12：2010-2019年日本GDP总值变化情况（单位：万亿美元，%）

图表13：2018-2019年日本制造业PMI指数

图 9-2　图表目录示例

3. 摘要

摘要是市场调查报告的内容提要，是对整个报告的概括性介绍，其目的是让使用者迅速了解报
告的大体内容和主要的研究结论与建议。有时，一些报告的使用者往往只关心调查项目的核心内容，
不太关注调查的细节，这时通常需要报告撰写者撰写摘要，以使使用者通过阅读摘要快速地了解调
查的主要内容。

摘要主要包括调查的问题和目的、调查的对象、调查的内容与方法、主要的调查结论及建议等。
总之，摘要应回答清楚"研究了什么与怎么研究的""得出了什么结论与结论将带来什么效果"等
问题。

4. 前言

前言又称"引言"，在市场调查报告中，前言主要用于说明：①研究背景及研
究领域目前的发展状况；②研究的问题，即大体勾勒出市场调查的主要内容，包括
调查的目的、时间、地点和分析对象等；③研究的意义，即为什么开展此项调查活
动。与摘要不同，前言详细介绍了研究背景与研究意义，简短地介绍了研究的问题，
研究的结论与建议则可以省略。

视　频
开头的撰写

5. 正文

正文是市场调查报告的主体和核心部分，主要反映了调查方案执行和分析预测两方面的内容。
具体来讲，正文被划分为若干章节，每个章节都有一个要反映的中心问题、用于说明问题的相关数
据、对该问题及数据的解释，以及对问题分析的结论。撰写正文时，报告撰写者要灵活地划分段落，
选择合适的描述语言，做到文字规范、通俗易懂、用词准确。

6. 结论与建议

结论与建议是撰写市场调查报告的最终目的，也是决策者最看重的部分之一，这能够为他们提供决策信息。结论即调查与分析（包括预测）的结果，是对正文主要内容的总结，是对所提出的研究问题做出的明确答复。建议则是根据调查与分析的结果提出的见解或问题的解决方案，需要注意的是，建议必须具有可行性和可操作性，否则市场调查报告将成为空中楼阁，不具有实际效用。

7. 附件

附件是对市场调查报告正文的补充或更详尽的说明，可以提高市场调查报告的可信度。附件主要包括提供原始资料的来源、抽样方法或抽样示意图、用于收集资料的调查问卷、访问说明书以及所用分析工具等信息。

市场调查报告可以通过 Word、PDF、PPT 等格式呈现，其格式并没有统一的规定。有的市场调查报告会将摘要和前言合并，有的市场调查报告可能会在结论与建议之后、附件之前列出参考文献，具体可根据实际情况以及使用者的需求进行调整。

9.2.2 撰写市场调查报告的流程

撰写市场调查报告一般包括确定报告主题、整理资料、拟定提纲、撰写成文和修改定稿 5 个阶段，如图 9-3 所示。

1	2	3	4	5
确定报告主题	整理资料	拟定提纲	撰写成文	修改定稿

图 9-3　撰写市场调查报告的流程

1. 确定报告主题

通常，市场调查的主题就是市场调查报告的主题，例如，针对大学生手机市场的调查，相应的市场调查报告的主题可以定为"关于大学生手机市场的调查报告"。当然，有时市场调查的范围广、问题多，而实际调查中缺乏有些问题的可靠资料，或原有调查主题的价值不大，此时，可以根据实际情况缩小市场调查报告主题的范围或重新确定主题。

2. 整理资料

整理资料是指对市场调查与分析所取得的资料进行取舍。例如，某企业要通过一项市场调查来了解相关产品的市场供求现状及趋势，将其作为制定产品策略的参考依据。根据该项市场调查的目的，报告撰写者在整理资料时应筛选能反映相关产品的市场供求状况、能反映这种状况发生的原因、能从中探寻产品市场发展趋势的资料。报告撰写者在整理资料时需注意 3 个要点：①舍弃与报告主题无关或关系不大的资料；②选取的资料是完整的；③选取的数据必须准确可靠。

3. 拟定提纲

提纲是指将市场调查报告的主要内容提纲挈领地描述出来。它是市场调查报告的框架，应条理清晰、层次分明。在拟定提纲时，报告撰写者可先列出报告的章节，再列出各章节要表述的观点。在撰写提纲的过程中，报告撰写者可先叙述性地描述，再用简短的词汇、语句提炼概括。

4. 撰写成文

报告撰写者根据已经确定的市场调查报告主题、选取的资料和拟定的提纲撰写市场调查报告。

5. 修改定稿

修改定稿即对撰写好的市场调查报告初稿进行修改和审定，确保市场调查报告观点明确、言之有理、表达准确及逻辑合理。修改定稿后，市场调查报告就可以提交给使用者了。

9.2.3　市场调查报告的撰写原则

报告撰写者在撰写市场调查报告时应重点把握真实性、时效性、针对性、严谨性和简洁性这几项原则。

（1）真实性。市场调查报告应是依据调查活动所取得的真实资料撰写而成的，报告撰写者不能道听途说或伪造资料。

（2）时效性。市场瞬息万变，市场调查工作完成后，报告撰写者要迅速、及时地完成市场调查报告并将其提交给使用者，以免贻误时机。

（3）针对性。报告撰写者应根据调查目的有针对性地选取资料并完成市场调查报告的撰写。

（4）严谨性。首先，市场调查报告的结构要严谨，即内容完整、逻辑清晰、层次分明；其次，市场调查报告的论点和论据要统一，即分析资料与形成的结论是对应的，分析资料是充分且准确的，应避免提出不可行的建议。此外，报告撰写者要注意细节，避免出现差错。

（5）简洁性。市场调查报告要突出重点，紧扣主题，报告撰写者要处理好篇幅和质量的关系。市场调查报告的语言表达要言简意赅、通俗易懂，对于专业术语，报告撰写者应做相关说明和解释。在分析过程中，如果有大量的统计数据，报告撰写者应尽量使用统计图表来展示。

案例分析——不听取反面意见致使决策失误

某企业的市场调查部门做市场调查报告时，因担心调查结果与本企业领导的意见相左，从而舍弃了消费者提出的反面意见，结果使得该企业在产品更新、促销策略的改进等方面无所作为，导致该企业产品市场萎缩。

分析：不对客观存在的反面意见进行调查、分析和报告，市场调查报告的内容就不全面，甚至是虚假的，其危害程度比不进行调查还要严重。

9.2.4　市场调查报告的撰写技巧

报告撰写者在把握市场调查报告的撰写原则下，要想写好市场调查报告，写出有特色的市场调查报告，还需要具备一定的专业知识和经验；同时还可以运用一些撰写技巧，让市场调查报告锦上添花。

1. 说明技巧

常用的说明技巧有分类说明、对比说明和举例说明等。

（1）分类说明。将资料按一定标准（如按问题性质、资料归属或研究范围）划分，再分别予以说明，可以使报告内容条理清晰。

（2）对比说明。在事物具有可比性的前提下，采用对比说明的方式，能够直接反映事物的差别和对比情况，让报告使用者直接了解变化情况。

（3）举例说明。用具有代表性的案例说明市场现象，能够提升调查报告的说服力，使报告使用者找到具体的可对比的对象。

2. 语言运用技巧

语言运用技巧及注意事项如下：第一，忌用"我认为""我觉得"等第一人称的写法，避免报告使用者产生报告不严谨的感觉，可用"数据表明""案例表明"等；第二，合理使用专业术语，并适当解释；第三，不要使用模棱两可或似是而非的词语，如"大概""也许""可能"等。

3. 数字表达技巧

数字表达方面有以下几个技巧。

（1）计数与计量应用阿拉伯数字，如 1 ～ 300，75% 等；公历世纪、年代、年、月、日等应用阿拉伯数字，如 20 世纪 90 年代，2021 年 2 月 1 日等。

（2）星期几一律用汉字数字，邻近的两个数并列连用表示概数时应用汉字，如星期一，三四天，一二百元等。

（3）为了让统计数字更加通俗易懂，可对数字进行横向和纵向的比较，形成强烈的反差。

（4）将不易理解的、太大的数字适当"化小"，如将某企业年产 876 000 台换成算每月生产 73 000 台；将太小的、不易引起报告使用者关注的数字推算"变大"，如将产品的销售成本为 3 元 / 吨，表达为如果单价保持不变，则产品年销量为 100 万吨时，即会增加 300 万元的销售成本。

9.3 市场调查报告的陈述与演示

情景导入

张雷有幸参加了一场市场调查报告的汇报演示，收获颇丰。他认为，以"口头汇报 +PPT 演示"的方式进行市场调查的报告工作，可以使调查机构和报告使用者直接沟通交流。

9.3.1 市场调查口头汇报

市场调查的书面报告完成后，有的情况还需要调查人员用口头陈述的形式向报告使用者进行工作成果的汇报。口头汇报是一种直接沟通形式，是对书面报告的有力补充和支持，口头汇报过程中允许听众提问，报告者要及时回答。

口头汇报的质量很大程度上取决于汇报人员的工作准备和业务素质。汇报人员一般应从参与此项调查的人员中选择，因为他熟悉该项调查的实施过程，便于临场发挥。在汇报过程中，汇报人员应采用通俗易懂的语言，对重点内容进行汇报，包括：①数据资料的意义；②如何将数据资料运用到解决实际问题中去；③在现有条件下应该怎样做；④如何使数据资料得到更高效的运用等。

9.3.2 市场调查报告演示

在对市场调查做口头汇报时，经常需要借助多媒体技术演示调查成果，如用 PPT 的形式演示市场调查报告可达到生动形象、图文并茂、声色俱全的效果，直观展示出调查机构的工作成绩和调查报告的质量。图 9-4、图 9-5 所示分别为艾瑞咨询《2021 年国民运动健康洞察报告》PPT 的目录页和其中一张内容页。

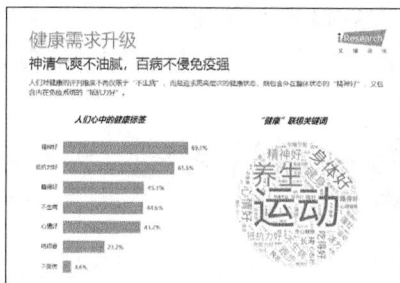

图 9-4　目录页

图 9-5　内容页

9.3.3　市场调查报告数据发布

市场调查报告数据发布是指向社会公众公布市场调查结果。一般而言，企业进行一项市场调查，是为了率先掌握市场信息，获得竞争优势，因此，企业往往不会直接发布市场调查结果，或者会选择性地发布市场调查结果。但是，对于公众感兴趣的社会热点调查，或具有公益性质的市场调查，或有利于提高企业知名度和影响力的市场调查，企业可以选择即时发布市场调查报告数据，以产生广告效应，达到推广产品或品牌的目的。目前，市场调查报告数据多通过互联网平台发布，以提高市场调查报告的传播速度、传播范围和影响力。

9.4　项目实训——DIY 服装定制市场与竞争调查报告

9.4.1　实训背景

市场与竞争是企业在生产和销售产品之前必须要分析的对象，本次实训主要通过文献调查法，收集 DIY 服装定制市场与竞争的相关资料，并依据收集的资料，使用 Word 撰写《DIY 服装定制市场与竞争调查报告》，以为某初创企业进军 T 恤定制市场提供信息参考。某初创企业欲进军 T 恤定制市场，为了解 DIY 服装定制市场与竞争情况。决定通过文献调查法收集相关资料，并撰写《DIY 服装定制市场与竞争的调查报告》，作为企业生产的销售产品的信息参考。

9.4.2　实训思路

要完成本次实训，同学们首先应通过各种途径（如互联网等）收集 DIY 服装定制市场和竞争对手的情况、用户情况等资料，然后进行调查报告的撰写，具体操作可按照撰写市场调查报告的流程进行。在收集资料和写作市场调查报告时，同学们可参考本书提供的"DIY 服装定制市场与竞争调查报告 .docx"文档（配套资源：效果\第 9 章\DIY 服装定制市场与竞争调查报告 .docx）。

9.4.3　实训实施

（1）收集资料并剔除与研究课题不相关或真实性存疑的资料。

（2）拟定市场调查报告的提纲，然后使用 Word 撰写调查报告。

（3）修改市场调查报告的初稿。首先检查资料是否存在逻辑错误、数据是否存在统计错误等（如资料中某组成的比例数据之和是否等于 100%，该步骤也可在收集资料后进行）；其次检查行文中是否存在文字错误、语句不通顺、表达

扫一扫

目录制作方法

不准确、结构不严谨等情况。

（4）多次修改后确定最终的文件，然后制作目录，用于内容检索。

9.5 课后习题

1. 简述市场调查报告的作用与类型。

2. 简述市场调查报告的基本结构。

3. 你认为撰写市场调查报告的基本要求有哪些？

4. 你认为陈述与演示市场调查报告应注意哪些事项？

5. 成立调查工作小组开展大学生手机市场调查，尝试撰写大学生手机市场调查报告。

6. 阅读以下材料并回答问题。

早在 20 世纪 60 年代，丰田公司就对世界上的主要汽车生产国生产的汽车型号、能源消耗的情况进行了调查。调查报告中的数据显示，各国生产的汽车油耗普遍较高，但石油资源是不可再生资源。丰田公司意识到：一旦发生能源危机，小排量、低油耗汽车一定会有很大的市场需求。丰田公司很快便根据调查报告做出决策，开展了低油耗汽车的生产。1973 年，石油危机爆发，丰田公司生产的低油耗汽车大举进入美国市场，并迅速占据了很大的市场份额。

思考：上述材料说明了什么问题？

★ 管理工具推荐

1. 内雷斯·马尔霍查提出的市场调查报告格式

市场调查活动在长期发展中逐渐形成的一套撰写理论或方法可供市场调查与研究人员参考。

美国市场调查专家内雷斯·马尔霍查教授在其出版的《市场调查》一书中提出，市场调查报告一般应包括以下部分：扉页、递交信、委托信、目录、表格目录、图表目录、附录目录、证据目录、经理摘要、问题界定、解决问题的方法、调查设计、资料分析、结果、局限和警告、结论和建议、附件。

2. 市场调查报告 PPT 模板网站

互联网上有很多网站，如第一 PPT、51PPT 模板、FoTor 懒设计、吾道、创客贴、稿定设计等，提供了各类市场调查报告 PPT 模板，大家可参考使用。图 9-6 所示为在吾道中查找调查报告模板的显示结果。

图 9-6 吾道

第 10 章

大数据驱动的市场调查

● **重要概念**

大数据、4V、大数据思维、用户画像、ISMAS 模型、
量化指标、互动指标、转化指标

● **知识目标**

/ 理解大数据的概念、特征，大数据思维的运用及
  大数据市场调查的特点。
/ 掌握人数据的市场调查内容。
/ 掌握大数据分析工具"魔镜"的使用。

● **能力目标**

/ 打好大数据市场调查内容、方法、工作流程及应
  用的基础。
/ 具备结合传统市场调查的理论方法，利用大数据
  思维，使用大数据分析工具进行市场调查的能力。

扫一扫

知识结构图

📋 引导案例

啤酒与尿不湿

"啤酒与尿不湿"在数据化运营领域可谓家喻户晓的经典案例。该案例讲的是沃尔玛公司通过对其数据仓库进行分析和挖掘后，将啤酒和尿不湿这两种看似完全没有联系的产品放在一起销售，最后两种产品的销量同时提升的故事。

沃尔玛在对其数据仓库的历史交易数据进行分析和挖掘后，通过建立各种模型并计算，发现与尿不湿一起购买得最多的产品是啤酒。为了验证这一结果，沃尔玛公司专门派人进行实际调查和分析，最终得到结论：美国的一些年轻父亲在周末下班后会到超市购买尿不湿，而这类人群又喜欢在周末观看各种体育赛事，啤酒是他们观看赛事必备的饮品，但这类人群在购买尿不湿时，只有部分人会想起为周末赛事购买啤酒。因此，如果将尿不湿和啤酒放在一起销售，就会让那些忘记购买啤酒的人自然而然地想起购买啤酒这件事情。

既然通过数据分析得出啤酒与尿不湿一起销售有利于提升二者的销量，沃尔玛公司便将其所有门店的啤酒与尿不湿放在一起，结果真的得到了啤酒与尿不湿的销量双双增长的结果。

当然，"啤酒与尿不湿"的故事背后离不开技术的支持。1993年，美国学者艾格拉沃（Agrawal）提出通过分析购物篮中的产品，找出产品之间关联关系的关联算法，而企业根据产品之间的关联关系可以分析客户的购买行为。艾格拉沃从数学及计算机算法的角度提出了产品关联关系的计算方法——Aprior算法。沃尔玛公司从20世纪90年代就开始尝试将Aprior算法引入POS机数据分析，并最终获得了成功，于是产生了"啤酒与尿不湿"的故事。

【思考】

沃尔玛公司是如何将啤酒与尿不湿这两种属性大相径庭的产品联系在一起的？

10.1 大数据市场调查的基本知识

🔍 情景导入

张雷告诉同事，自己从有关资料了解到，百度首页每天需要提供的数据超过1.5 PB，而到目前为止，人类生产的所有印刷材料的数据量只有几百PB。他觉得这是不可思议的，然而同事并不惊讶，因为据他了解，在大数据时代，数据量达到PB级别，甚至EB级别（1 EB=1024 PB）、ZB级别（1 ZB = 1024 EB）是很常见的事情。

10.1.1 大数据的概念及特征

数据（Data）是信息的一种符号表示。数据是事实或观察的结果，是对客观事物的逻辑归纳，是对客观事物，如现实世界中的地方、事件、其他对象或概念的描述。数据是可以积累、归类、统计和计算的。例如，珠穆朗玛峰有多高，若有人回答特别高、非常高，我们并不能确切地知道结果，这仅仅是一个抽象的描述。每个人对"特别高""非常高"的理解是不同的，且是相对的，但是如果我们回答8848.86米，大家就可以对珠穆朗玛峰的高度形成一个具体的认识。

进入电子时代后，人们生产数据的能力得到飞速的提升，而这些数据的增加促使了大数据（Big Data）的产生。

1.　大数据的概念

2008 年 9 月，美国权威学术期刊《科学》（*Science*）杂志发表的《大数据：PB 时代的科学》（*Big Data：Science in the Petabyte Era*）文章中，"大数据"被用来描述和定义信息爆炸时代所产生的海量数据，"大数据"一词开始广泛传播。

而大数据的概念至今尚未有普遍认可的固定定义。

权威研究与顾问咨询公司的高德纳（Gartner）认为，大数据是指通过新的处理模式才能具有更强的决策力、洞察力和流程优化能力的海量、高增长率和多样化的信息资产。

麦肯锡全球研究所（McKinsey Global Institute）对大数据给出的定义是，一种规模大到在获取、存储、管理、分析方面大大超出了传统数据库软件工具能力范围的数据集合。

在大数据研究专家维克托·迈尔·舍恩伯格（Viktor Mayer Schönberger）与肯尼斯·库克耶（Kenneth Cukier）编写的《大数据时代：生活、工作与思维的大变革》一书中，大数据是指不用随机分析法（抽样调查）这样的捷径，而采用所有数据分析处理方法得到的数据。

国家信息中心有关专家则将大数据广义地界定为"我国现代信息化进程中产生的、可被利用的海量数据的集合，是当代信息社会的数据资源总和，是信息时代的全数据，既包括互联网数据，也包括政府数据和行业数据"。

无论是哪种定义，我们都可以看出，大数据并不是一种新的产品，也不是一种新的技术，大数据只是数字化时代出现的一种现象。简而言之，我们可以将大数据简单理解为数据量非常大、数据种类繁多、无法用常规归类方法应用和计算的数据集合。而从各种各样类型的数据中，快速获得有价值信息的能力，就是大数据技术。

大数据的采集、挖掘、处理和利用，已成为当代社会的潮流之一。人们普遍认为，大数据的分析应用对于企业决策的作用是非常积极的。

2.　大数据的特征

国际商业机器公司（IBM）提出了大数据的"4V"特征，即数据体量大（Volume）、数据类型繁多（Variety）、处理速度快（Velocity）、价值密度低（Value），如图 10-1 所示。

图 10-1　大数据的特征

（1）数据体量大。

在大数据时代，数据来源丰富，各种数据相互叠加，尤其是来自互联网的数据，达到 PB（1 PB = 1024 TB = 1 048 576 GB）级以上是常态。之所以会产生如此巨大的数据量，是因为在信息时代，手机、计算机、互联网的应用非常广泛，人们只要浏览网页、登录应用就会生成一系列的数据。

![扫一扫图标]拓展知识

　　结构化数据和非结构化数据是大数据主要的两种类型。扫描右侧二维
码，即可了解相关内容。

　　（2）数据类型繁多。

　　随着科学技术的进步，各种智能设备、传感器的发展日新月异，再加上社交网络、网上购物等的流行，数据源日渐丰富，数据类型也变得更加复杂。数据一般包括结构化数据和非结构化数据，表现为文档、网页、视频、音频、地理位置信息等多种类型的数据形式。

　　（3）处理速度快。

　　大数据时代的数据处理要求是，在数据量非常庞大的情况下，也能够做到对数据的实时处理。数据处理遵循"1秒定律"，以从各种类型的数据中快速获得高价值的信息。

　　（4）价值密度低。

　　数据量呈几何级指数增长，隐藏在海量数据中的有用信息却没有按相应的比例增长。在体量巨大的数据中寻找有价值的信息好比"大海捞针"，这无疑增加了企业获取有用信息的难度。以视频为例，在连续的监控过程中，有用的数据可能仅有一两秒。正因如此，可用数据也显得弥足珍贵，只要合理利用数据并对其进行正确、准确的分析，就可以带来很高的价值回报。

　　大数据的"4V"特征表明大数据分析较传统的数据分析将更加复杂、更追求速度、更注重实效。

10.1.2　大数据思维的运用

　　在《大数据时代：生活、工作与思维的大变革》一书中，作者前瞻性地指出，大数据带来的信息风暴正在改变我们的生活、工作和思维，大数据开启了一次重大的时代转型。

　　作者认为，大数据的核心就是预测，把数学算法运用到海量的数据上来预测可能发生的事情。这个核心代表着人们分析数据时思维方式的转变，大数据思维如图10-2所示。

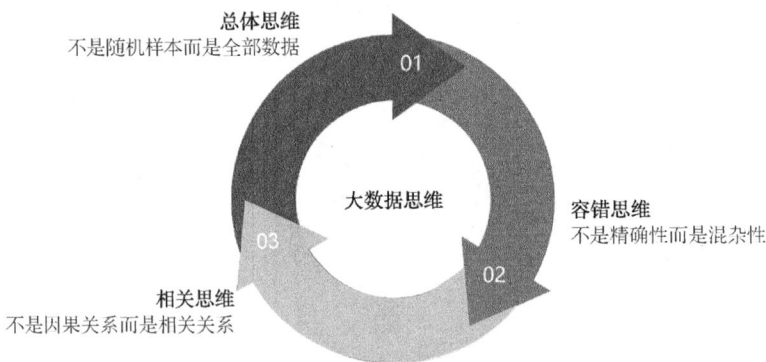

图10-2　大数据思维

1. 总体思维

　　人们处理数据不再依赖于随机采样的样本数据，而是全部数据。

　　以往企业或其他机构在做市场调查时，因为调查经费、时间、技术（如数据存储与处理）的限制，通常采用抽样调查的方法，通过对样本数据的分析来推断全部数据的总体特征，这样做可能出现以

偏概全的情况，难免会产生误差。

而在大数据时代，数据的收集、存储、分析技术都有了突破性的发展，一切出现过的数据都可以被完整地采集起来，我们可以更加方便、快捷、动态地获得并分析与调查对象有关的全部数据。全部数据包含了从诞生到流动整个过程的数据，包含了样本数据无法观察到的细节信息，使数据分析可以更客观和完善。相应地，从样本数据到全部数据的总体思维的转变，可以帮助调查人员更加全面、立体、系统地认识总体。

2. 容错思维

由于是分析全部数据，人们不得不接受数据的混杂性。

以往企业或其他机构在做市场调查时，由于采用抽样调查的方法，必须确保记录的数据尽量结构化、精确化，以保证由样本特征推断总体特征的可靠性。因为抽样调查只是针对样本的分析研究，将样本的分析研究结果应用到总体后，误差会被放大。所以，为了保证放大后的误差处于可以接受的范围内，就要确保抽样调查结果的精确性。

在大数据时代则不同，人们的思维方式要从精确思维转向容错思维。一方面，分析全部数据能够避免误差被放大的问题；另一方面，当采集、存储海量数据成为可能，追求绝对的精准就不再是主要目标，适当忽略微观层面上的精确度，容许一定程度的错误与混杂，反而可以在宏观层面更好地观察数据。

3. 相关思维

人们处理大数据时，从关注因果关系转变到关注相关关系。

以往企业或其他机构在做市场调查时，执着于探究现象背后的"因果关系"。例如，一家企业的产品在某地区的销量下降严重，该企业就想要分析销售数据，找出销量下降的具体原因，这反映的就是一种"因果关系"。但是，在大数据时代，因果关系不再那么重要，企业转而关注"相关关系"。通过关注数据反映的现象之间的线性或非线性的相关关系，企业可以发现以前不曾注意的关系，找到洞察商机的更好视角。例如，本章引导案例介绍的"啤酒与尿不湿"的故事中体现的逻辑关系，男性消费者追求购物的便捷性，在购买尿不湿时顺便购买啤酒，通过大数据分析出这一潜在关系后，将看似不相关的啤酒与尿不湿关联起来，取得了意想不到的效果。又如，我们在日常的网上购物中，可以发现这样一件事情：当我们完成购物后，购物网站会自动提示，与你购买相同物品的其他消费者还购买了其他物品。购物网站只会"告诉"你购买的物品和推荐购买的物品之间存在相关性，但并不会"告诉"你为什么其他消费者购买了一种物品后还会购买另外一种物品。

案例分析——塔吉特（Target）的大数据预测

　　孕妇对于零售商来说是一个价值很高的消费群体。美国著名零售商塔吉特通过分析女性消费者的购买记录，建立了分析模型，发现许多孕妇在妊娠第二期开始时会购买许多大包装的无香护手霜；在怀孕的前 20 周会大量购买补充钙、镁、锌的保健品。于是，塔吉特选出了 25 种典型产品的消费数据，构建了"怀孕预测指数"，通过这个指数，塔吉特能够在很小的误差范围内预测到消费者的怀孕情况。因此，塔吉特能够赶在其他零售商之前知道哪位消费者怀孕了，从而抢先给她们发出量身定制的优惠广告。

　　根据这个"大数据"模型，塔吉特制订了全新的广告营销方案，结果塔吉特的孕期用品销量出现了爆炸性的增长。

　　分析：企业收集关于消费者行为的海量数据，建立模型，分析数据的相关性，就能够对消费者未来的购买行为做出预测。当然，这些数据超越了传统的存储方式和数据库管理工具的功能范围，必须用到大数据存储、分析和可视化技术（如云计算）才能挖掘出其中巨大的商业价值。

10.1.3　大数据市场调查的特点

在大数据时代，人们分析数据时思维方式的转变，使大数据驱动下的市场调查与以往传统的市场调查有很大的不同，如下所示。

（1）从调查对象上看，传统市场调查的调查对象针对某个地区、数量适当的目标人群；而大数据驱动下的市场调查的调查对象可以是任何一个使用手机、计算机等智能设备和互联网的人。

（2）从调查时限上看，传统市场调查一般是阶段性的，大数据驱动下的市场调查研究的是长期的，但两者都讲究时效性。

（3）从调查方法上看，传统市场调查通过访谈、问卷、电话等方法或途径实施调查、收集资料，且在实施调查的过程中，调查人员的行为会在一定程度上影响调查资料的真实性；大数据驱动下的市场调查，企业及调查人员基本不会影响调查对象的行为，通过计算机追踪、手机定位等，企业及调查人员不仅能真实客观地记录调查对象的行为与文本生成内容（如浏览的产品、收藏的产品等），还能使每个调查对象的信息呈现个性化、一一对应的状态。

（4）从收集数据的质量上看，传统市场调查对样本数据的精确度要求较高，需要对样本中的个体进行正确、深入的描述和研究；大数据驱动下的市场调查则不同，它的容错性较好，由于其分析的是全部数据，少数个体的数据错误一般不会对最终形成的调查结论产生重大的负面影响。

（5）从数据分析的方法上看，传统市场调查使用的是抽样的统计分析方法，例如，线性回归分析等；而大数据驱动下的市场调查省去了抽样的环节，并运用了高级的机器分析方法（如云计算等），对于整体认识调查对象而言，能将误差大大降低。

（6）从形成调查结论的视角上看，传统市场调查多是微观视角，针对部分人群、事物的细微调查，通过典型样本由点及面地把握全局；而大数据驱动下的市场调查，通过分析全部数据，可以从宏观层面把握事物的动向、趋势。并且，大数据的数据来源非常丰富，针对个体的分析可以越来越精准。

需要注意的是，大数据驱动下的市场调查和传统市场调查并不是相互排斥的，不是有了大数据，就放弃传统市场调查，两者之间是可以互补的。在不同的场景和不同的调查需求下，企业可以选择不同的调查方式。大数据更加适用于描述性的调查，而传统市场调查在因果性的调查上仍然具有独特优势。

10.2　大数据市场调查的内容

情景导入

既然大数据如此"神奇"，那么大数据驱动下的市场调查的内容是否也发生了巨大的改变呢？张雷向同事提出了这样的疑问。有相关经验的同事表达了自己的看法："随着大数据时代的到来，市场调查在新技术条件下产生了新的应用和方法，但本质上，无论通过何种方式、方法来实施市场调查、收集市场资料，涉及的主要内容还是消费者、市场资料和广告效果等。"

10.2.1　消费者调查

大数据市场调查主要的调查对象是互联网用户，涉及的主要内容包括用户画像、用户标签及消费者的研究等。

1. 用户画像

用户画像是企业收集与分析用户的社会属性、生活习惯、消费行为等各方面信息的数据后，建立的抽象化的用户的商业特征。换句话说，用户画像就是企业从多个维度描述的用户特征。用户画像为企业提供了足够的信息基础，用户画像越精准、全面，越能帮助企业快速找到精准的用户群体、用户需求等更为广泛的反馈信息。

在目前的大数据环境下，用户通过互联网进行商务活动所产生的一切行为，在企业面前都是"可视化"的，这就为企业建立用户画像提供了天然的条件。

（1）用户画像的作用。

目前，用户画像成了大数据驱动的用户行为分析的基础及流行方式之一。具体而言，用户画像的作用体现在以下几个方面。

① 标签准备。建立用户画像是企业为用户贴上属性标签的前提，因此企业建立了用户画像，也就为给用户贴上标签做好了准备。

② 数据挖掘。通过用户画像，企业可以进一步挖掘用户数据、提高服务质量，同时，用户画像也可以为企业的运营管理提供更有利的数据支持。例如，为活动策划提供数据依据、增强活动效果，对业绩进行周期性预测、趋势性预测等。

③ 精准营销。明确用户的基本特征，了解用户的消费行为特征，能让营销更加精准。

④ 指导产品研发。企业通过获取、分析、处理、组合大量目标用户数据，初步建立用户画像，得出用户喜好、需求的统计结果，从而优化产品。

（2）用户画像的维度。

针对不同的行业和场景，用户画像的维度会有所不同。这里介绍几种常见的用户画像维度，具体如下。

① 人口属性。其用于描述用户的个人基本特征。用户的个人基本特征是用户画像中最基本的信息之一，主要包括姓名、性别、年龄、联系方式等。

② 消费特征。其用于描述用户的消费习惯和偏好，主要包括用户的购物类型、购买周期、品牌偏好等。为了筛选用户，企业还可以参考用户的消费记录等数据，将用户直接定性为某一类消费人群，例如，差旅人群、奢侈品族、母婴用户、理财人群等。

③ 兴趣爱好。其用于描述用户的兴趣爱好，能够帮助企业了解用户的消费倾向，从而开展精准定向的营销活动。例如，用户经常询问有关科技产品的资讯，则企业对其兴趣爱好进行挖掘分析后，可以将其定义为"科技发烧友"。

④ 社交信息。其用于描述用户的社交图谱、家庭成员、朋友圈等，这些信息能够表现出用户的消费预期和社会关系网。企业建立用户社交信息维度的画像，可以更完整地了解用户，以便为其提供个性化服务。

⑤ 信用属性。其用于描述用户的收入与支付能力，主要包括用户的学历、收入、资产、负债、信用评分等。

（3）用户画像的数据来源。

用户画像数据的主要来源为用户行为日志（也称用户行为轨迹）和客户关系管理（Customer

Relationship Management，CRM）系统。用户行为日志简单来说，就是用户每次访问网站产生的行为数据，如访问、浏览、搜索、点击等数据，企业后台数据库（包含个人资料、购买信息等数据）。

2. 用户标签

用户画像可以使企业了解用户群体的各方面需求。但在针对某一位用户时，企业还需要应用"用户标签"才能真正实现精准营销。用户标签可以理解为具有某种特征的用户群体的代称，其可用于识别、记忆和查找用户。用户标签的设计因人而异，不同企业可以根据实际情况和自身需求，设计不同的用户标签。

用户画像需要以不同的维度来衡量，每一个维度就是一种用户属性，而每一种属性都对应不同的属性值，最终这些不同的属性值组合起来就可以构成特定的用户标签。因此，标签属性值是用户标签的基础。例如，就电子商务而言，标签属性涉及用户的基本信息、各种偏好等。表 10-1 归纳了用户标签的部分常见属性值。

表 10-1 用户标签的常见属性值

分析维度	属性	属性值
用户基本情况	性别	男、女
	年龄	0～18 岁、19～24 岁、25～29 岁、30～39 岁、40～49 岁、50 岁以上
	职业	个体经营者、务工人员、学生、教师、公司职员、其他
	职位	普通职员、主管、高管
	地域	按省份划分、按城市划分、按区县划分
	婚姻状况	已婚、未婚
产品偏好	品质	高、中、低
	等级	高、中、低
	风格	标准、流行、时尚、个性
	款式	新款、次新款、其他
	色彩	亮色、暗色
	功能	按不同产品的功能划分
	用途	按不同产品的用途划分
	口味	酸、甜、苦、辣、其他
	材质	按不同产品的用料划分
	工艺	手工、机械
消费偏好	价格	高、中、低
	促销	特价、打折、包邮、赠品、满减、退换
	时节	上新、换季、大促、节日
	时间	早晨、上午、中午、下午、傍晚、晚上、深夜
	平台	淘宝网、天猫、拼多多、京东、其他
	渠道	短信、微信、微博、其他

3. 消费者行为研究

在互联网时代，传统的消费者行为 AIDMA 模型衍生出基于互联网消费者行为的社会化网络的研究模型，如 ISMAS 模型，即 Interest（兴趣）、Search（搜索）、Mouth（口碑）、Action（行动）和 Share（分享），如图 10-3 所示。

图 10-3 ISMAS 模型

ISMAS 模型是北京大学刘德寰教授根据移动互联时代人们生活形态的改变，针对传统的消费者行为理论模型提出的改进模型。在 ISMAS 模型下，消费者不再是先被广告吸引，然后再产生相应的消费行为。在移动互联网与社交媒体高度发达的时代，在没有广告介入的情况下，消费者的兴趣在消费行为中占据了主导地位。他们的消费目标十分清晰，会主动进行信息搜索，关注口碑效应，根据口碑信息来支撑自己的决策，产生消费行为后，他们还会通过社交媒体分享消费体验和心得，形成二次口碑。

拓展知识

AIDMA 模型是美国广告学家 E.S. 刘易斯在 1898 年提出的经典营销理论，主要应用于线下实体经济。扫描右侧二维码，可查看相关内容。

扫一扫

AIDMA 模型

消费者的搜索行为为企业提供了大量的数据，基于搜索数据，企业能够建立用户画像，通过大数据的分析方法找到不同用户画像的相关性，从而判断潜在消费群体的购买意向。而口碑信息和消费者的分享行为则会产生大量的口碑数据，口碑数据会影响消费者的后续消费行为，企业通过分析这些数据可以精准了解用户购买意向和使用体验。

案例分析——威瑞森（Verzion）大数据市场调查应用

美国无线通信服务供应商威瑞森（Verzion）曾推出名为"精准营销分析（Precision Market Insights）"的产品。该产品可以记录用户的地理位置和个人资料。美国篮球队菲尼克斯太阳队就通过使用该产品，来分析观众主要在哪些地方观看赛事直播，从而在这些地区增加广告投入。

分析： 大数据驱动下的市场调查省去了抽样环节，企业不用观察样本数据就能做出推断，企业记录用户行为即可分析出所需结果。当然，因为需确保数据分析的真实性和可靠性，所以企业需要采集、存储足够的数据。

10.2.2 市场竞争情报调查

在大数据时代，海量数据中包含着若干具有重要价值的市场竞争情报。当企业已经拥有了更便利的数据获取渠道时，提炼出有价值的情报，就是企业准确决策、抢占先机、提高竞争力的关键。

在大数据背景下，综合利用多种信息源已成为市场竞争情报研究的一个发展趋势。这一发展趋势是由竞争情报研究问题的复杂性和各种信息资源的特性决定的。一方面，互联网环境下的市场竞争格局变得更加复杂，企业不仅要面对来自同行业的竞争对手的挑战，还面对着不同行业针对相同消费者群体的竞争对手的挑战。另一方面，竞争情报的信息来源非常丰富，这就要求情报研究人员要熟悉每一种信息资源的特性，了解不同信息资源之间的关系，以及相似信息在不同资源类型中的表现形式。同时，情报研究人员要能有效地综合、组织、解释不同信息资源分析出的结果，特别是当结论有冲突时，识别不当结果、保证分析结果的正确性是很重要的。

通常，大数据驱动下的市场竞争情报调查工作可分为以下 3 个主要环节。

（1）建立基于大数据的企业竞争情报系统，采集与竞争对手有关的所有市场信息。

（2）对大数据进行实时分析和挖掘，从海量数据中获得潜在的、合理的、有效的、规律的、有关联的信息。

（3）根据实时分析结果进行针对性研究，获得竞争对手的动态信息，例如，企业的市场占有率、企业定位、企业现有的或新推出的产品、市场区隔（市场区隔是企业按照不同的需求、特征将消费者分成若干个不同的群体，进而形成各个不同的消费群）等。

10.2.3　广告效果调查

广告效果调查是对产品广告活动的影响和效果的研究。在互联网、大数据时代，广告效果调查变得十分方便快捷，由于消费者的行为可追踪，企业能够及时了解消费者对广告的偏好和反馈信息，以及广告的传播效果与促进销售的效果等，并据此优化广告内容和创意，调整广告策略和制订新的营销计划，使广告可以精准地触达目标消费群体。

调查、分析和评估广告效果主要涉及 3 类指标，即流量指标、互动指标和转化指标。

1. 流量指标

流量指标是用于描述广告的展现情况和触达情况的主要指标，可以反映广告的覆盖情况和广告内容对用户的吸引力。流量指标主要可分为点击前的流量指标和点击后的流量指标。

点击前的流量指标主要指曝光量，即广告的曝光次数；点击量指广告被点击的次数；点击率是点击量与曝光量的比值，能够有效反映广告效果。

点击后的流量指标主要指页面浏览量（Page View，PV），用户访问网站时每打开一个页面算作一次页面浏览，用户多次打开同一页面，浏览量将累计；访问次数，一般指在一定时间内，用户访问网站的次数，如果用户连续 30 分钟没有重新打开或刷新网页，则当用户下次访问网站时，访问次数累计；访客数（Unique Visitor，UV），指一天内网站的独立用户数，同一用户多次访问网站只算作一个访客。页面浏览量是从页面角度衡量加载次数的统计指标，而访客数则是从用户角度衡量访问次数的分析指标。如果网站的用户黏性足够好，同一用户一天中多次登录网站，那么页面浏览量就会明显大于访客数。

2. 互动指标

互动指标用于描述用户的参与程度，可以反映广告投放的精准度和广告内容的质量。常用的互动指标有跳失率，指用户只访问了一个页面就离开的访问次数占该页面总访问次数的比例，跳失率越低，说明内容质量越好，用户忠诚度越高；平均访问时长，指用户访问网站的平均停留时间，平均访问时长＝总访问时长÷访问次数；平均访问页数，指用户访问网站的平均浏览页数，平均访问页数＝浏览量÷访问次数。平均访问时长和平均访问页数都是衡量用户体验的重要指标。另外，点赞、关注、评论、转发等互动指标也可以反映用户的参与程度。

3. 转化指标

转化指标是对企业来说最有价值的检测指标之一，它能直接反映企业达到推广目的和效果的可能性，以及广告活动为企业带来的收益等情况。主要的转化指标包括转化参数，指用户到达转化目标页面，或完成网站运营者期望其完成的动作（如支付等）的次数；转化率，即访问转化的效率，是转化次数与访问次数的比值。

10.3　大数据分析工具的应用

情景导入

大数据中的海量数据是无法在脑海里具象化的，但是张雷清楚地知道，传统公式计算法或常规的数据分析工具难以实现对海量数据的分析。那么，是否就没有解决的方法呢？显然不是，人们面对任何问题都会积极地寻找解决方案，因此，市面上针对大数据分析的工具应运而生。

10.3.1　魔镜

"魔镜"是一个较流行的大数据可视化分析挖掘平台，由国云数据科技有限公司研发。

打开"魔镜"官方网站，用户注册登录后，单击页面右上角的用户图标，在打开的列表中选择"进入魔镜"选项，如图 10-4 所示，即可进入其应用管理页面。

图 10-4　进入"魔镜"应用管理页面

下面在"魔镜"中导入 Excel 文件（配套资源：素材 \ 第 10 章 \ 竞店产品 .xlsx）并对该竞店产品的数据进行分析，以此介绍"魔镜"的基本操作和数据分析的方法，具体操作如下。

（1）在"魔镜"应用管理页面单击"新建应用"按钮，如图 10-5 所示。

（2）打开"数据源列表"页面，单击"添加"超链接，在打开的列表框中单击"文件"栏的 Excel 图标，如图 10-6 所示。

（3）打开"打开"对话框，选择"竞店产品 .xlsx"工作簿，单击"打开"按钮导入文件，如图 10-7 所示。

（4）打开"上传文件"对话框，可预览数据，单击"保存"按钮，如图 10-8 所示。

扫一扫

使用"魔镜"进行
数据分析

图 10-5　单击"新建应用"按钮

图 10-6　单击 Excel 图标

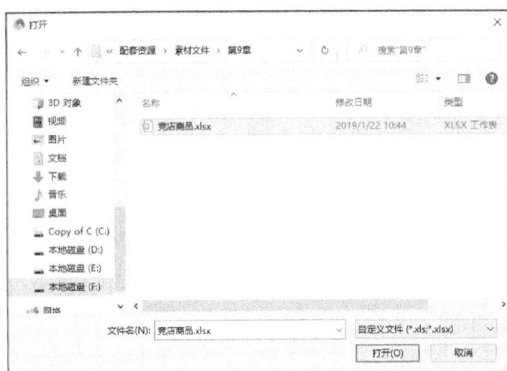

图 10-7　导入文件

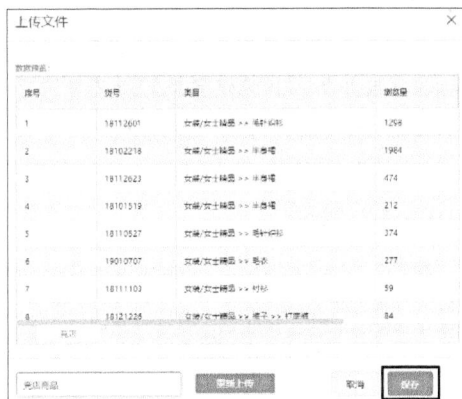

图 10-8　保存数据

（5）将导入的"竞店产品 .xlsx"文件中的"竞店"工作表拖动到右侧的"从左侧数据源拖入"面板中，如图 10-9 所示。

图 10-9　导入数据源

（6）导入数据源后，单击"保存，去分析"按钮，在打开的"新建应用"对话框中单击"保存"按钮，如图 10-10 所示。

（7）此时将进入"数据分析"页面，"魔镜"默认将数据源中不可量化的数据作为分析的维度指标，如本例中的"货号"和"类目"；将数据源中可以量化的数据作为度量指标，如本例中的"浏览量"和"收藏量"等。

（8）为了使操作简便，我们可以先思考当前数据适合用哪种图表来展示。例如，通过列表展示各产品类目的浏览量和收藏量的汇总数据，首先单击右侧"主要"面板中的"列表"图标（第 1 行第 1 个图标），然后依次将"类目"维度指标和"浏览量""收藏量"度量指标拖入到上方的"表头"栏中，得到分析结果，如图 10-11 所示。

图 10-10　保存新建应用

图 10-11　各产品类目汇总的浏览量和收藏量展示

（9）又如，通过饼图展示各产品类目的日销量占比情况，则首先将鼠标指针移到"表头"栏中的"类目"选项上，单击显示的下拉箭头按钮，在打开的列表中选择"移除"选项，移除此项数据分析源，并通过相同的方法删除"浏览量"和"收藏量"两个数据分析源。然后，单击右侧"主要"面板中的"饼图"图标（第 3 行第 1 个图标），将"类目"维度指标拖动到"颜色"标记上，即以颜色区分产品类目，如图 10-12 所示。

图 10-12　拖入分析指标

（10）将"日销量"量度指标拖动到"角度"标记上，即以不同角度反映产品类目的日销量占比。此时生成饼图分析结果，将鼠标指针移到最大的扇形区域上，根据弹出的信息可看出，销售比重最大的是"女装 / 女士精品 >> 半身裙"，日销量为 17 件，占比 27.869%，如图 10-13 所示。

图 10-13　查看各产品类目的日销量占比分析结果

（11）"日销量"度量值默认显示为"汇总"，将鼠标指针移到"日销量"标记上，单击显示的下拉箭头按钮，将鼠标指针移到打开列表的"度量【汇总】"选项上，在弹出的子列表中选择相应选项可更改度量值的显示方式，如图 10-14 所示。

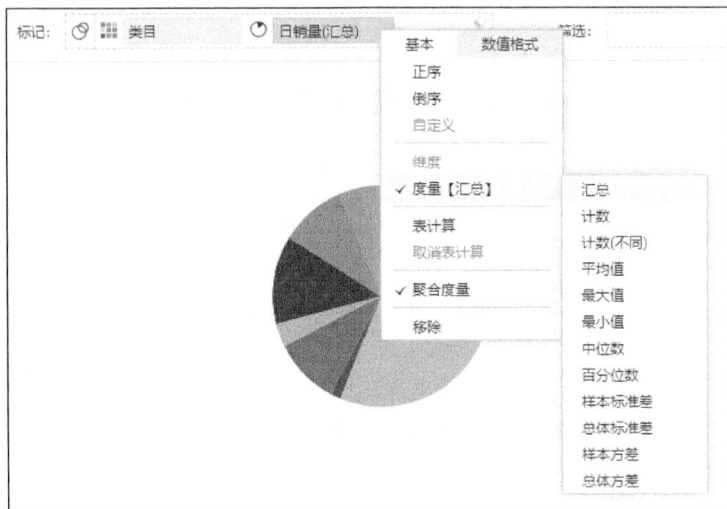

图 10-14　更改度量值的显示方式

"魔镜"的操作比较简单，使用者只要掌握了 Excel 这类数据处理软件的编辑操作，学习起来就十分容易。使用者在使用"魔镜"进行大数据分析的实际应用过程中，要将传统的市场调查与分析的理论知识，包括一些数据分析的原理、方法或思维方式，与"魔镜"的实际操作和具体的分析情况相结合，以得出所需的分析结果。其他大数据分析工具的操作与"魔镜"大体相同，只是有的工具会涉及编程等内容，对专业知识的要求较高，操作起来比较困难，但是数据分析的原理、方法和思维方式是相同或类似的。总之，调查人员要想应用好大数据分析这门技术，就需要不断积累相关的知识和经验。

10.3.2　其他分析工具

目前，市面上的大数据分析工具很多，这些工具基本上都遵循数据统计、数据挖掘和数据可视化等一系列操作流程来获得最终的分析结果。下面列举一些常见的大数据分析工具。

（1）Hadoop。Hadoop 是一个分布式系统的开源框架，用户使用 Hadoop 可以在不了解分布式底层细节的情况下，开发分布式程序。Hadoop 具有高可靠性、高可拓展性、高容错性和高效性等特点，拥有良好的大数据存储和处理能力。

（2）Storm。Storm 是一个分布式的实时计算系统，具有低延迟、高可用、易扩展等特点，支持多种编程语言。Storm 既可以处理庞大的数据流，也可用于处理 Hadoop 的批量数据，应用领域非常广泛。

（3）RapidMiner。RapidMiner 是一款开源的数据挖掘软件，可用于文本挖掘、多媒体挖掘、数据流挖掘和分布式数据挖掘等领域。RapidMiner 采用了可互动的图形用户界面，数据挖掘简单直观，无须编程，易学易用。

（4）卡思数据。卡思数据是一个视频全网数据开放平台，为视频内容创作者在视频创作和用户运营方面提供数据支持，为广告主的广告投放提供数据参考。目前，卡思数据有"抖音版""快手版""B 站版"3 种版本，分别针对抖音、快手和哔哩哔哩（Bilibili，B 站）视频平台提供数据挖掘与分析服务。

（5）腾讯云图。腾讯云图是一个一站式数据可视化展示平台，通过腾讯云图，用户可快速完成海量数据的可视化图表展示。腾讯云图采用拖曳式自由布局，支持多种数据源。

（6）神策数据。神策数据是专业的大数据分析平台服务提供商，神策数据主要围绕用户行为，提供多维度、多指标的交叉分析服务。

10.4 项目实训——用户画像

10.4.1 实训背景

某网店商家采集并整理了会员的实时数据，图 10-15 所示为部分数据截图（配套资源：素材 \ 第 10 章 \ 会员分布 .xlsx）。下面请通过"魔镜"分析该店铺会员在不同维度下的交易情况。

会员名	会员级别	性别	年龄	地区	交易总额(元)	交易笔数(笔)	平均交易金额(元)
固明园77	普通会员	女	21	北京	8238.6	7	1176.94
一片冰心20161001	一级会员	女	21	北京	13351.5	6	2225.25
翁娛敏	普通会员	男	21	广州	2049.3	7	292.76
我的小绿	普通会员	女	21	上海	8238.6	7	1176.94
高亚丽1959	普通会员	女	22	北京	4119.3	7	588.47
功夫茶77	二级会员	男	22	成都	8238.6	9	915.40
调皮乖乖87	二级会员	女	22	杭州	8238.6	7	1176.94
咸田一区	普通会员	女	22	杭州	10681.2	9	1186.80
15810113265周	一级会员	女	22	合肥	8010.9	4	2002.73
哼哼leaves	普通会员	女	22	合肥	6189.3	4	1547.33
人可每文123	普通会员	女	22	深圳	8238.6	3	2746.20
宝贝猫咪喵咪	普通会员	女	23	北京	2670.3	5	534.06
付明泽	二级会员	女	23	北京	8238.6	7	1176.94
shulanli123456	一级会员	女	23	北京	8010.9	5	1602.18
芳芳苏	一级会员	女	23	杭州	2670.3	4	667.58
杨格翠	普通会员	女	23	杭州	2670.3	7	381.47
yyl_lin	二级会员	女	23	南京	6189.3	7	884.19
蛋蛋8551	普通会员	女	23	南京	4119.3	7	588.47
hering1239	普通会员	女	23	深圳	8238.6	7	1176.94
chengang526625	普通会员	女	25	北京	5340.6	7	762.94
emma8908	普通会员	女	25	北京	2670.3	7	381.47
taoyuan6061	一级会员	女	25	广州	4119.3	5	823.86
suosuo1212	普通会员	女	25	广州	8238.6	5	1647.72
wujiayue6707	二级会员	女	25	杭州	2670.3	7	381.47
near粉	一级会员	女	25	上海	2670.3	7	381.47
linnafifi	普通会员	女	25	上海	8010.9	7	1144.41
蜡笔小新之地瓜	普通会员	女	26	深圳	4038.57	4	1009.64
llpzfpgz	普通会员	女	27	广州	8157.87	6	1359.65
diaolanting	二级会员	女	27	青岛	8010.9	7	1144.41
康婷lucy	一级会员	女	27	上海	4119.3	3	1373.10
cynthiasoil	普通会员	女	27	苏州	8238.6	5	1647.72

图 10-15　会员数据

10.4.2 实训思路

要完成本实训，同学们首先应在"魔镜"中导入"会员分布 .xlsx"文件并保存数据，然后再进行数据分析，并根据分析目的选择合适的图表类型，展示分析结果。

同时，观察图 10-15 所示数据的分布情况可发现，"会员级别""性别""地区"等将被作为分析的维度，年龄"交易总额""交易笔数""平均交易金额"等被作为度量指标。也就是说，本实训的分析范围是不同维度下（如不同会员等级或地区）的交易总额、交易笔数等。

10.4.3 实训实施

（1）在"魔镜"应用管理页面导入"会员分布 .xlsx"工作簿，将其中的"数据分析"工作表保存为数据源。

（2）用饼图分析不同会员级别的交易总额的占比情况，用条形图分析不同会员级别的平均交易总额的对比情况。

（3）用条形图分析不同会员级别的交易笔数的对比情况。

（4）通过对比条形图（位于"全部"面板中）来分析不同性别的交易总额及平均交易金额的对比情况。

扫一扫

分析参考

10.5 课后习题

1. 你是如何理解大数据的？

2. 大数据分析数据的思维发生了哪些转变？

3. 简述大数据驱动下的市场竞争情报调查的过程。

4. 检测、评估互联网广告效果的主要指标有哪些？

5. 页面浏览量明显少于访客数的原因可能是什么？

6. 如果企业在 A、B 两个网站同时投放了广告，A 网站一天内有 10 000 次用户访问，但只有 100 次转化，B 网站一天内只有 1000 次用户访问，但有 500 次转化。A、B 两个网站的转化率分别是多少，这主要说明了什么问题？

7. 阅读以下材料并回答问题。

用户画像可以说是目前各网购平台和网店卖家都十分推崇的一种市场调查和营销手段。某经营高级礼品的网店，其会员基数小，产品客单价又高，卖家在电商平台进行了广告投放，直通车和钻石展位每天都会产生成本，但投入产出比很低。后来卖家利用数据分析工具分析后发现，虽然店铺产品的客单价较高，但是对产品感兴趣的消费者有很多，其中有不少消费者通过"海外购"或"全球购"了解甚至购买过同品牌的产品。卖家将这类人群同步到数据分析工具中，在情人节期间开展节日活动，结合店铺忠诚度较高的用户画像，对兴趣人群进行细分圈定，开展针对性的店铺营销活动，吸引潜在消费者进行加购、收藏、购买等，最终降低了运营成本，提高了投入产出比。

思考：上述案例体现了用户画像的哪个重要作用，用户画像有哪些维度。

管理工具推荐

1. 四象限定位法

四象限定位法是将消费者的多种需求按重要性和急需性分为 4 种。以需求的紧急性作为横轴，需求的重要性作为纵轴，建立图 10-16 所示的消费者需求四象限图。消费者的需求特征层次可分为 4 个部分，即"需求特征四象限"，包括重要又紧急、重要但不紧急、不重要但紧急、不重要也不紧急。在新产品开发或品牌定位时，企业应该首先根据消费者需求四象限中的第一象限，对消费者重要且紧急的需求进行考虑。

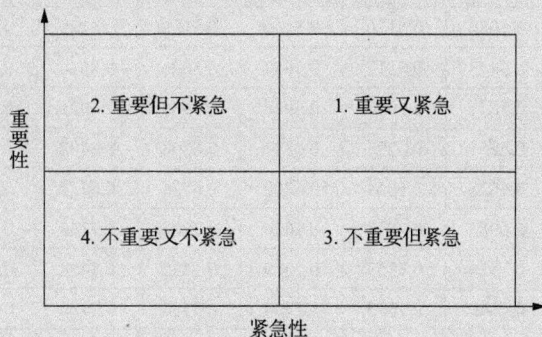

图 10-16　4 象限定位法示意图

2. AISAS 消费者行为研究模型

AISAS 模式是由电通公司针对互联网与无线应用时代消费者生活形态的变化，对传统的 AIDMA 模型进行重构得出的一种消费者行为分析模型，即 Attention（引起注意）、Interest（引起兴趣）、Search（进行搜索）、Action（购买行动）、Share（分享）。

AISAS 模型引入了互联网的两个典型行为模式：搜索与分享。当广告引起消费者的注意和兴趣后，消费者会主动对品牌和产品信息进行搜索，继而产生购买行为，并通过社交媒体分享消费体验。AISAS 模式与 ISMAS 模型相比，更加重视广告的作用。

附录　正态分布分位数表

该表的查看方法如下：如置信水平为 95%，α 的值为"0.05"，$\alpha/2$ 的值为"0.025"时，我们需要在表中查找"1−0.025"，即 0.975（0.9750）这个值；查找发现 0.9750 的左侧对应的首列数据为"1.9"，上方对应的首行数据为"0.06"，将二者相加即得"1.96"，因此 $z_{\alpha/2}$ 标准正态分布的值就是 1.96。

z_p	0.00	0.01	0.02	0.03	0.04	0.05	0.06	0.07	0.08	0.09
0.0	0.5000	0.5040	0.5080	0.5120	0.5160	0.5199	0.5239	0.5279	0.5319	0.5359
0.1	0.5398	0.5438	0.5478	0.5517	0.5557	0.5596	0.5636	0.5675	0.5714	0.5753
0.2	0.5793	0.5832	0.5871	0.5910	0.5948	0.5987	0.6026	0.6064	0.6103	0.6141
0.3	0.6179	0.6217	0.6255	0.6293	0.6331	0.6368	0.6404	0.6443	0.6480	0.6517
0.4	0.6554	0.6591	0.6628	0.6664	0.6700	0.6736	0.6772	0.6808	0.6844	0.6879
0.5	0.6915	0.6950	0.6985	0.7019	0.7054	0.7088	0.7123	0.7157	0.7190	0.7224
0.6	0.7257	0.7291	0.7324	0.7357	0.7389	0.7422	0.7454	0.7486	0.7517	0.7549
0.7	0.7580	0.7611	0.7642	0.7673	0.7703	0.7734	0.7764	0.7794	0.7823	0.7852
0.8	0.7881	0.7910	0.7939	0.7967	0.7995	0.8023	0.8051	0.8078	0.8106	0.8133
0.9	0.8159	0.8186	0.8212	0.8238	0.8264	0.8289	0.8355	0.8340	0.8365	0.8389
1.0	0.8413	0.8438	0.8461	0.8485	0.8508	0.8531	0.8554	0.8577	0.8599	0.8621
1.1	0.8643	0.8665	0.8686	0.8708	0.8729	0.8749	0.8770	0.8790	0.8810	0.8830
1.2	0.8849	0.8869	0.8888	0.8907	0.8925	0.8944	0.8962	0.8980	0.8997	0.9015
1.3	0.9032	0.9049	0.9066	0.9082	0.9099	0.9115	0.9131	0.9147	0.9162	0.9177
1.4	0.9192	0.9207	0.9222	0.9236	0.9251	0.9265	0.9279	0.9292	0.9306	0.9319
1.5	0.9332	0.9345	0.9357	0.9370	0.9382	0.9394	0.9406	0.9418	0.9430	0.9441
1.6	0.9452	0.9463	0.9474	0.9484	0.9495	0.9505	0.9515	0.9525	0.9535	0.9535
1.7	0.9554	0.9564	0.9573	0.9582	0.9591	0.9599	0.9608	0.9616	0.9625	0.9633
1.8	0.9641	0.9648	0.9656	0.9664	0.9672	0.9678	0.9686	0.9693	0.9700	0.9706
1.9	0.9713	0.9719	0.9726	0.9732	0.9738	0.9744	0.9750	0.9756	0.9762	09767
2.0	0.9772	0.9778	0.9783	0.9788	0.9793	0.9798	0.9803	0.9808	0.9812	0.9817
2.1	0.9821	0.9826	0.9830	0.9834	0.9838	0.9842	0.9846	0.9850	0.9854	0.9857
2.2	0.9861	0.9864	0.9868	0.9871	0.9874	0.9878	0.9881	0.9884	0.9887	0.9890
2.3	0.9893	0.9896	0.9898	0.9901	0.9904	0.9906	0.9909	0.9911	0.9913	0.9916
2.4	0.9918	0.9920	0.9922	0.9925	0.9927	0.9929	0.9931	0.9932	0.9934	0.9936
2.5	0.9938	09940	0.9941	0.9943	0.9945	0.9946	0.9948	0.9949	0.9951	0.9952
2.6	0.9953	0.9955	0.9956	0.9957	0.9959	0.9960	0.9961	0.9962	0.9963	0.9964
2.7	0.9965	0.9966	0.9967	0.9968	0.9969	0.9970	0.9971	0.9972	0.9973	0.9974
2.8	0.9974	0.9975	0:9976	0.9977	0.9977	0.9978	0.9979	0.9979	0.9980	0.9981
2.9	0.9981	0.9982	0.9982	0.9983	0.9984	0.9984	0.9985	0.9985	0.9986	0.9986
3.0	0.9987	0.9990	0.9993	0.9995	0.9997	0.9998	0.9998	0.9999	0.9999	1.0000

注：如表中没有"1−$\alpha/2$"的值，此时查找取表中与该值最接近的值。

参考文献

［1］姚小远. 市场调查原理、方法与应用 [M]. 上海：华东理工大学出版社，2015.

［2］龚宝仁，曾祥君. 市场调查与预测 [M]. 北京：航空工业出版社. 2012.

［3］元明顺. 市场调查与预测 [M]. 3 版. 北京：清华大学出版社，2020.

［4］庄贵军. 市场调查与预测 [M]. 2 版. 北京：北京大学出版社，2014.

［5］肖院生. 市场调查实务 [M]. 2 版. 重庆：重庆大学出版社，2015.

［6］吕小宇. 市场调查与预测实训教程 [M]. 成都：西南财经大学出版社，2017.

［7］卢海涛. 市场调查与分析 [M]. 2 版. 北京：人民邮电出版社，2017.

［8］冯利英. 市场调查：理论、分析方法与实践案例 [M]. 北京：经济管理出版社，2016.

［9］赵轶. 市场调查与预测 [M]. 3 版. 北京：清华大学出版社，2015.

［10］迈克丹尼尔，盖兹. 市场调查精要 [M]. 8 版. 范秀成，杜建刚，译. 北京：电子工业出版社，2015.

［11］楼红平，涂云海. 现代市场调查与预测 [M]. 北京：人民邮电出版社，2012.

［12］陶雪娇，胡晓峰，刘洋. 大数据研究综述 [J]. 系统仿真学报，2013，25（增刊）：142-143.

［13］肖苏，张建芹. 市场调查与分析 [M]. 北京：人民邮电出版社，2017.

［14］巴赫曼，肯珀，格尔策. 大数据时代下半场：数据治理、驱动与变现 [M]. 刘志则，刘源，译. 北京：北京联合出版有限公司，2017.